社会理论论丛

本书是 2019 年湖北省社科基金一般项目（后期资助项目）"唯物史观和后现代语境中的现代性批判话语研究 ——马克思和福柯的现代性批判理论的比较研究"（2019025）和 2018 年中央高校基本科研业务费专项基金资助项目"新时代条件下有效社会认同的建构路径研究"（2662018QD045）的研究成果。

马克思与福柯

现代性批判理论比较研究

陈帅 著

Marx and Foucault

a Comparative Study on Critical Theories of Modernity

社会科学文献出版社

SOCIAL SCIENCES ACADEMIC PRESS (CHINA)

前　言

　　现代性批判是现代哲学的重要议题。在各种现代性批判理论中，马克思的思想无疑占据了非常重要的地位。马克思是通过资本主义来研究现代性的。他在对现代性进行批判的同时也肯定了现代性的成就，把对现代性的超越建立在对资本主义现代性内部矛盾的逻辑分析上。这让他的现代性批判表现为一种批判和建构相统一的总体性的批判特质。在把现代性的根源理解为现代生产方式的基础上，马克思揭示出资本逻辑和形而上学抽象统治的同构性。这让马克思的现代性批判不再局限于哲学批判，而是走向了历史唯物主义道路；不仅拓展了现代性批判的深度，而且实现了批判范式的革新，对后来的现代性批判产生了重大影响。

　　第二次世界大战后，对现代性的批判在西方哲学特别是法国哲学中又掀起了一股新的浪潮。其中，米歇尔·福柯是最具影响力的代表人物之一。福柯对现代性的批判是从对现代主体的批判开始的。他认为现代化的过程就是把人塑造成"主体"的过程，这个大写的"主体"不仅掩盖了现实的生活和现实的人，而且造成了现代人的被奴役。福柯指出启蒙理性假设了一种普遍的人性，将"正常人"与"不正常的人"区分开来，从而建立起自己的统治秩序。这种普遍的人性扼杀了现实生活中个人的多样性和丰富性，强制将其纳入启蒙理性所鼓吹的社会文化发展方向和社会秩序的整体性建构中。

　　从福柯思想的发端来看，马克思的影响是直接而全面的。当时整个法国思想界都在阐扬马克思的批判精神，马克思对异化和资本逻辑关系的阐述以及他的政治经济学批判影响了当时法国学界对"人"的探究。福柯所批判的知识和权力的联合运作对人的"再生产"是对马克思的现代性批判的深化和发展。虽然福柯不太关注经济权力、阶级权力等宏观视野，而是关心权力的微观物理学，但是他对权力的压迫性的理解很明显来自马克思。虽然福柯和马克思之间存在很多差异，但不可否认的是，在对现代性的批判问题上，二者之间存在某种关联。本书尝试从几个研究维度出发，系统地比较马克思和福柯的现代性批判理论。

第一章详细论述了现代性批判理论的基本问题和马克思的现代性批判的历史地位，同时明确了福柯现代性批判理论的理论渊源和基本内容。

第二章主要从形而上学批判层面对马克思和福柯进行比较。马克思对形而上学的批判是将形而上学的基本原则同现代社会的现实活动联系起来，在发现形而上学得以存在发展的现实根源上揭示出形而上学和资本逻辑的内在联系。福柯则通过知识考古学和权力系谱学的研究否定了作为先验的主体，把主体还原成历史的存在，承认作为主体的人是知识和权力的产物，同时也指出这种主体塑造过程在忽略了人的现实性的基础上以一种普遍理性遮蔽了个体的现实生活和真实经验。

第三章主要对马克思和福柯的意识形态批判理论进行比较。马克思的意识形态批判在揭示出资产阶级意识形态"虚假性"的基础上指出意识形态作为掩盖现实关系的观念形态的本质。福柯则通过对知识型的研究揭示判断知识真假的真理标准的历史性，描绘出知识在历史发展过程中如何在扩大、强化权力控制范围的同时，对人的身体和意识进行管控的共时性历程。

第四章以资本批判和权力规训为视角进行比较。福柯的身体规训和马克思的异化理论有着深刻的联系。如果说马克思是以资本批判为基础揭示出资本逻辑对人的奴役的，那么福柯则是选取了一个具体的视角。他以身体为立足点，通过身体规训和资本主义经济发展的内在逻辑来展示现代人被异化的情境。他把现代人被制造、受规治的分析从宏观层面推进到微观层面。

第五章将重点放在马克思和福柯的解放思想的关系上。马克思和福柯虽然在具体的解放路径上存在差异，但在旨向人的本质的回归、人的自由发展上却是一致的。因为二者对权力的批判所揭示出的人的异化状态，使他们在分析人的自由解放时都关注人与世界的和谐、人的感性自由的回归和人的完整性的完成。虽然福柯着重从微观层面分析权力，但他的生存美学所追求的人的自由状态中对人与自然、人与自身的关系的和谐，对人的真实欲望的回归，对感性自由的实现，对人自身的完成都隐约带有马克思的影子。

第六章从理论特征层面对马克思和福柯的现代性批判理论做了总体性阐释，对二者现代性批判理论的联系和差异进行了系统分析。

从整体上看，福柯的现代性批判理论不仅吸收了马克思的思想，还结合了尼采、海德格尔和阿尔都塞的理论，同时也是对现代社会出现的新问题、新现象的理论解读。

目　录

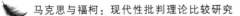

导　论

现代性批判是 20 世纪西方哲学关注的重点问题。现代性思想本身就蕴含着一种反思的批判精神，始终伴随着自我指涉和自我批判。特别是 20 世纪下半叶，人们开始用"现代性批判"来指称对现代社会的反思，各种依托于主体哲学批判、理性主义批判、总体性批判等的社会批判理论成为潮流。在此层面上，"现代性"开始不仅仅局限于历史形态范畴，还成为标志文化特色和时代精神的文化范畴，甚至是意识形态范畴，被视为导致现代社会危机的根源。"现代性批判"也因此同政治哲学和历史哲学结合起来，走向了更广阔的问题域。

在现代性批判理论的发展过程中，马克思的思想一直处于重要且敏感的地位。随着现代性批判理论研究视域的拓展，一些从文化批判、政治批判、意识形态批判等角度出发的研究者会把马克思对资本主义的批判叠加进对现代性的批判中，并在此基础上展开研究，甚至还会把马克思理论看作现代性批判理论的源头。同时，也有部分从话语方式和思想风格入手的研究者把马克思理论视为现代性思想，批判其总体性思维，认为马克思的思想也带有某种本质主义倾向。这就造成了一种独特的现象：无论是认可还是批判，学术界关于"现代性批判"的研究都绕不开马克思。这不是说马克思穷尽了现代性批判所涉及的所有问题，而是因为马克思在对现代性的存在状况做了全面分析的基础上彻底揭示了其问题的根源，这在很大程度上影响了后来的现代性批判理论。

对马克思之后的现代性批判和马克思之间的关系分析也因此成为一个重要的议题。

在整个20世纪的现代性批判理论中，法国哲学家米歇尔·福柯的理论无疑具有极其重要的影响。他与马克思之间的关系也为人所津津乐道。在以往的学术研究中，无论是赞成福柯理论的人还是否定福柯理论的人，都认可一个观点：福柯的思想中带有一种马克思主义精神。一方面，福柯对权力宰制现代人的深刻揭示、从微观治理层面对政治权力的解读、用真理生产机制对知识的权力维度的揭露无一不是对现代资本主义发展的批判。不仅如此，在具体的论断和分析中，读者也可以发现福柯对马克思的某些观点的运用，更不用说福柯曾多次在采访中提到他对马克思理论的借鉴。他甚至将马克思类比为学术界的牛顿和爱因斯坦，承认自己经常会不加引号地引用马克思的概念、句子和文章，认为自己所做的是要将马克思从那种打着马克思主义的幌子、实则使马克思主义禁锢、僵化的教条中解放出来并还原其本来面目。另一方面，福柯和马克思的区别也是很明显的。这不仅表现为具体思想叙事方式的不同，还因为福柯多次否认自己是马克思主义者，并再三强调自己与马克思的差异。这在某种程度上折射出福柯思想的多面性，也让人难以捉摸其思想同马克思主义的具体联系。

从整体上看，马克思和福柯的关系呈现一种复杂性。从福柯的思想起源来看，他的学术发端于20世纪60年代，这是一个"反叛"的年代，西方几个主要资本主义国家相继爆发了一场场前所未有的大规模的学生造反运动。在美国、英国、法国等国家，青年们以各种各样的方式发起了对传统价值观的挑战。在20世纪60年代的各类革命运动中，西方发达国家左翼政党中的激进主义开始占据主导地位。这一时期也是马克思主义在法国产生巨大影响的时期。在福柯读大学时，"结构主义马克思主义"的代表人物阿尔都塞便是他的老师。早年的福柯深受其导师阿尔都塞的影响，并在其介绍下加入了法国共产党。虽然后来由于反对法国共产党把马克思主义教条化，福柯退出了法国共产党，并开始同政治组织保持一种疏离的关系，但福柯的研究始终都在关注现代人的生存，他对现代性的批判在揭露现代资本主义发展弊端的同时，还在很大程度上延伸、发展了马克思的理论。尽管是生活于两个不同时代的人物，研究的视域、方法存在很大差异，但马克思和福柯却同样从事着以实现人的自由解放为目标的工作。他们都对现实人做了历史的、具体的考察与分析，都为解决人类的生存困境积极寻求出路，以至于奈格里发出"福柯之后，我们如何阅读马克思"的感慨。巴里巴尔甚至说福柯的整个理论就是一场和马克思展开的"战斗"，经历了同马克思主义的分裂和在理论中通用地使用一些马克思主义概念的变化。暂且不论巴里巴尔所说的正确与否，这个青年时期和学术起步阶段深受马克思的思想理论影响的法国学者与马克思之间具有内在联系，特别是在现代性批判问题上福柯继承和发展了马克思的理论是一个不争的事实。本书着重从现代性批判入手来具体论述福柯对马克思思想的发展，尝试系统论证福柯和马克思思想之间的内在联系。

第一章　现代性批判和福柯现代性
批判理论的出场

　　启蒙运动是人类历史上一个重要的分水岭。自此以后，人类历史进入了"现代"进程，人们的生活方式和价值观念在"理性""进步"这两大旗帜下发生了巨大的变化。现代性作为现代化的产物，已不再是现代社会的某一方面的、可有可无的特征，而是现代社会全方位的、本质的规定性。因此，对现代性的批判也表现为对现代社会的一种全面反思。

第一节　现代性批判和马克思现代性
批判的历史地位

　　"现代性"这个概念内涵丰富。作为一个国际学术界频繁使用的词汇，它已超出简单的语义范围，有复杂的哲学、社会学、政治学的意蕴。马克思把现代社会等同于资本主义。吉登斯在一定程度上继承了马克思的观点，把现代性确认为工业文明的简略表述，认为现代性包括特定的世界观（"其对由于人的介入而导致的历史转变持开放的立场"）、经济制度（工业化和市场经济）和政治制度（民族国家、民主）。哈贝马斯则从现代性哲学话语的角度出发，把现代性视为一套源于理性的价值系统和社会模式。在各种对现代性的解读中，现代性被认为与哲学认识论、政治、经济、道德等密切相关。在现实理解中，它往往和启蒙运动

以来的理性主义和资本主义的发展联系在一起，这二者被认为是
现代社会的理论和现实根基。因此，福柯把现代性解释为"与当
代现实相联系的模式"。在现代性理论研究中，现代性批判问题
所涉及的"现代性"被认为是"一定历史发展阶段（即现代社
会）生产方式、交往方式、生存方式和思维方式及其蕴含的思想
观念"，"是指现代社会不同于传统社会的根本特质，是对现代化
'本质''特性'的概括和表达"。①

一　现代性的自我确认和现代性批判的兴起

从词源学上考究，弗雷德里克·詹姆逊认为"现代性"这个
词早在公元 5 世纪就已经存在，那时基督徒用它来表示与以往时
代有所区别的新纪元。从 17 世纪开始，英国、法国开始使用
"现代性"一词，但是都是在艺术层面上。其中最著名的当属波
德莱尔的美学现代性观点，"现代性是短暂的、易逝的、偶然的，
它是艺术的一半，艺术的另一半是永恒和不变的"②。哈贝马斯说
我们现在意义上理解的现代性是从审美现代性开始的。但是，如
果从现代性所具有的那种同旧日的时代区别开来，感受到自己的
时代在历史中的"新时代"性的"分界"意识来看的话，"现代
性"一词从其词源处就已经带有了某种"新时代"意识和时间意
识。詹姆逊也指出，虽然公元 5 世纪基督徒对"现代"和以往时
代的区分只是一种年代区分，不涉及任何文化上的断裂，但它还
是代表了一种根本上的分界。这种分界意识形成了"现代"一词
特定的时间意识和时代理解，这种理解一直延续到今天。这种理
解涉及一个很关键的问题——何为"新"？"当下从新的时代的视
界把自己看作现实之中的当代，但它必须把与过去的分裂视为不

---

① 韩庆祥：《现代性的本质、矛盾及其时空分析》，《中国社会科学》2016 年第
　 2 期。
② 夏尔·皮埃尔·波德莱尔：《波德莱尔美学论文选》，郭宏安译，北京：人民
　 文学出版社，1987，第 483 页。

断的更新。"① 对这种"与过去分裂"的"新"之所在的论证就是学术界通常把启蒙视为现代性开端的缘由，同时这也是后现代是否可以被视为与现代不同的时代意识的争议所在。它无法像现代性一样清晰地确证自身与前代的分裂。

人们通常认为现代性的基本观念源自启蒙精神，因为启蒙旨在用一种新的模式和标准来替代中世纪的宗教模式，建立一种新的社会和文化。哈贝马斯认为建立一种新的社会和文化，不仅涉及政治和制度的构建，最重要的是它还涉及价值来源的转变，那么这种转变的合理性就成了需要确证的问题。现代性的自我确证成为它的核心问题。启蒙让人们走出神学意识形态，世界在不被视为神的创造物的基础上变成了人的理性的设计。斩断了通往神之真理的天启之路后，启蒙把人的理性视为价值之源，理性开始担当起思想批判的重任，成为现代性的合理性确证的依据。在启蒙的规划中，"合理的社会组织和理性的思维方式的发展，确保了从神话、宗教、迷信的非理性中解放出来，从专横地利用权力和我们自己的人类本性黑暗的一面中解放出来。只有通过这样一种规划，全人类普遍的、永恒的和不变的特质才可能被揭示出来"。② 如此一来，对现代性的自我确证的需求就变成了对理性能力的确证需求，现代性问题被转换成"理性"的问题，转换成理性能够代替宗教神学建构起秩序的问题。这一问题后来演绎成理性能否为自然、为世界立法的问题。从这个时候开始，理性被认为是人的一种不同于感性、情感的"我思"的能力，是人的本质能力。"思想除了'理性'的权威外不服从任何权威。"③ 理性主义就建立在这种对理性能力的确认上。

---

① 于尔根·哈贝马斯：《现代性的哲学话语》，曹卫东等译，南京：译林出版社，2008，第 7 页。

② 戴维·哈维：《后现代的状况——对文化变迁之缘起的探究》，阎嘉译，北京：商务印书馆，2003，第 20~21 页。

③ 迈克尔·欧克肖特：《政治中的理性主义》，张汝伦译，上海：上海译文出版社，2003，第 2 页。

对理性能力的确认首先是从认识论开始的。笛卡尔通过把理性看作人们的天赋能力，把理性的"我思"视为思想的源泉。在把理性视为认识之源的基础上，"我思"成为认识的最高条件。理性不仅能够为人提供有关经验判断的系统规则，使人们对现象世界的科学认识成为可能，而且可以对各种感性资料进行综合，达至对事物的本质认识的普遍真理。这种理性主义认识论在把现象世界视为一个有秩序、有规律的系统的基础上，把理性看作人能够建立起完备、统一的知识体系的保障，这在促进科学发展的同时也诱发了一种理性至上的观念。康德在笛卡尔的基础上把人的自由也视为理性能力的延伸，是"实践理性"的自由意志所致。这种对"自我意识"的理性论证形成了一种主体哲学，奠定了现代性哲学话语围绕人的理性展开的基调。为了将感性与理性、归纳与演绎、经验材料和先验条件统一起来，康德一方面提出了"物自体"理论，承认存在一个外在的物质本原，另一方面还继承了笛卡尔"天赋观念"的思想，承认人本身具有的认识能力，创立了先验范畴的思想，企图通过二者的统一来揭示认识活动。他认为既然人的认识是以主体的时空观念和先验条件为基础的，那么，任何超出这种认识条件的世界本原则是不可知的。就这样，在康德那里，人为道德立法、为自然立法，一种现代意义上的"人"的观念在康德的主体哲学中建立起来。康德之后，黑格尔进一步发展了理性的主体性原则，认为"现代世界是以主体性的自由为其原则的"。他把自由视为对必然的把握，把主体的观念上的自由和客体的现实的自由统一看作"合理性"的形式，认为理性的主体性就表现为合理性、规律和自由的统一，继而成为贯穿于所有领域的基本原则。① 后来，在韦伯那里，"合理性"就成为衡量现代社会各方面的基本标准，理性化也由此成为现代

---

① 陈嘉明：《现代性与后现代性十五讲》，北京：北京大学出版社，2006，第42页。

性的标识符。就这样，在康德确认了理性为自然立法、为道德立法，黑格尔用"合理性"建立起现代社会的秩序根基之后，现代性的自我确证就完成了。这意味着现代性的自我确证是建立在理性的主体性哲学的基础上的。而这种主体性哲学恰恰是现代性批判理论首先抨击的目标。在后来发展起来的现代性批判理论中，无论是马克思、尼采、海德格尔，还是拉康、巴耶塔、福柯、德里达等，都是针对以抽象主体性原则为基础的理性，认为这种理性在建立起合理性统治的同时也遮蔽了一切压迫、剥削和异化。"主体性被提升为错误的绝对者，由于主体性统治秩序把意识和解放的手段转换成对象化和控制的工具。因此，在这种十分隐蔽的统治形式中，主体性获得了超常的免疫力。笼罩在实证理性身上的阴暗的铁笼不见了，变成了一座闪闪发光的透明宫殿。"① 他们的目的都是揭示出被遮蔽的真相，只是选择了不同的策略。

　　哈贝马斯认为最早注意到现代性问题的哲学家是黑格尔，但他对现代性问题的解决还是在现代性的基本框架内进行，甚至还进一步把理性的主体性推向了顶峰，把合理性膨胀成了绝对精神。后来的黑格尔左派和右派也从未想过质疑现代性的基本架构，他们同黑格尔一样，都只是在理性主体性秩序内做内在批判。真正意义上从启蒙理性秩序之外彻底否认主体性哲学的是尼采。在尼采之前，所有的讨论都是在启蒙自身的框架内进行的，"通过对理性多个侧面的不同重心的强调，来实现为更高的理性所扬弃的自动主义，而从尼采开始，启蒙辩证法整个成了'对生命力的持续反对'的现代版本。"② 尼采否认人的理性本质，把人的本质归结于生命及其意志。尼采认为理性主义实质上是把世界的本质归结为逻辑，并把这种逻辑提升到形而上的位置，使人也

----

① 于尔根·哈贝马斯：《现代性的哲学话语》，曹卫东等译，南京：译林出版社，2008，第58页。
② 沈语冰：《透支的想象——现代性哲学引论》，上海：学林出版社，2003，第173页。

受逻辑的支配。他认为理性主义是压抑生命的，是用逻辑的世界来贬抑真实的世界。因为把人的本质归结为生命意志，尼采反对理性对人的"生命基础"的破坏，主张通过"酒神精神"的恢复来解放生命力，打破理性法则的束缚。海德格尔欣赏尼采对现代性的彻底批判，但他认为尼采的艺术拯救思想"就其内在意志来说则是形而上学的"①。海德格尔希望从内部对形而上学进行颠覆。他认为现代性的本质在于使世界成为"图像"，也就是说，世界被表象化了，人与世界的关系是一种主客体对立的关系，人通过对世界的征服来确认自身的主体性。"世界之成为图像，与人在存在者范围内成为主体是同一个过程。"② 而在征服过程中，对技术的需求使技术在征服自然的同时也完成了对主体的征服，使主体陷入一种被奴役的境地，造成了对人的生存意义的遗忘，成就的只是技术对世界的统治。对存在的遗忘是海德格尔对现代性问题根源的诊断。他把这种遗忘称为"虚无主义"，这种存在论的视角也让海德格尔对理性主体性的批判同对形而上学的批判联系起来。"海德格尔以主体哲学为主线，把理性解释为自我意识，把虚无主义理解为总体性导致的对世界的技术统治的表达。形而上学思想的厄运在其中应当结束，对存在的追问促成了形而上学思想。"③ 尼采和海德格尔对理性主义的批判和对人的生存的关注后来被霍克海默、阿多诺、福柯、德里达等人所发展，引发了 20 世纪反理性主义的现代性批判高潮。在这之中，马克思的现代性批判思想一直都是被关注的重点。他的现代性批判思想对之后的批判理论产生了重要影响。

---

① 马丁·海德格尔：《尼采》，孙周兴译，北京：商务印书馆，2002，第154页。
② 马丁·海德格尔：《海德格尔选集》，孙周兴选编，上海：上海三联书店，1996，第902页。
③ 于尔根·哈贝马斯：《现代性的哲学话语》，曹卫东等译，南京：译林出版社，2008，第107页。

二　马克思现代性批判的历史地位及其发展

马克思的思想扎根于现代性土壤中，是在对现代性进行反思的基础上提出的超越现代性的理论体系。马克思很少使用"现代性"这种表述，在文本中他频繁使用"现代社会"一词。在马克思的理论表述中，"'现代社会'就是存在于一切文明国度的资本主义社会"。① 马克思认为现代社会是指不同于传统社会的制度构建、社会组织方式和观念结构，资本主义开创了不同于传统社会的工业时代，使现代社会在生产、制度、文化等方面呈现与以往不同的性质和状态。他所理解的"现代性"是一个总体性的存在，包括社会有机体的方方面面，是现代社会的总体性特征。马克思是通过资本主义来研究现代性的，他的现代性批判主要表现为对资本主义的批判。而且，由于他的辩证法立场，马克思在对现代性进行批判的同时也肯定了现代性的成就，把对现代性的超越建立在对资本主义现代性内部矛盾的逻辑分析上，这让马克思兼具现代性的"继承者"、"批判者"和"超越者"三重综合性的辩证立场，也导致其理论分别被看作现代主义或后现代主义理论的源头或典范。其实，马克思的思想中既有坚持启蒙思想中的进步观念和人类解放的信念，也有从批判角度颠覆启蒙单线的进步思想，所以国内一些学者认为他兼具现代主义的气质和后现代的意蕴，但他又超越了二者的对立。②

不同于尼采和海德格尔的纯思辨批判，马克思的现代性批判是一种总体性的批判，他对现代性的辩证立场也使其现代性批判呈现出批判和建构的统一。马克思是在对资本主义的研究中发现现代性的特点的，在把现代性的根源理解为资本主义生产方式的基础上将资本逻辑和现代性之间的内涵关系揭示了出来。他最深

---

① 《马克思恩格斯全集》第3卷，北京：人民出版社，2012，第373页。
② 郗戈：《超越资本主义现代性——马克思现代性思想与当代社会发展》，北京：中国人民大学出版社，2014，第18页。

刻的地方在于把对现代性的诊断深化到了社会运行的基本生产框架内，寻找到了现代形而上学的社会根基——资本，从资本和形而上学的本质性共谋关系中批判现代性导致的异化和奴役。对资本逻辑和理性形而上学的内在本质联系的揭示也让马克思的现代性批判不再局限于思辨哲学批判，而是走向了历史唯物主义道路。

从现代性批判的历史沿袭来看，马克思的现代性批判和黑格尔对现代性问题的内在批判有密切联系，这种联系不仅仅是说马克思的现代性批判是从对黑格尔的批判开始的。黑格尔作为最早发现现代性问题的哲学家，试图通过辩证法在理性框架内对主体哲学概念进行改进，但最后他却通过绝对精神的辩证运动把主体哲学推向了另一个高峰。马克思反对思辨主体哲学，同黑格尔一样，他也求助于辩证法，"认为现代社会的成就和矛盾源于同样的原则，而且同样也应该根据这个原则来解释现代社会的转型过程，解释现代社会中理性潜能释放的过程"。① 但是马克思是从社会生产的角度来分析现代社会的，他用生产主体的实践代替了认知主体的反思。这就意味着他改变了现代哲学的研究重心。从现代哲学的研究模式来看，它涉及两个始源性的主客关系：认知主体和行为主体。认知主体能够形成有关客观事物的正确认知，行为主体能够在客观世界中生产出某种东西以达到行为的预期。通过认知和行为，主客体之间相互影响、相互改变，表现为一种不断更新的态势。在反思哲学看来，认知具有优先地位。他们把主客体之间的活动视为意识的过程。实践哲学则强调主客体之间的对象性联系，强调活动的关联性和创造性。在这一层面上，实践哲学把现代性原则从反思哲学的"自我意识"变成了"劳动"。所以马克思把劳动看作人的本质活动，对现代性的批判也以劳动

---

① 于尔根·哈贝马斯：《现代性的哲学话语》，曹卫东等译，南京：译林出版社，2008，第65页。

异化为重点，揭示出整个社会和人本身的异化。

这种实践哲学及其历史唯物主义立场对后来的现代性批判产生了重大影响，提供了一条与反思哲学的意识批判不同的批判路径。之后的一些现代性批判理论都或多或少地开始结合社会现实层面，从各方面展开了对现代性的批判。阿多诺、卢卡奇、霍克海默、马尔库塞等一批理论家在继承马克思的现代性批判的基础上结合尼采、韦伯、胡塞尔、海德格尔的理论，发展出各自的批判学说。卢卡奇结合韦伯的合理性理论和马克思的异化思想，从物化的角度进一步推进了马克思的现代性批判。阿尔都塞将结构主义和马克思的意识形态批判结合起来批判资本主义的意识形态。霍克海默和阿多诺结合马克思的意识形态批判，从工具理性和权力支配的角度揭示出启蒙自身的辩证法，认为启蒙已经成为一种反对它自身的意识形态。雷蒙·威廉斯从资本逻辑和文化逻辑的角度批判资本主义的文化构建。列斐伏尔和哈维从空间生产的角度开辟出批判资本逻辑的空间维度。福柯通过揭示知识和权力的内在逻辑推动了现代性批判在微观领域的发展，为马克思主义回应在当代发达资本主义生产中所出现的新问题提供了可借鉴的思路。布尔迪厄则把马克思的资本批判融入其场域理论，揭示出资本逻辑在现代生活中的无限扩张及其统治。就连鲍德里亚的消费社会理论在某种程度上也算是马克思关于资本主义产品理论的延续。杰姆逊、德里达、德勒兹也对马克思的现代性批判理论大加赞誉。

上述理论家几乎涉及现代性批判的各个领域，无论是被称为西方马克思主义者的卢卡奇、霍克海默、阿多诺等人，还是被称为后现代主义者的布尔迪厄、德里达、德勒兹等人，都在不同程度上继承和发展了马克思的现代性批判理论。这不仅因为他们和马克思一样面临着共同的社会问题，都旨在揭示出现代性的同一化逻辑对人的主体性的剥夺、对生活世界和人的丰富性的遮蔽，而且因为在很大程度上马克思的现代性批判通过对资本主义运行机制的揭露，揭示了资本主义的发展趋势，预示了资本主义发展的病灶。无论是西方马克思主义还是后现代主义，所面对的世界、所面临的问题在总体上还是处在马克思的问题域中，所以他们对现代性的批判仍然需要借助马克思的理论。而且他们对现代社会的政治、经济、文化、社会、生态等多方面的反思和批判，也进一步发展了马克思的现代性批判理论。

第二节　福柯现代性批判理论的提出

对现代性的批判是米歇尔·福柯的思想起点，也是其思想的一贯主题，贯穿于福柯思想的整个发展过程中。在对现代性的批判过程中，福柯发展出权力系谱学、知识考古学、身体观和生存美学理论。他的知识考古学和权力系谱学就是对现代性及其制度化过程进行的批判，在批判过程中福柯描绘出现代人被知识和权力宰制的现状，揭示出启蒙理性的主体化原则所塑造出的现代主体背后的知识和权力共谋的真相。

一　福柯思想概况

米歇尔·福柯（1926～1984年），出生在法国维埃纳省省会普瓦捷的一个医生家庭，是法国当代史上最著名的哲学家之一。福柯涉猎广泛，著作涉及医学、语言学、哲学、社会学、文学等方面，被称为"20世纪法兰西的尼采""萨特之后法国最重要的思想家"。他的文章、谈话录被翻译成16国语言，在全世界范围内得到广泛流传。哈贝马斯曾评价福柯说："在我这一代对我们的时代进行诊断的哲学家圈子里，福柯是对时代精神影响最持久的。"① 福柯的思想复杂多变，所以美国社会学家吉尔茨说福柯是"一个令人无从捉摸的人物：是一个非历史的历史学家，一个反

---

① 刘北成编著《福柯思想肖像》，上海：上海人民出版社，2001，第7页。

人本主义的人文科学家，一个反结构主义的结构主义者"。① 但是终其一生，福柯一直都在试图为逃离现代性"牢笼"而思考。

　　福柯成名于 20 世纪 60 年代。1961 年《疯癫与文明》的出版让福柯成为法国学术界耀眼的新星。在福柯看来，精神疾病的当代理解是由复杂的文化、政治、经济历史性地塑造的，实质上是一种社会管制的新形式。这彻底颠覆了人们以往的认知，虽然书籍出版后引起了巨大的争议，但即便是最激烈的批评家也必须承认，福柯对疯癫的论述为人们重新思考疯癫的本质提供了重要的启示。1966 年《词与物》的出版在法国引起了轰动，成为当年的畅销书。该书延续了福柯特立独行、颠覆性的研究风格。他在书中对 18、19 世纪的经济学、自然科学和语言学的发展进行了大胆的比较。在书的最后，福柯断言"人很快就会消失，恰是一张埋没在海边砂砾里的面孔"。就像尼采宣布上帝已死那样，福柯在《词与物》中预告了"人"的死亡。这个判断引发的争议让福柯成为法国学术界的焦点，也让他的名望上升到顶峰。1968 年，福柯在撰写《知识考古学》的过程中，法国爆发了五月运动，他的思想在写作过程中发生了变化。福柯在前期是偏向结构主义的，"人的瓦解"是结构主义情有独钟的命题，福柯"人之死"的提出被认为是证明他是结构主义者的标志性事件。1966 年出版的《词与物》最初采用的副标题是"结构主义考古学"（archeologie dustruralisme）。1968 年之后，情况开始有了变化。虽然《知识考古学》在出版的时候还被认为是结构主义的作品，但是福柯在《知识考古学》中已经不再使用"认知型"这一《词与物》中的核心概念，而是走向了系谱学，开始关注话语实践。在这个时期，福柯变得重视主体。以前他通过消解主体来把主体从自己的研究中驱逐出去，而到了晚期，主体反而成为他理论的中心。这与当时法国知识界主体回归的大背景有关。20 世纪 60 年代之

---

　　①　刘北成编著《福柯思想肖像》，上海：上海人民出版社，2001。

前，随着结构主义的兴起，为了确立语言学的科学地位，主体在社会科学领域几乎销声匿迹。但在20世纪70年代，语言学有了新的转变，主体开始回归甚至成为焦点。保加利亚学者托多罗夫在研究巴赫金著作的过程中重新引进了主体和意义，讲述自我、他者、文化的多样性和排他性，把结构主义仅仅看作获取内容和意义的工具。20世纪80年代末，阐释学的兴起使主体再次成为语言学思想的核心。罗兰·巴特也开始书写"自我"，使自己的书写方式主体化。有人说他是用罗马式的风格来写自传，是转向自身的写作。但不管怎样，1975年《罗兰·巴特写罗兰·巴特》这本书的问世成了一个历史事件，这预示着法国知识界的一次转向，知识分析开始了对自我的探寻。肉体也开始回归，"无论是有关自我的研究，还是有关一般的人文科学的研究，为了净化符号界而被彻底剔除出去的体液的我完整维度，要再次成为基本的关切点"。① 差不多同时，福柯的著作也开始对主体以及身体在不同时期的境况进行了详细的解读。准确地说，福柯真正意义上转向系谱学是在1970~1971年，五月运动的失败让福柯开始在政治上活跃起来，他开始对政治表现出极大的热情。他参加示威游行，为社会边缘人群仗义执言，同时也展开了对权力、身体的分析。这一年（1970年）福柯开始在法兰西学院任职，在对法兰西课程演讲材料整理的基础上，后来备受瞩目的《规训与惩罚》、《性史》第一卷出版了。在1975年出版的《规训与惩罚》中，权力不再是以往人们所认为的否定性的、控制性的工具。在福柯对权力的论述中，权力不仅变得多元化，权力与真理生产的关系也凸显出来。在法兰西学院课程讲座中，福柯对生命权力的阐释更是将对权力与身体关系的分析展现得淋漓尽致。1976年出版的《性史》第一卷中，主体问题已经完全成为这本论著的核心概念。

---

① 弗朗索瓦·多斯：《从结构到解构：法国20世纪思想主潮》（下卷），季广茂译，北京：中央编译出版社，2004，第439页。

与之前每一部论著出版后都能大受好评截然相反，《性史》第一卷出版后，福柯面对的是越来越多的批评，虽然最后他放弃了原先的计划，但并未放弃对主体的研究。这一点从法兰西学院的讲座中可见一斑。在1978年开始的治理研究中，从《安全、领土与人口》《生命政治的诞生》对生命权力在治理层面上的发展描述中，我们可以发现主体的存在。更不用提从《对活人的治理》开始，福柯以主体化为主线对基督教的教士修炼的分析，以及追溯论述了希腊人的生存美学实践以及这种实践技术在希腊化罗马时期的发展，还有随后到基督教那里由一种自我的技术转变为忏悔、坦白，最后选择弃绝自身这一系列过程中主体化模式的变迁。这些分析也成为1984年出版的《性史》后几卷的主要内容，在书中他详细阐述了生存美学理论。

在大多数研究者看来，福柯的理论是围绕"我们是如何成为现在的样子的"，从知识和权力出发对现代主体的塑造进行的研究。譬如，《词与物》《知识考古学》讲的是知识对主体的塑造，人是如何成为知识的主体和客体；《规训与惩罚》研究的是主体是如何被权力"生产"出来的；《疯癫与文明》则描述了一种疯癫的知识是如何在权力下被催生出来，然后又进一步加剧对疯癫的权力压制的。整个现代主体的历史形成过程其实就是知识与权力的发展史。至于福柯晚年在《性经验史》中提到的生存美学理论则被视为其思想的断裂：从研究的领域来看，一直在研究权力的福柯不再提及权力了；从研究时间来看，一直以来都是围绕古典时代到现代这个时间段进行研究的福柯忽然转向了古希腊时期。此外，人们最直观的依据是福柯的《性经验史》在第一卷完成后并未按照预期的内容完成写作，[①] 在八年后的后续写作中福柯不再讨论性史，而是开始讲述希腊罗马时代的生存美学。也有

---

① 1976年福柯出版《性经验史》第一卷时，在这本书的封底预告说《性经验史》将会有六卷：《认知的意志》《肉体与身体》《儿童的十字军东征》《女人、母亲和癔病患者》《反常者》《人口与种族》。

部分学者从主体塑造模式的角度指出，福柯实质上提出了三种主体塑造方式：知识主体、权力主体和伦理主体。生存美学就是关于伦理主体的塑造理论。关于这一点，爱德华·萨义德认为，晚期的福柯已经把注意力从作为社会主体的人的建构转向了个体自身的内在建构，所以他从性欲入手，关注欲望、快感等感性认知。因为他在对权力的分析中已经把权力扩张到无以复加的地步，虽然他在《规训与惩罚》里第一次明确谈到权力问题，但他的全部著作都是围绕权力问题展开的。从《疯癫与文明》里通过对精神疾病的历史追溯揭示出理性对非理性的压抑、对人"正常"与否的区隔划分引出的社会管制，到《知识考古学》和《词与物》中揭露的知识背后的权力真相，再到《规训与惩罚》中对日常生活中的身体规训的抨击，通过对权力的微观化、生产性的分析，福柯的权力观在深刻地展示出现代人被异化的生存情境的同时，也因为权力的泛化致使人的解放变得不可能，任何对权力的抵抗都会产生新的权力。所以，福柯在晚年走向了一种个体自身的审美生存，并将之视为解放的途径。他不是从作为社会主体的人的建构的角度谈如何逃脱现代性困境的，而是从个体的内在建构和审美生存出发的。从这个层面分析，福柯所说的实现人的审美化生存的"生存美学"不是传统意义上的伦理学或美学，而是注重个体生存的"生存哲学"。更确切地说，在福柯看来，生存美学本就是一种旨在改变自我的实践、一种实现人的真正自由的生存方式。具体而言，生存美学是福柯在经历了以知识和权力为切入点的现代性批判后，找到人的真正的生存之道。他把审美和人的自由解放联系起来，对人的审美改造就是人的解放路径。以人的生存方式为对象的审美活动有助于超越人与自然、人与人、人与自身的冲突与分裂，实现人本身的自由和解放。但与一般的审美解放把艺术革命视为解放的途径不同，生存美学在其本质上是把人的生存活动和人本身作为审美对象。如果说一般的审美解放提出的艺术拯救是在实现人的解放过程中把艺术当成中介，利用艺术本身的特性来激发个体被异化的感性能力，那么福柯的生存美学则是直接作用于个体，让个体置身于具体的生活世界中，以其本身的艺术化实现个体自身的自由。一般的审美解放理论预设了人的某种本真状态，寄希望于通过审美活动（艺术革命）实现人的本真状态的回归。福柯的生存美学要则是以不断从自身的原有形态中超脱出来，实现生命的自我更新为目标。这就是生存美学指向的审美化的生存。它把生活的审美意义建立在自身的自由实践活动中，通过自身实践在实际生活中不断实现生命自身的更新，让生命的自由维度在生活实践活动中得到全面的展示。它把审美所蕴含的自由取向和个体的生存实践本身结合起来，既能够在现实生活世界的实践层面探讨具体的生活技艺，也能够在终极意义层面上升到生存理性的高度。

1984 年 6 月 25 日，福柯病逝于巴黎。他的殒逝震惊了整个法国，"总理为他的死发布了悼念讣告。《世界报》（Le Monde）、《解放报》（Libération）和《费加罗报》（Le Figaro）均在头版发布了他逝世的消息。""在新闻周刊《新观察家》（Le Nouvel Ob-servateur）上，编辑让·达尼埃尔（Jean Daniel）对福柯发出这样的赞叹：'他的才智宽广无垠，拥有令人心悦诚服的力量，他的判断之严谨，有时几近苛酷。'著名古典学者保罗·韦纳称他的工作是'本世纪思想界最重大的事件'。费尔南·布罗代尔（Fernand Braudel），这位可能是法国当时还活着的最杰出的历史学家，也颤颤巍巍地向福柯的亡灵致敬，称他为'他的时代最辉煌的思想家之一'。"①

二　福柯现代性批判的缘起

从福柯思想的发展来看，他的现代性批判是同整个 20 世纪

---

① 詹姆斯·米勒：《福柯的生死爱欲》，高毅译，上海：上海人民出版社，2018，第 31 页。

的理性反思思潮联系在一起的。福柯生活的年代正值 20 世纪下半叶，这是一个急遽转变的时代，旧的秩序、规范不断受到冲击，新事物层出不穷，在开辟了更大的自由空间的同时也带来了更大的风险。知识已经演变成以数字体系为基础的数字化、键盘化、符码化、象征性的知识。这些知识的产生、增殖和运用的结果是，20 世纪下半叶西方社会的整个社会结构和生活方式发生了根本转变。在不断高涨的技术理性的支撑下，人类社会在物质文明上取得了长足的进步，在最大限度为人的丰富和发展提供现实前提的同时，也包含着对人的自我关怀和自我肯定的消解。西方传统理性主义和人本主义神话日益暴露出理论和实践的危机。

福柯的思想是在 20 世纪下半叶形成的。他生活的年代正是历史剧变和文化交接的关键时期，这是一个充满了叛逆和创造的时代。15～18 世纪的文艺复兴和启蒙运动所开创的资本主义文化在带来社会的巨大发展的同时也面临着历史性的挑战。启蒙遭受着前所未有的质疑，它所提倡的理性原则、自由口号、科学真理、人文主义的诉求等随着人类历史的前行，越来越显露出矛盾性和局限性。20 世纪的两次世界大战让人们对启蒙所宣扬的建立在理性主义基础上的自由、民主、进步越发质疑，特别是第二次世界大战的大屠杀。"第二次世界大战更是使欧洲对过去产生疑问，一种越来越彻底的悲观主义敲响了欧洲美好观念的丧钟。"[①]这掀起了一轮对现代性的批判思潮，一些哲学家都认为大屠杀是现代性的必然结果。基于启蒙理性主义的现代性对理性秩序有着天然的追求，对以理性设计的社会的追求是现代资本主义国家的启蒙基因。这种理性主义的权威设计使"现代国家是作为一种整治性、传教性和劝诱性势力而诞生的。这一势力决意要使被统治的全体民众接受一次彻底的价差，以使他们得到改造从而进入有

---

① 杜小真：《德里达的解构主义》，《首都师范大学学报》（社会科学版）2000年第 3 期。

序的社会（近似于理性戒律）"。① 这种秩序化要求是同现代性精神一致的，在本质上是一种"合理化"活动。要想实现秩序的长期化需要达到两个条件：领域内的整合和边界的安全。于是，"他者"出现了。作为秩序和谐运作的产物，"他者"成为与秩序相对的矛盾的存在。当一种对拥有终极的、完美的稳定秩序前景的幻象成为追求目标的时候，任何一种可能影响到秩序的"干扰因素"都会被彻底清除，而大屠杀就是这样的秩序化清除行动。在战后的哲学反思中，大屠杀被认为是理性主义的极端"合理化"进程的必然结果。启蒙似乎走向了它的反面，对人类解放的规划变成了一种对人类的普遍压迫。它把很多困难的问题都内化了，人们不得不直面的问题是：谁有权拥有理性？这种理性在什么条件下被当作权力来使用？20世纪人类面临的困境到底是启蒙理性本身的缺陷还是因为缺乏对它的恰当运用？在此基础上，20世纪下半叶的西方哲学开始了新一轮的反思。随着第二次世界大战的结束，在新科技革命的推动下西方资本主义社会进入了一个高速发展时期，但是经济和科技的高速发展并没有消除政治文化领域的矛盾和冲突，如各类社会问题频发、生态问题、科技成果的滥用等。现代社会内在危机的全面显现让人们开始重新思考人的命运及其与文化的关系问题。

对于法国哲学来说，第二次世界大战直接成为20世纪下半叶法国哲学大发展的历史根源。列维纳斯、萨特、阿尔都塞都曾亲身经历了"二战"的炮火，因此对战争的反思成为战后法国哲学发展的新方向。他们把对现代社会的批判集中到对现代性问题的批判上，对自启蒙运动以来资本主义所建构的社会文化制度和基本精神进行了全面批判。从20世纪四五十年代的存在主义对人的在世生存的批判，到结构主义对现代社会这种社会文化制度

① 齐格蒙特·鲍曼：《现代性与矛盾性》，邵迎生译，北京：商务印书馆，2003，第31页。

的语言符号解构，再到20世纪70年代解构主义和后现代思潮对社会政治、经济、文化的全面批判，整个法国哲学在"二战"后迸发出一轮对现代性的批判潮流。当代法国哲学也成为西方哲学批判现代性的核心力量和先锋。通观当代法国哲学对现代性的批判，从批判理论的历史脉络来看，他们是对马克思、尼采、弗洛伊德、胡塞尔和海德格尔的现代性批判的延续和发展。就批判的对象而言，他们主要集中于对现代性的主体性原则的批判，并在此基础上对资本主义的自由民主的社会制度和文化制度进行了彻底的审判。同时，整个法国哲学也在对现代性的批判中不断地进行自我否定和自我颠覆，表现出一种对自身的批判精神，因此被誉为后启蒙时代中具有"反启蒙"性质的文化革命。此外，他们的现代性批判最大的特色在于"当代法国哲学所实行的创造游戏形式，使哲学实现了真正自由的自我超越，不仅超越了传统哲学本身的理论领域，而且也在整个人文社会科学之间进行穿梭。……哲学游戏还渗透到文学和艺术中，渗透到日常生活中，形成哲学和生活的诗化，不但加强哲学的诗性，也提升生活的审美价值"。① 这使当代法国哲学呈现与德国哲学以及其他欧洲哲学的明显区别，同时这也是法国哲学能把现代性批判扩展到社会各个领域的关键所在。他们也不局限于具体的理论批判。法国的"五月风暴"被认为是法国现代性批判的直接的现实产物，萨特和福柯都参与了这次运动，而"五月风暴"的失败也让福柯、德里达等哲学家开始新的反思，同时也让福柯开始重新向马克思靠近。

从第二次世界大战到20世纪末，整个法国的现代性批判可以划分为三个阶段：第一阶段以萨特的存在主义哲学和现象学发展为主线，第二阶段以福柯的主体批判和德里达的解构主义为主导，第三阶段主要集中在对数码、符号及象征等超语言的新文化因素的分析，代表思想家有菲利普·索耶、柯里斯蒂娃等人。作

---

① 高宣扬：《当代法国哲学导论》，上海：同济大学出版社，2004，第25页。

为第二阶段的代表人物，福柯对现代性的批判是从对现代主体的批判开始的，他认为现代化的过程就是把人塑造成"主体"的过程。这个大写的"主体"不仅掩盖了现实的生活和现实的人，而且造成了现代人被奴役的状况。福柯认为启蒙思想家假设了一种普遍的人性，将"正常人"与"不正常的人"区分开来，建立起自己的统治秩序。他们实际上是把自己所代表的社会阶层或阶级，当作全人类进行文化活动的标本，用它所代表的社会阶层的实际利益去衡量和要求每一个人。这种普遍的人性实质上扼杀了现实生活中处于不同生活世界的个人，强制把他们纳入启蒙理性所鼓吹的社会文化发展方向和社会秩序的整体性建构中。福柯认为"现代社会的主体性问题，实际上就是扭成一体的权力、法律和真理的三角结构的论述力量，共同塑造、熏陶、钳制、控制个人主体的建构及其社会之间的问题"。① 以对主体的思考为开端，福柯开始了对现代社会的全面批判，对现代性的批判不仅成为福柯思想的中心内容，而且成就了他辉煌的学术生涯。

三　福柯现代性批判理论的理论渊源

福柯的思想很复杂。他涉猎广泛，思想整体上呈现一种非连续性，思想渊源十分庞杂。在对其思想渊源的研究上既要考虑他自己述说的理论借鉴，也要分析学术界对他理论的承继关系的评说。福柯本人曾提及尼采、海德格尔、马克思对他的影响。艾莉森·利·布朗认为福柯借鉴了马克思、弗洛伊德、尼采、德勒兹等人的理论。莫伟明把福柯的理论概括为尼采、海德格尔的德国人本主义和巴歇拉尔、康吉汉的法国科学主义的结合。虽然福柯的思想理论渊源极为复杂，但从对现代性的批判来看，他主要吸取了尼采、海德格尔、马克思和阿尔都塞的理论。

尼采对福柯的影响是巨大的，从福柯的思想中我们很容易发

---

① 高宣扬：《当代法国哲学导论》，上海：同济大学出版社，2004，第153页。

现尼采的影子。福柯曾说，海德格尔对我来说一直是基本的哲学家。我对海德格尔的读解决定了我的整个哲学发展。但是我承认尼采最终占主导地位。福柯对尼采的酒神精神和权力意志极为推崇。作为20世纪现代性批判的重要理论家，尼采对自希腊以来的理性主义传统进行了清算。他的哲学把所有的目光都聚集到人及其生命，因为他认为以往的哲学中存有一种把幻象当成本体、实体，把现实当成幻象的颠倒性错误，只有在对以往哲学进行清算的基础上从生命本能进行思考才能获得生存的真知，所以要"重估一切价值"。尼采认为现代理性扼杀了本能的力量，把作为生命体的人规范在理性的框架中，遮蔽了人的本能力量，造成人的生命本质及其意义的缺失，理性法则统治一切，人生失去了生命的活力和乐趣。面对人生的痛苦和不幸，人又该如何自处？尼采把目光投向了希腊，他把希腊人在严酷的命运之前展现出的生命激情称为酒神精神。在酒神精神里，人与人、人与自然、人与神的藩篱被打破，所有的一切都在陷入一种巨大的迷狂中融为一体。一切冷峻的、严酷的、必然的东西都被酒神精神的迷狂所取代，剩下的只有生命洋溢的自由和狂放。"在酒神的魔力之下，不但人与人重新团结了，而且疏远、敌对、被奴役的大自然也重新庆祝她同她的浪子人类和解的节日。……此刻，贫困、专断或'无耻的时尚'在人与人之间树立的僵硬敌对的藩篱土崩瓦解了。……人不再是艺术家，而成了艺术品……人，这最贵重的黏土，最珍贵的大理石，在这里被捏制和雕琢，而应和着酒神的宇宙艺术家的斧凿声。"① 酒神精神是个体的人通过正视痛苦来复归世界本体。它解除了个体的束缚，在正视个体生存痛苦的同时使个体感受到不可遏止的生存冲动，在毁灭个体的同时使生命得以释放。它昭示了人的原初状态，是生命意志的表达，而权力意志

---

① 尼采：《悲剧的诞生：尼采美学文选》，周国平译，上海：上海人民出版社，2009，第92页。

是生命的本源和内驱力。意志是指向自身的、促进自身生成的内在冲动，表现为一种生命力的创造性活动，这种生命力被尼采视为"权力"。所以权力意志是一种自我超越的、不竭创生的生命意志，只有当生命力强盛到满溢时，才可能产生权力意志。它是生命的存在形式，表现为力量的追求。"生命并不是内部条件对外部条件的适应，而是权力意志，后者从内部而来越来越多地征服和同化'外部'。"① 正因为权力意志在本质上是生命力的体现，所以它为尼采重估一切价值提供了一个衡量标准，凡是能增长人的生命力的就是好的，而传统的价值体系在尼采看来是否定、削弱生命力的。这样，尼采走向了一种对生命的审美："没有什么是美的，只有人是美的；在这一简单的真理上建立了全部美学，它是美学的第一真理。我们立刻补上美学的第二真理：没有什么比衰退的人更丑了——审美判断的领域就此被限定了。"② 他以人的生命力为衡量标准，直接转向了人的生命本身，让人回归自身，追求生命本身的强大和自我超越。生命本身就是生成的过程，它不断地用否定自身的形式来肯定自身，生命对自身的肯定无需任何外物的证明。有趣的是，尼采的生命可能不仅仅局限于人的生命，在某种程度上他把生命和存在联系在了一起。"'存在'——除'生命'外，我们没有其他关于'存在'的观念。"③ 尼采的权力意志生命观和那种把以审美的态度来审视人的生存过程、把生命看作一个不断建构的生成过程的观点后来都为福柯所借鉴，学术界甚至认为福柯的权力系谱学就是对尼采的权力观的延伸和发展。

福柯对海德格尔也极为推崇，在其关于主体与语言、真理和

---

① 尼采：《权力意志》，孙周兴译，北京：商务印书馆，2007，第339页。
② 尼采：《快乐的科学》，黄明嘉译，上海：华东师范大学出版社，2007，第98页。
③ 尼采：《查拉图斯特拉如是说》，孙周兴译，北京：商务印书馆，2010，第180页。

存在的关系阐释中可以发现海德格尔的影子。海德格尔的哲学建立在"存在"（Sein）的基础上，他认为传统形而上学混淆了存在和存在者（Seiende），柏拉图的"理念"、笛卡尔的"我思"、黑格尔的"绝对精神"等都是把某个特别的存在者当成存在。这种误解不仅遗忘了真正的存在，还把思维的主体当成存在者的依据，造成人与世界的疏离。海德格尔认为存在是自明的概念。而人，这个特殊的存在者则被称为"此在"（Dasein），"'此在'之'此'指的是人与他者（天、地、神、物、语言、时间、世界）的命运性关系。'此在'在'此'意味着人必得在其与他者的关系中生成为自己，离开了人与他者的关系就没有人的存在。"① 即"此在"的存在者是生成的，并没有什么先天的本质规定性。这种生成性使"此在"能够决定自己的生存方式，感悟自身的存在。海德格尔认为，在原初的意义上，"此在"与真理是一体的。按照海德格尔的说法，"此在"存在于真理中，真理就是"此在"的展开，是一种无蔽状态。"此在"在世界中揭示着的存在，也就是存在之真理的自我展开。"诗意的栖居"是真理敞开状态构成的澄明境界，是到达本真存在并持驻于存在的真理之中，是人在历史性的时间展开中对自身的敞开。但是在现代社会中，存在者被规定为表象的对象化，不仅世界被图像化了，而且真理的确定性也成为表象的确定性，世界观成了一种人的学说。海德格尔对真理、"此在"的解读对福柯的真理观产生了很大的影响。在《词与物》的书写中，福柯借用海德格尔对存在、表象的解析，借用了大量海德格尔式的语言，如限定性分析、语言的返回等。一些研究者还认为福柯的"表象型"知识型的表达就是受到海德格尔的影响。从一定意义上说，福柯对现代性的批判与海德格尔是同步的，只不过海德格尔是通过对存在的解读反思现代社会对存在的遗忘，而福柯则是考察主体如何进入社会控制中来探寻他

---

① 余虹：《艺术与归家》，北京：中国人民大学出版社，2005，第121页。

者被遗忘、理性秩序逐渐建立的历史。

福柯的现代性批判理论对马克思理论的借鉴是理论界大部分人都认可的。从福柯思想的发端来看，马克思的影响是直接而全面的。当时整个法国思想界都在阐扬马克思的批判精神，马克思对异化和资本逻辑关系的阐述、他的政治经济学批判影响了当时法国学术界对"人"的探究，创立了各种批判理论。福柯对知识和权力的联合运作对人的"生产"的批判就是对马克思资本主义批判的继承和发展。和福柯同时代的德里达、德勒兹、利奥塔"对于尼采、胡塞尔和海德格尔的现象学的理论研究"，"旨在批判晚期资本主义社会文化结构所集中暴露的传统文化理论危机，试图寻求人类文化和实现最大可能性的自由的目的。在此情况下，马克思对于资本主义的批判和对于人的自由解放的诉求，重新受到了重视和诠释"。① 他们在批判资本主义社会的时候，几乎都不约而同地引用了马克思的观点。福柯的权力理论也在不断地引用马克思的观点。"马克思的国家和政权的理论，同样也在当代法国思想家那里得到了响应，并被他们进一步发展，使福柯等人有可能创立他们特殊的权力论、宰制理论等。"② 马克思的异化理论及其对感性自由、人的本质回归的观点在福柯的生存美学中也有体现。此外，福柯还对被视为西方马克思主义的法兰克福学派的工具理性批判极为推崇。法兰克福学派对现存秩序的意识形态批判和文化批判，对知识控制人类的揭示，以及最后追求的审美解放，特别是马尔库塞的爱欲解放，都与福柯的观点相通。福柯本人也曾提及："假如我能早一些了解法兰克福学派，或者能即时了解的话，我就能省却许多工作，不说许多傻话，在我稳步前进时会少走很多弯路，因为道路已经被法兰克福学派打

---

① 高宣扬：《当代法国思想五十年》，北京：中国人民大学出版社，2016，第39～40页。
② 高宣扬：《当代法国思想五十年》，北京：中国人民大学出版社，2016，第37页。

开了。"① 福柯认为他与法兰克福学派的思想形式很接近，只不过法兰克福学派是批判国家权力的总体化控制，而福柯着重从微观权力进行批判。福柯与马克思的关系也是如此。这不仅鉴于法兰克福学派和马克思之间的直接承继关系，而且因为福柯和马克思对权力的批判所揭示出的人的异化状态，使他们在分析人的自由解放时都关注人与世界的和谐、人的感性自由的回归和人的完整性的完成。所以，虽然着重从微观层面分析权力，但是福柯的生存美学所追求的人的自由状态中对人与自然、人与自身关系的和谐，对人的真实欲望的回归，对感性自由的实现，对人自身的完成都隐约带有马克思的影子。但是福柯并不直接征引马克思的理论，他不愿以一个正统主义者的形象出现，而是极力去探索一种真正的马克思主义的批判精神。

作为福柯的老师，阿尔都塞对福柯思想的发展具有重要的影响。这位西方马克思主义的代表人物，在继承马克思思想的同时也接受了结构主义和语言学的理论。在《意识形态与意识形态国家机器》一文中，阿尔都塞把拉康的语言学和主体概念结合起来，用生产关系的再生产来表述意识形态的构型作用。他认为意识形态将主体建构为一个处于被想象出来的社会关系中的主体。"意识形态为主体创造了一种'主体是意义中心'的幻觉，使得主体以一种体验他和社会的关系方式将现存的社会关系再生产出来，意识形态绝不能被理解为纯粹的概念，……，它在学校、家庭、政治、法律等阿尔都塞认为的'意识形态国家机器'中被制度化为社会实践。"② 福柯的话语理论在一定意义上借鉴和发展了阿尔都塞的这种观点，他也将话语系统理解为建构主体的权力机制。与阿尔都塞聚焦于工人阶级不同，福柯更为关注由话语实践

① 米歇尔·福柯：《福柯集》，杜小真编选，上海：上海远东出版社，1998，第493页。
② Ben Brewster, *Ideology and Ideological State Apparatuses*, *Lenin and Philosophy and Other Essays* (London: New Left Books, 1971), p. 137.

建构的主体性的特殊形式，如囚犯、同性恋、疯人等。作为一个马克思主义者，阿尔都塞的研究中存在一种运用生产方式范畴来对社会进行总体性阐述的思维模式，但是福柯拒绝总体性、中心论之类的范畴，而且对经济领域的生产方式能对社会起到决定作用的观点抱有一种不确信，因此，他的话语实践理论不像阿尔都塞一样限制在对工人阶级的分析上，而是面向整个社会历史过程，分析不同的主体的建构历程。这在某种程度上使他对现代性的批判能够面向更广阔的社会领域。所以，马克·波斯特评价福柯：他以另一种方式继续着西方马克思主义的工作，虽然他拒绝了西方马克思主义的那种由经济决定的总体化理论框架，但仍然停留在马克思主义批判理论的问题式内。

四 福柯现代性批判理论的基本问题

福柯关切的重点始终是我们自身的问题：我们自身的生存现状，我们自身的历史存在方式，我们自身是如何把自己建构成主体的。正是在探讨人类自身的历史本体论的系谱学中，福柯发现了现代人被知识和权力塑造成主体的历史奥秘，发现了理性秩序建构过程中抽象的"主体"原则对个体生命的扼杀。从早期批判理性对疯癫的驱逐开始，到 20 世纪 60 年代对各种论述和知识背后的"认知型"建构的揭示，再到 20 世纪 70 年代从对规训权力的批判，最后在 20 世纪 80 年代通过道德系谱学寻找解放方案，福柯不仅深刻批判了西方社会的权力机制借由知识生产对人的现实生命活动的遮蔽，还揭示了话语实践的建构性，动摇了西方传统的真理观和认识论，同时也将对现代性的批判推向了更广阔的领域，为理解现代性危机产生的根源提供了具有启发性的见解。

从福柯现代性批判理论的整体发展来看，他对现代性的批判是从对理性主义的批判开始的。在《疯癫与文明》中，通过对理性的"他者"——疯癫——被理性驱逐的历史的描述，福柯指出对疯癫的理解是由复杂的文化、政治、经济、认识论塑造的，在这一过程中理性通过对非理性的"他者"的制造建构起自身的历史统治，也奠定了"正常"的主体的规范界限。一部疯癫史就是一部理性统治秩序逐渐建立的历史，如果说"从中世纪到文艺复兴时期，人与疯癫的争执是一种戏剧性辩论，其中人所面对的是这个世界的各种神秘力量；疯癫体验被各种意象笼罩着"①，那么，在近代，疯癫则被视为"他者"，人们开始"用一种至高无上的理性所支配的行动把自己的邻人禁闭起来，用一种非疯癫的冷酷语言相互交流和相互承认"②。人开始被认为是理性的主体，非理性成为认识的对象，人自身的非理性因素成为需要压抑、控制的因素。福柯认为西方社会对疯癫的认识存在一种断裂，疯癫在医疗上被客观化后，它的历史真相便湮没了。在现代社会，疯癫成为沉默的存在，已没有自己的语言。人们能够听到的只有理性对疯癫的陈述，"疯癫体验在一种冷静的知识中保持了沉默"。③ 福柯在对疯癫的历史回溯中，还揭示了精神病学、心理学和神经外科的非历史主义④，认为"这种非历史主义是他们主要的治疗策略得以开展的先决条件。对这一历史的忽略和掩盖被看作启蒙运动方案的组成部分，这项方案断言，社会状况的任何方

---

① 米歇尔·福柯：《疯癫与文明》，刘北成、杨远婴译，北京：生活·读书·新知三联书店，2003，第4页。
② 米歇尔·福柯：《疯癫与文明》，刘北成、杨远婴译，北京：生活·读书·新知三联书店，2003，第1页。
③ 米歇尔·福柯：《疯癫与文明》，刘北成、杨远婴译，北京：生活·读书·新知三联书店，2003，第5页。
④ 福柯所说的非历史主义，是指精神病学、心理学等医学对疯癫的治疗并不是连续的、纯医学性质的，这中间存在断裂。更重要的是，近代以来针对疯癫的医学治疗一开始是作为社会治安手段进行的，当它彻底介入疯癫后，精神病学的发展就与道德、社会管理结合起来，治疗表现为一种道德审判，目的是使疯癫重获自我意识，回归社会秩序。即使在这期间疯癫被视为一种疾病，病人也同样要承担道德责任，这种负罪感来自对自身的生存状态的羞愧。因为这种羞愧的生存状况，病人需要承担任何来自自己和他者的惩罚。详见《疯癫与文明》。

面都能够被加以分析"①。这就意味着，在理性主义建构自身统治的过程中，知识成为关键的环节，福柯意识到知识对社会权力有序运作的重要作用。

随后，福柯通过知识考古学对知识论述的形式同社会文化制度的建构之间的关系进行了研究。在《词与物》中，他通过认知型的划分，揭示出现代社会形成以来知识论述的基本结构变化及其与社会建制策略之间的关系，把现代社会通过知识论述形塑人的主体性的历史过程展现在人们面前。西方科学研究的三大研究领域从 16 世纪末的普通语法、财富分析和自然史演变到 19 世纪的语言学、政治经济学和生物学，其中的影响性因素除了包括科学自身的发展外，在福柯看来，这种知识史中断性的演变更多受到社会基本结构对主体建构的不同需要的影响。也就是说，知识背后隐藏着一种深层的结构式的社会因素，其目的在于通过知识论述和社会规训形塑符合社会需要的"标准化"主体。知识并不是所谓的主客观的符合，科学也不是趋近真理的客观性活动，它们的建构标准不是自然的、客观的，而是历史的。"在科学话语这个迷宫中，它所揭示的不是话语成为科学的权利，而是它存在的事实。而且，它与所有其他的知识哲学的分界线是它不把这个事实归结于对某个可能在先验的主体中建立事实和权利的原初的馈赠的审定，而是把它归结于历史实践的过程。"② 这并不是说福柯否定真理的存在，他只是认为真理是一种历史的建构，要关注真理背后的社会结构，尤其要关注那些被冠以真理的知识产生的背景。总之，福柯认为知识论述在建构的过程中集中体现了一定历史时期的社会结构对主体建构的需求，它背后隐藏着一定的社会权力关系。

① 罗伊·博伊恩：《福柯与德里达》，贾辰阳译，北京：北京大学出版社，2010，第 37 页。
② 米歇尔·福柯：《知识考古学》，谢强、马月译，北京：生活·读书·新知三联书店，2003，第 215 页。

在揭示出知识论述的建构、传播和社会权力结构之间的关系后，福柯加强了对知识、道德和权力关系之间的研究，以权力的运作为核心，探讨三者之间的关联。福柯对权力的解释不同于以往的权力观。他把权力看作关系网络，认为权力不是实体而是关系，在权力的关系网络中也不存在任何中心点。同时，他对权力的探讨也不限于政治领域，而是扩张到整个社会生活中，他把权力视为各种"力"之间的斗争、消长的过程。在把权力理解为关系网络的基础上，福柯提出了权力的生产性特点，认为现代主体的建构就是一种知识与权力的主体建构活动，知识不仅开始参与社会分化，为社会区分和社会统治提供正当化论证，还通过知识的内化直接干预社会成员的主体化过程。因为知识的参与，在对人的身体各项机能更为了解的基础上，权力得以扩展到更广阔、更细微的领域，一种针对个体的规训权力和生命权力发展起来。"'规训'既不会等同于一种体制，也不会等同于一种机构。它是一种权力类型，一种行使权力的轨道。它包括一系列手段、技术、程序、应用层次、目标。它是一种权力的'物理学'或权力的'解剖学'，是一种技术学。"[1] 这种权力技术被某些专门社会机构（家庭、学校、工厂等）据为己有，用来确保纪律对整个社会的管理。这种规训权力"既增强了人体的力量（从功利的经济角度看），又减弱了这些力量（从服从的政治角度看）"。[2] 它使力量和肉体相分离，创造出的只是一群被驯服的、已经纳入统治话语、被消解了反抗的能力和兴趣的温顺肉体。身体在成为权力的目标同时也意味着生命权力的出现，知识成为解剖、研究、控制身体的有效手段，身体在成为知识的对象的基础上成为权力、监视和规训的对象。随着法制和规范的专业化，各种关于身体的

---

[1] 米歇尔·福柯：《规训与惩罚》，刘北成、杨远婴译，北京：生活·读书·新知三联书店，1999，第 241～242 页。

[2] 米歇尔·福柯：《规训与惩罚》，刘北成、杨远婴译，北京：生活·读书·新知三联书店，1999，第 156 页。

科学、生物学日益参与政治管理，使生命权力在日趋合法化的同时，更加严谨地控制和监视着所有人的生命，资本主义的统治也日渐呈现一种"科学"的治理面貌。可以说，福柯的权力系谱学研究在生命权力的论述中达到了新的高度。

如果说福柯前期对知识考古学和权力系谱学的研究是揭示出造成我们自身被宰制的历史奥秘的话，那么他后来对牧领权力和生存美学的研究则是通过历史回溯寻找到我们自身被扭曲的根源和超越现状的实践原则。通过历史溯源，福柯认为生存美学"'就是一整套反身的和自愿的实践原则（des pratiques reflechieset volontaires）。人们不仅由此确定一定的行为规则，而且还设法改变他们自身，形塑他们自身的独特生存方式，并使他们的生活改变成具有特定美学价值和特定风格标准的艺术作品（une oeuvre d'art）。这样的生存艺术以及'自身的技术'，当它们被基督教整合到教士的权力运作模式中，当它们在更后一个阶段又被整合到教育、医学和心理学的实践的时候，就丧失了它们的一部分重要意义及其自律性。'（Foucault，1994：IV，544~545）"。① 因此，最后福柯为我们选择的解放方案就是践行生存美学，摆脱权力机制的规训，使主体的创造活动成为主体自身的真理活动。他对生存美学的提倡也不是让人们回到古希腊的生活方式，而是在"批判古希腊罗马时代生存美学原有版本的基础上，为了彻底摆脱近代西方思想及其社会制度的约束，根据现代生活条件而创造性地设计出来的新型的自由生活方式（une npuvelle maniere de vivre）"。② 这种新型的自由生活方式是以人及其生存作为审美对象的实践活动，是福柯从古希腊的"自我技术"中演变而来的，以"关怀自我"为核心的，将自身当成艺术品的，使生存变成一种不断逾越、创造的审美过程。

---

① 高宣扬：《福柯的生存美学》，北京：中国人民大学出版社，2010，第9页。
② 高宣扬：《福柯的生存美学》，北京：中国人民大学出版社，2010，第9页。

第二章　"抽象的人"和被"建构"的主体

——形而上学批判

马克思的现代性批判理论是一种双重批判，是建立在对现代性的两个根基——资本和形而上学——的批判基础上的。这两方面缺一不可，如果忽略了对资本的批判，就离开了马克思现代性批判的历史唯物主义基础，把马克思的现代性批判等同于对意识形态的批判、对哲学的批判；如果离开了对形而上学的批判，就会降低马克思现代性批判的原则高度。在马克思那里，对资本的具有原则高度的批判是同对形而上学的批判直接地联系在一起的。正因为把握住了资本和现代形而上学的本质关联，马克思最后才提出以消灭资本逻辑的方式来从根本上颠覆现代形而上学。这使马克思对现代形而上学的批判不仅仅停留在理论层面上，而是走向了社会历史批判。正因为走向了社会历史批判，马克思才能够从批判旧世界中发现新世界，找到实现人类解放的正确方案。

第一节　马克思基于实践思想的对形而上学的批判

对形而上学①的批判是现代西方哲学的重要使命，但是很多

---

① 形而上学在西方哲学中主要有两种含义：第一种是本体论意义上（转下页注）

批判理论都没有关注到形而上学和现实社会的关联，致使他们对形而上学的批判往往无法在真正意义上消灭形而上学，甚至走向了另一种形式的新的"形而上学"。马克思对形而上学的批判是将形而上学的基本原则同现代社会的现实活动联系起来进行的。他发现了形而上学得以存在和发展的现实社会基础，并在此基础上揭示出意识形态的存在根源，以实践为基础还原人的现实性，从实践出发理解和把握人的社会存在。

一 走出抽象本体论的历史唯物主义立场

在西方哲学的理论视野中，近代形而上学肇始于笛卡尔。理性在西方思想史上是一个古老的理念。理性在近代史上的出现最初是为了反对神本逻辑，重新建立人的地位和尊严，但后来它被人们往先验的、抽象的方向发展了。从笛卡尔开始，理性成为人们认识世界的形而上学根基，认识主体的理性自觉成为认识活动的确证性的关键。到了德国古典哲学，理性被推到一个至高无上

（接上页注①）的，指以世界本体为对象的、超越经验之上去追究世界的存在和本质的哲学；第二种是方法论意义上的，指非辩证的、孤立的、静止的、片面的观察世界的思维方式。在近代和现代西方哲学中，"形而上学"一词主要在本体论意义上使用。虽然在不同的哲学家或哲学流派那里所标榜的形而上学研究的具体对象有所差异，但都是以超验的世界本体为对象（详见《东西方哲学大词典》）。用"形而上学"来指非辩证的思维方式起源于黑格尔，马克思主义哲学继承了这一点，沿用了这种说法，但这并不意味着马克思缺乏对本体论意义上的形而上学的批判。在现代性批判的视域中，形而上学一直被认为是一种把寻求最高本体作为人的思维和生存的最终目标的哲学理论，对同一性、绝对性的追求是其特征。很多现代性批判理论都将现代性危机归咎于形而上学的同一性遗产，反对一元化和单一性，重提异质性和偶然性。对形而上学的批判也不是在现代哲学中才出现的，但在现代性语境中，它总是与现代性问题联系在一起。虽然从总体上来说反同一性是共同点，但在分析同一性的根源方面现代性批判理论则是各有特点。和大部分后现代主义者一样，福柯对形而上学的批判反映在对现代理性主义的批判上。马克思被认为是通过实践哲学终结了本体论意义上的追求超验的形而上学。本文在分析过程中提到的"形而上学"、"现代形而上学"和"理性形而上学"是同一个层面的意思，都是指现代性视域中的形而上学。

的地位。人通过理性为自身立法、为自然界立法、为社会立法，把以"理性"为根基的人的主体性发挥到极致，在走向一种理性形而上学的同时忽略了存在本身（现实的人及其活动的存在）。这种人类理性主体取代了上帝，成为真理的最高审判标准。在"理性的人"面前，现实的、个体的人的存在是缺席的，摆脱了宗教之"神圣命运"之后，个体重新成为启蒙之"理性"这一新的"神圣之物"的祭品。理性形而上学把人视为实在的、普遍的主体，然后再提供给这个主体一个能够用来观照的世界，在此基础上，把所有的问题都视为人的问题，世界成为人表象的世界，真理也只是人表象中的真理，人失去了从整体的角度去理解世界和把握世界的能力。不仅自然之物被"人化""价值化"，而且连人自身也被视为"存在之对象"被规范化。更可怕的是，因为"主体"这一概念暗示着一种一致的、普遍的人性的存在，主体就是这个抽象化的"人"，所以现实的人是缺席的。

马克思对形而上学的批判是从对黑格尔的批判开始的。黑格尔是德国古典哲学的集大成者。他从"绝对精神"入手建立了一个庞大的体系，把理性主义推向巅峰，"虽然他说的'逻辑'已不再是狭隘的形式逻辑，而是与本体论、认识论相统一的辩证逻辑了，但是他仍然忽视了逻辑和语言在感性生活中的根，而把逻辑归结为某种高高在上的上帝之言。"① 所以，即使黑格尔强调历史与逻辑的统一，但由于他的历史是服从于抽象的逻辑的，也导致了历史的被构造和人的抽象化。在黑格尔那里，"国家是伦理理念的现实"，它"具有独立的实体性意义"。② 国家是绝对的自为的存在，而家庭、市民社会只是分有国家理念。"它们本身并没有被冒充为合乎理性的东西"，"它之所以合乎理性，并不是因为它固有的理性，而是因为经验的事实在其经验的存在中具有一

① 邓晓芒：《黑格尔辩证法讲演录》，北京：北京大学出版社，2005，第24页。
② 黑格尔：《法哲学原理》，范扬、张企泰译，北京：商务印书馆，1961，第253页。

种与它自身不同的意义"。① 国家才是理性精神所在，一切矛盾都
将随着国家自身的调整而得以解决。

在《黑格尔法哲学批判》中，马克思将矛头直指黑格尔对国
家和市民社会关系的理解。在肯定黑格尔对国家和市民社会划分
的合理性的同时，马克思批判黑格尔颠倒了国家与市民社会的关
系。马克思认为黑格尔的法哲学中存在一种把"理念当做主体"②
的客观唯心主义思想，他把市民社会对国家的现实关系当成了观
念的内在想象活动，这实质上颠倒了观念和现实的关系，"不是
用逻辑来论证国家，而是国家来论证逻辑"，③ 致使现实的逻辑被
消融在观念的逻辑之中。"家庭和市民社会是国家的真正的构成
部分，是意志所具有的现实的精神实在性，它们是国家的存在方
式。……家庭和市民社会本身把自己变成国家。……它们才是原
动力。……可是在黑格尔看来却刚好相反，它们是由现实的理念
产生的。它们结合成国家，不是它们自己的生存过程的结果；相
反地，是理念在自己的生存过程中从自身中把它们分离出来。"④
所以，不是国家产生市民社会，而是市民社会产生、决定国家。
正是在市民社会中，马克思发现了历史发展的动力，被黑格尔的
理性逻辑消解了的市民社会各种特殊利益之间的矛盾恰恰是问题
的焦点，这也为马克思走向历史唯物主义提供了一个重要的理论
支撑。

"市民社会决定国家"的判断让马克思在摆脱了黑格尔主义
的同时，也使自己的理论从抽象的理性回归到现实。作为一种力
图找到实现人类解放的现实之路的理论，马克思的现代性批判是
为其人类解放理想服务的，要回答如何实现人的解放就必须把握
现实的人的存在方式和存在状态。还原"现实的人"的存在，是

① 《马克思恩格斯全集》第3卷，北京：人民出版社，2001，第212页。
② 《马克思恩格斯全集》第1卷，北京：人民出版社，1956，第255页。
③ 《马克思恩格斯全集》第1卷，北京：人民出版社，1956，第263页。
④ 《马克思恩格斯全集》第1卷，北京：人民出版社，1956，第251～252页。

马克思对形而上学批判的重要维度，也是马克思在对黑格尔哲学的批判中找到的被黑格尔所遮蔽的东西。以抽象的理性逻辑遮蔽现实的社会存在，以想象的"观念主体"来决定现实的"历史逻辑"，以抽象的概念来论证现实的世界，这是马克思意识到的黑格尔法哲学的局限性。正是基于这种抽象逻辑，黑格尔对"人的本质的现代性重构只能采取一种抽象神秘的方式；其对人的本质力量的占有，也不过仅仅发生在'意识中'和'纯思维中'，是对'这些作为思想和思想运动过程的对象的占有。'"① 对黑格尔法哲学的批判，让马克思转向了从市民社会探究政治的形成根源，这不仅为马克思通往历史唯物主义开辟了道路，而且也使马克思对形而上学的批判跳出了抽象的理论批判，走向了一种历史唯物主义立场。虽然自现代以来，对理性形而上学的批判一直是西方哲学的关注点，但很多哲学流派对理性形而上学的批判都是以知性逻辑去破解知性逻辑的，即使在表面上看来同形而上学的主张迥然不同，但从理论思维上还是以一种理性模式来替代另一种理性模式，结果当然只能是陷入其他形式的形而上学之中。因为他们忽略了理性形而上学同现实社会之间的某种本质联系。而这也是马克思的形而上学批判比其他的形而上学批判更具生命力的地方：它揭示出形而上学得以存在的社会根基。所以马克思的现代性批判摆脱了那种观念上的思辨批判，他将理性形而上学放置在现代历史的发展中进行批判，在揭露出其历史存在论根源的同时，也以一种辩证性的思维肯定现代性的历史发展意义，指出其历史限度，揭示出理性形而上学的抽象性及其对现实的虚构性。这种基于对具体的、现实的存在关系和存在方式的把握的历史存在论立场，使其摆脱了建立在抽象主义和还原主义基础上的传统哲学所遭遇的困境，而且还使其在一种更深层次上揭示出理

---

① 胡慧远：《马克思现代性批判的三个维度：哲学、资本与文化》，《湖北大学学报》（哲学社会科学版）2016年第5期。

性形而上学的抽象性同现代社会的历史建构之间的本质联系。

二 颠覆形而上学后实践本体论的创立

理性形而上学的抽象性导致了某种同一化进程，把真实的世界给抽象化、同一化了，其所谓的"真实的世界"是已经被同一化了的"理性世界"，从而遮蔽了现实世界的丰富性。将实践作为基点是马克思颠覆形而上学的逻辑起点。在对形而上学的批判中，马克思始终关注现实的人的存在方式，认为实践构成了人的生存，是人类世界得以存在的现实基础。如果说形而上学的本体论是用一种抽象的、非历史性的方式去把握存在问题，那么马克思的实践观则是从人的历史存在和社会存在出发去解读人的存在现实。从这个角度上说，马克思的哲学观是建立在实践本体论意义上的，这也是他能够颠覆形而上学的关键所在。因为实践本体论，马克思并不关注所谓的本质存在，而是对人的现实生存状态，以及这种生存状态何以发生进行分析，并在此基础上寻找一条通往人类解放的现实之路。

"马克思以实践观点消解了抽象形而上学的问题框架，物质与精神、存在与思维以及自然和历史之间的抽象同一或抽象二分彻底被辩证的实践思维终结。"① 因此，马克思对存在的理解中贯穿着实践意识和历史意识，从实践出发，还原现实的人的存在，以立足于实践的历史意识克服形而上学的抽象性，把握具体的存在方式和存在状态。对马克思来说，存在是在人的实践中生成的现实过程，而不是形而上学认为的自为的存在，社会存在是人们现实生活的生产和再生产活动，所以对观念的批判绝对离不开对现实社会的实践的批判。"不管是人们的'内在本性'，或者是人们的对这种本性的'意识'，'即'他们的'理性'，向来都是历

---

① 罗骞：《面对存在与超越实存——历史唯物主义的当代阐释》，北京：人民出版社，2014，第14页。

史的产物；甚至当人们的社会在他看来是以'外界的强制'为基础的时候，他们的'内在本性'也是与这种'外在强制'相适应的。"① 人的观念始终是历史的、社会的产物，总是会随着时间的推移而发展，不存在非历史性的普遍的东西。因此，"对实践的唯物主义者即共产主义者来说，全部问题都在于现存世界革命化，实际地反对并改变现存的事物"。② 只有这样，才能破除那种把历史当作观念发展的历史的观点，避免仅仅从观念出发进行批判。

这也是马克思实践哲学的革命性价值所在。以往的哲学无论是唯心主义还是唯物主义，都是通过在思维中设定某个实体，以此来达至最终实在。黑格尔认为真正的存在绝不是现实的人和自然，而是从现实的人和自然中抽象出来的纯粹形式，这些纯粹的抽象形式被当作独立的实体。费尔巴哈认为"自然是与存在没有区别的实体"，"没有区别的实体是有区别的实体的根据"。③ 这种设定外在于人的实体哲学在马克思看来是一种还原主义的实体思维。这样的认识由于脱离了具体的历史和人类实践活动，而把存在理解为超历史的、自为的、独立的、形而上学的存在。马克思认为形而上学的这种自足的存在是不可能的，"一个存在物如果在自身之外没有自己的自然界，就不是自然存在物，就不能参与自然的生活。……一个存在物如果在自身之外没有对象，就不是对象性的存在物。……一个存在物如果本身不是第三者的对象，就没有任何存在物作为自己的对象，也就是说，它没有对象性的关系，它的存在就不是对象性的存在"。④ 从马克思的实践哲学出发，任何存在都是对象性的存在，形而上学的存在概念就其

---

① 《马克思恩格斯全集》第3卷，北京：人民出版社，1960，第567~568页。

② 《马克思恩格斯全集》第3卷，北京：人民出版社，1960，第48页。

③ 路德维希·费尔巴哈：《费尔巴哈哲学著作选集》（上卷），北京：商务印书馆，1984，第116页。

④ 《马克思恩格斯全集》第42卷，北京：人民出版社，1979，第168页。

本质而言是对现实的实践活动抽象化的结果，它没有意识到人类活动的对象性存在结构。同样也是从对象性活动入手，马克思揭示出费尔巴哈唯物主义的不足，认为费尔巴哈虽然把主体还原为自然的人，但他仍然把人抽象化理解了，他的那种"以自然为基础的现实的人"仍是抽象的、感性的人。因为费尔巴哈"对事物、现实、感性，只是从客体的或者直观的形式去理解，而不是把它们当作人的感性活动，当作实践去理解"。① 他没有把人的活动本身理解为客观的活动。

在把人的活动理解为对象性活动的基础上，马克思认为人本身也是一种对象性的存在，"人作为对象性的、感性的存在物，是一个受动的存在物"。② 因为是一种对象性的存在物，人只有在他的对象的相关性中才能理解自己的本质，也就是说，要通过人所创造的对象世界来理解人，人只有通过对象性的实践活动才能确证自己。"对象如何对他说来成为他的对象，这取决于对象的性质以及与之相适应的本质力量的性质；因为正是这种关系的规定性形成了一种特殊的、现实的肯定方式。"③ 因此，人通过实践把自己的本质外化在对象世界的同时，也将对象的本质内化为自身。在实践过程中，人不仅改变了外部世界，还改变了自身。在这种人与外部世界达成统一的层面上，实践表现为人及其存在本身，构成了人的生活世界。所以马克思说"全部的社会生活在本质上是实践的"。

总之，马克思的实践观在把人的活动理解为对象性活动的基础上消解了传统哲学主客二分的二元论框架，把世界视为人的实践活动对象，把人的实践活动视为历史的生成过程，将存在看作在人的实践中生成的现实过程，在对象化的关系中理解存在，不再从观念中去解释世界，世界即人的实践活动的发生和开展、历

① 《马克思恩格斯全集》第3卷，北京：人民出版社，1960，第3页。
② 《马克思恩格斯全集》第42卷，北京：人民出版社，1979，第169页。
③ 《马克思恩格斯全集》第42卷，北京：人民出版社，1979，第125页。

史的生成过程就是人的实践过程，形而上学的本体论问题就此消解在实践哲学的视域中。同时，马克思还从实践观出发，抛弃了以往那种从人的自然属性中抽象地界定人的本质的思维，选择从人的实践活动产生的社会关系中定义，指出人的本质是"一切社会关系的总和"，实现了从"抽象的人"到"现实的人"的回归。马克思的实践哲学在终结了形而上学的同时，也造就了一场哲学革命。实体性的思维方式被摒弃，哲学开始从人及其对象性活动以及对象性所建构的现实关系中去把握人和世界。思想开始被视为现实的构成环节，变革现实成为超越现存的根本方法。

第二节　福柯对现代人被"建构"成理性主体的历史存在论研究

如果说马克思的形而上学批判是通过实践理论完成对"抽象的人"的批判，力图实现"现实的人"的回归的话，福柯则是直接揭示出现代人被"建构"成主体的历史过程。他不是具体论述形而上学的抽象性及其对人的奴役，而是直接描述人被建构的过程，以及在这一过程中人的真实性被遮蔽。福柯多次声称他研究的目标是"创立一种据以在我们的文化中把人变成主体的各种方式的历史"①，具体说来就是研究把人转变为主体的历史。在这个过程中，他发现了三种把人转变为主体的客体化方式：知识对人的主体化，即生物学、经济学、语言学等是如何对人这一"活着"的生命体进行阐释的；通过一种把人同自身中"分离"出来、把人同他人"区别"开来的实践间接构造自己，实现人的主体化；人把自身转变为主体的方法。而现代的主体化方式主要表现为建立在理性主义基础上的知识主体塑造，这种主体化方式在

---

① 德赖弗斯、P. 拉比诺：《超越结构主义与解释学》，张建超、张静译，北京：光明日报出版社，1992，第271页。

把人塑造成主体的同时也使人深陷知识和权力的奴役中。为了揭示出这种主体化模式的历史存在根基，福柯把视线投向理性主义的历史发展过程中，他对现代性的批判就是从对启蒙理性的批判开始的。

一 基于历史存在论的理性批判

在西方思想史上，18世纪的启蒙运动是一个重要的转折点，启蒙思想家高举理性大旗把人们从"神本主义"的中世纪迷雾中唤醒。人的地位重新被审视，理性精神开始成为人存在的思想根基和行为准则。启蒙理性为人类确立了一种新的存在图式，凸显了人自身作为理性存在的"主体"地位，强调人的主体意识。人的地位得到了极大的提高，人已不再被视为被创造物或自然之产物，而是被视为"主体"。但是，随着对理性的崇拜发展到理性形而上学阶段，理性取代了上帝的神圣地位，成为真理的最高审判标准，导致理性主义对人的奴役。人们开始思考何为理性，理性是否有其限度，以及在对启蒙理性的批判中重新定义理性及其形式。

在具体的研究取向上，如果说马克思是站在一种历史存在论立场考察理性形而上学的抽象性和同一性存在的现实根源，那么福柯则是从理性的对立面（非理性）出发，借由对疯癫之类边缘的、偶然的现象的历史分析，还原其被驱逐、被建构的过程，从而揭示出所谓的理性、社会"正常秩序"、"合法化"、"合理化"是如何以一种永恒的、不可置疑的外在形式建立起自己的统治的。他们的哲学批判都建立在对现实的历史考察上，都把重点放在对现实根源的分析上。只不过，不同于马克思从历史发展的大背景下分析人的生存，福柯是从具体的个体入手去探究其发展历史，然后再从中发现各种权力结构对人的控制，揭示出人的生存状况。通过对"我们这个历史时代的批判"，他发现表面看上去自然而然的知识形式、理性、秩序等，本质上是一种权力的、偶然的、历史的建构。

在《什么是启蒙》一书中，福柯用了一个说法：启蒙运动的敲诈。他认为启蒙理性制造了一种要么接受合理性，要么就陷入非理性的二元对立的思维误区，把理性放置到一个过高的位置，导致人们对理性几乎是宗教式的狂热崇拜，最终使理性在某种程度上变成了非理性。福柯承认理性的进步作用，他对理性的批判是要确定理性的合法使用条件，即理性的界限问题。就如同马克思对理性形而上学的批判针对的并不是理性本身，而是作为一种形而上学的理性一样，福柯也并不反对理性，而是否认存在一种所谓的主宰理性实施的"先天条件"。他认为这些所谓的"先天条件"实质上是一个历史的、偶然的建构。他没有走对理性的总体性批判的道路，而是先分析社会领域中的理性化进程，再揭示出理性总体秩序的建构。这是一种从下而上的分析方法。

学术界一般认为，福柯对理性的批判集中在《古典时代疯狂史》中。在这本书中，福柯通过对疯癫的历史考察，开启了他对理性与非理性的研究。在书中，福柯从疯癫的发展史中探究到疯癫在各个时期的不同命运背后隐藏的认识论动机和权力运作，认为"疯癫只存在于社会之中，在那些隔离它的感性形式之外，在那些驱逐它或捕获它的嫌恶形式之外，它是不存在的"。① 这意味着，在福柯看来，疯癫是一种社会的、历史的产物。在我们通常的认知中，疯癫这种精神现象之中存在着某种客观的真相，科学的目的就是去揭示这个真相，人类对疯癫的认知是一个在历史发展过程中不断累积的结果。福柯坚决反对这种观点，通过对疯癫的历史考察，他向我们展示了一个事实：我们所谓的真相其实是一个被建构起来的真相，而人们在不同的时代会受制于具体的社会条件和认知图示，从而对事物有不同的认识，甚至有些认知图

---

① 詹姆斯·米勒：《福柯的爱欲生死》，高毅译，上海：上海人民出版社，2003，第135页。

示之间还存在断裂，从而影响人们知识的连续性发展。人们对疯癫的认识也是如此。从文艺复兴时期对疯癫采取的极富神秘气息的驱逐与医疗合一的愚人船形式，到一个世纪后在欧洲持续了一百多年的对疯癫的大禁闭，再到 18 世纪疯癫获得其独特性质，不再和犯罪、贫穷、懒惰混淆起来，被置于精神病院接受精神治疗，人们对疯癫的认识不仅经历了一个漫长的历史时期，而且常常受制于具体的历史环境和社会运动，呈现某种不连续性。

福柯最成功的地方在于，他对疯癫的分析是置于特定社会的政治、经济、文化背景下的，联系了资本主义发展早期的劳动伦理和欧洲的经济危机对国家政策的影响，还联系了法国大革命。他揭示出经济发展、社会管理和有关疯癫的知识之间的直接联系，这与马克思的经济基础与上层建筑之间关系的阐释不谋而合。无论是大禁闭时期①以劳动伦理作为区分条件将疯人、乞丐、无业游民等拘禁在一起，并强迫疯人参加劳动改造，还是 19 世纪医学与道德结合，对疯人灌输悔罪感的训诫制度②，抑或是近代知识把疯癫编码为危险，将其彻底排除出秩序系统，导致疯癫最终被湮没在理性的话语中，在福柯的描述中，我们都可以看到经济制度对文化领域的影响。欧洲经济危机下出于社会管理的需求对所有无业人员实行的禁闭管制，资本主义发展早期对劳动力的需求引发的对劳动伦理的推崇，理性统治秩序建立过程中政治

① 法国从 17 世纪开始大禁闭时期。因为经济危机、瘟疫等原因，失业、乞讨、流浪人数增加。为维护社会治安，法国从巴黎开始建立各种禁闭机构，关押乞讨和无业人员，疯人也在其中。详见《疯癫与文明》。

② 这里指的是福柯在《疯癫与文明》中提到的 19 世纪精神病学的实证主义发展阶段。那时人们开始把疯癫视为疾病，但是当时对疯癫的治疗建立在一个认知上：疯癫是肉体的而不是精神的疯癫。所以精神病学寄希望于通过道德和医疗的结合使疯癫自身的理性得以回归。这种以道德为基础的治疗方法实质上是把疯人当成一个理性的人来对待。转变过程有两个途径：一是通过疯癫自身的理性实现自我转变，二是通过道德审判的权威完成。这是一种直接的监控权力的干涉，把疯癫置于审查的目光之下，医护人员以其"理智人"的身份获得了道德上审判疯癫的权力。当时的人们认为这种方式比以往更为科学和经济。

势力的参与等，都在福柯对疯癫的历史考察中展露无遗。可以说，《古典时代疯狂史》通过对疯癫与理性之间的交流、断裂、斗争、镇压、征服历史的分析，给人们呈现一幅理性统治秩序的建立发展史，在这一过程中伴随着资本主义社会和文化秩序的建构。

福柯从特殊的角度把理性形而上学对社会的同一性统治的建构过程完整地描绘出来。通过整理、分析人们对理性的"绝对他者"——疯癫——的认知历史发展脉络，福柯描绘出一幅理性和非理性的界定、划分的历史。这个过程同时也是理性的同一化进程。在对这一进程的分析中，福柯揭示出理性是如何通过知识的建构获得其自然秩序和自主表征的。

因此，一部疯癫史就是一部理性控制日益加深的历史。福柯揭示出理性统治是建立在压制"他者"的基础上的，而这种理性与非理性的区分是理性权力运作的结果。在现代社会，作为理性产物的知识已然成为一种权力，而现代人就在这种理性化进程中被塑造成主体的。

二 还原现代人的现实性生成：被建构的主体

福柯对现代人被塑造成主体的历史分析同马克思一样，反对一种建立在抽象理性基础上的对人的解读。西方哲学从笛卡尔开始就认为理性是通往真理的唯一途径，康德为了迎合启蒙对普遍确定性的渴求，把知识和对象的关系颠倒了过来，也就是对象符合主体固有的认识形式，当人成为知识的对象时，其本身的价值和自由遭到消解就不难理解了。到了黑格尔，人成为绝对理念实现自我意识的手段。理性脱离了人的躯体，成为独立的实体，人则变成了抽象物。所以，马克思批判黑格尔哲学把观念当成主体，把本来意义上的现实变成"谓语"，颠倒了抽象概念和人的现实生活之间的关系，使黑格尔哲学不仅无力观照人的现实生活，而且还陷入用理性形而上学的话语建构社会历史的状况，历史被构造的同时人也被抽象化了。马克思认为这种形而上学一定根源于现实社会，存在着使人们的生活陷入抽象化、使个人受抽象统治的现实力量。在对资本主义社会进行整体性分析后，他找到了资本逻辑。通过对资本逻辑和理性形而上学共谋关系的揭示，他找到了资本和形而上学的本质联系，批判其同一性统治对社会生活的宰制和对人的本质的剥夺。福柯在这方面和马克思走得很近，虽然他的现代性批判中没有提及资本，但他从权力入手，对知识和权力对现代人的建构过程进行了深入的分析，揭示出现代人"被塑造"的社会现实。

福柯认为现代人是被塑造成"主体"的。他否定了先验的主体，把主体还原成历史的存在，认为作为主体的人是知识和权力的产物。主体化的过程同时也是知识和权力生产的过程，现代人不仅是知识和权力的产物，而且在实现主体化的过程中也直接参与整个知识和权力的生产。需要注意的是，福柯所说的"现代人"并不是一般意义上所认为的时间概念，而是指"按照现代文化所推崇的生活方式生活的"① 现代社会的大多数。福柯之所以选择从一些特殊的群体和场域入手来解读现代人，通过对被忽略、被排斥的对象的分析来理解现代人，从非理性被排斥的历史进程中了解现代人的生存状态的形成缘由及其历史路径，是因为福柯认为现代人不具备所谓的整体意义上的一致性。这是一种逆向分析。在对疯癫、监狱、不正常的人的研究中，福柯发现了现代人被塑造成标准化主体的过程。福柯认为，在现代社会的发展过程中，西方文化形成了一整套关于"理性的人"的理解和规范，在把这种"理性的人"视为主体的基础上，现代社会自形成以来一直致力于把人塑造成符合主体标准的人，同时在塑造过程中还伴随着对不符合主体标准的人的排斥和区隔化活动。现代人就是被塑造成的符合主体标准的人，也就是说，现代人是被"生

---

① 刘永谋：《福柯的主体解构之旅》，南京：江苏人民出版社，2009，第146页。

产"出来的。

在福柯的分析中，现代人的生产包含两个过程：区分的过程和规训的过程。这两个过程是同时进行的。区分的过程就是通过对正常与否的划分把不符合标准的、无法改造的人视为"他者"，将其排斥出理性秩序的范围。规训的过程就是将可能的、潜在的主体塑造成符合规范的标准化主体，并通过知识的内化作用把主体的规范标准内化为个体的信念，让个体实现对自我的规训。"这种主体或是自身内部分离，或与他人分离。这一过程使主体客观化。"① 这种让主体与自身、主体与他人分离的现代人的生产过程势必包含三个程序：设立标准，进行区分，改造和规训。首先是设立标准的问题。说到底，对现代人的"生产"就是理性化的过程，主体化的过程就是理性人的生成过程。而且在现代社会，这种理性人的标准的建立得到了知识论述的强力支撑。虽然任何社会都存在社会文化对人的建构活动，但是与以往相比，现代社会最显著的特点是现代文化形成了对人的一整套知识论述，人不仅是知识的主体，而且是知识的对象。在《词与物》中，福柯认为19世纪以来知识的三大领域演变成语言学、政治经济学和生物学。这三大领域都以人为研究对象，从说话、劳动、生活三个层面为建构符合社会需要的主体的标准化规范提供知识支撑。其次是进行区分。福柯在《疯癫与文明》《不正常的人》中以疯癫和不正常的人的历史遭遇为例，向我们展示了建立在理性界限基础上的社会区分的历史过程。同时，区分的过程还伴随着一种双重运作：一方面，现代社会会根据现代知识对"人"的解读对人进行划分；另一方面，对人进行社会区分的过程也促进了知识论述对"人"的研究。从福柯对疯癫史的考察可以看出，在中世纪时期，疯人并未受到排斥。文艺复兴时期，人们虽然排斥

---

① 德赖弗斯、P. 拉比诺：《超越结构主义与解释学》，张建超、张静译，北京：光明日报出版社，1992，第272页。

疯人，但还会通过对疯癫现象的文艺创作来表达对道德、人性等问题的思索，在这一层面上社会与疯癫进行着某种奇异的交流。但是从17世纪开始，疯人被禁闭起来，慢慢地他们被视为非理性，被认为是反自然、反道德、反秩序的存在。即使在18世纪末19世纪初，疯癫被鉴定为一种疾病，但也不过是把疯人禁锢在另一个场所（医院）。在那里，医学变成了另外一种司法，疯癫彻底被视为非理性的、混乱的存在，需要被监视和审判，医护人员作为理性的象征对疯癫（非理性）具有绝对的权威。在这个时期，疯癫中断了与社会的交流，人们能够听到的只有理性对疯癫的评述，疯癫被排斥出理性建构的"正常的"秩序范围。福柯认为，疯癫被排斥的过程也就是它成为知识对象、被鉴定为一种疾病的过程。在这个过程中，理性通过对疯癫等非理性的排斥，与精神病学等知识结合起来，完成了对理性和非理性的区隔化过程。福柯认为疯癫"是一种文明的产物。没有把这种现象说成疯癫并加以迫害的各种文化的历史，就不会有疯癫的历史。在蛮荒状态不可能发现疯癫。疯癫只能存在于社会之中。""它不会存在于分离出它的感受形式之外，既排斥它又俘获它的反感形式之外。"① 理性对疯癫的排斥说到底是"一种文化用划定边界来谴责处于边界之外的某种东西"。②

除了分析理性对疯癫的排斥之外，福柯还通过对"不正常人"的系谱学研究揭示出人被区分为"正常"与"不正常"背后的知识 – 权力逻辑。福柯在《不正常的人》中指出，现代社会通常认为的"不正常的人"有三个源头："畸形人"、"需要改造的人"和"手淫的儿童"。福柯认为，在这三类人中，"畸形人"的历史最为悠久，不同于现代人把身体缺陷视为畸形，畸形在古

---

① 米歇尔·福柯：《疯癫与文明》，刘北成、杨远婴译，北京：生活·读书·新知三联书店，2003，第273页。

② 米歇尔·福柯：《疯癫与文明》，刘北成、杨远婴译，北京：生活·读书·新知三联书店，2003，第274页。

代是一个法律概念而不是医学概念。法律上的畸形是指法律没有预见的犯罪行为，导致一些难以解决的法律难题①，构成了对法律的挑战。于是在 19 世纪精神病学进入司法领域，通过把当时被认为是法律畸形的犯罪编码为社会危险，为进行审判提供依据。福柯对"需要改造的人"的论述并不多，他认为这类人出现在资本主义发展初期的 17、18 世纪，出于经济的需要人们用纪律对个体进行规训，"某些桀骜不驯的人显现出来，他们不服从管教，拒绝纪律的要求。最后，他们被纪律或改造机关宣布为'不可改造的人'"。② 福柯对"手淫的儿童"的分析着重关注 18 世纪的反手淫运动，认为当时反手淫运动的重点并不是儿童的性，而是由医学和社会管理机构组成的权力系统通过制造出儿童的手淫同人的终身健康之间的联系，直接干预到家庭组织中，实现了家庭的医学化。借此机会，精神病学和医学得以扩充势力范围，获得新的认识对象和知识。"这三种人在 19 世纪终于合流了，他们被建构为'不正常'的人，这种人是法律、教育、医学，尤其是精神病学的自身和权力对象，这些机构共同承担起保卫社会的责任，对付来自不正常的人的危险。"③ 当制度化的精神病学建立起来之后，很多日常生活中的行为混乱现象（冲动、不驯服、情感缺乏等）都被精神病化了，"不正常的人"的范围也日渐扩大，以至于"与行为规范的偏离和陷入自动性的程度是两个变量，他们使人们可以把一种行为或者纳入精神健康的类别，或者相反纳入精神疾病的类别"。④

---

① 法律难题是指在进行审判时必须要判定犯罪的理由和行为的社会危险性，但在面对"无理由犯罪"现象时，则难以做出审判。

② 米歇尔·福柯：《不正常的人》，钱翰译，上海：上海人民出版社，2003，第 3 页。

③ 米歇尔·福柯：《不正常的人》，钱翰译，上海：上海人民出版社，2003，第 5 页。

④ 米歇尔·福柯：《不正常的人》，钱翰译，上海：上海人民出版社，2003，第 174 页。

就此，通过社会区分，规范性的准则被建构起来了。"现实生活中的人绝大多数分布在这个序列的中间"，至于到底是更偏向健康还是精神疾病则是由"他与主体标准之间的距离与你对主体标准自觉或内化程度决定的"。[①] 不仅任何不符合标准的人都将面临来自社会的改造，为了让现实生活中的人更符合主体的标准，一种社会层面的规训制度也开始建立起来。教育学、精神病学、心理学、管理学等研究人的知识和各类社会机构之间的结合让现代社会成为一个巨大的规训机器，现代人就这样被生产出来，被教育、被改造成符合社会规范的主体形象。

福柯对现代人被塑造成主体的解析揭示出社会发展过程中知识和社会权力对人的奴役。他对精神病等知识的论断也许太过于极端，但对知识和权力是如何通过区分、改造建构起一种总体性秩序，实质上造成人与他人、人与自身的分裂的判断，在一定意义上对揭示资本主义的本质提供了可借鉴的思考。可是他的这种判断没有深刻揭示出分裂存在的根源，因为他并未探究知识和权力对人的塑造背后的社会经济动因。根据马克思的分析，资本主义时代最大的分裂是社会日益分裂成资产阶级和无产阶级两大对立阶级。虽然我们可能不能把疯人和不正常的人都视为无产阶级，但是同无产阶级一样，他们都是资本主义理性秩序的受压迫者。更为重要的是，福柯的分析是由对疯癫和不正常的人的研究入手来揭示理性秩序对人的生产、对社会的总体化构建的，为揭示形而上学抽象统治的本质及其对人的现实性的遮蔽提供了思考的方向。

第三节 福柯对主体建构活动的
遮蔽维度的批判

福柯对现代人被塑造成主体的标准化过程的分析描绘出资本

---

① 刘永谋：《福柯的主体解构之旅》，南京：江苏人民出版社，2009，第 162 页。

主义社会的总体化建构进程，揭示出表面的特性、自由背后的同一化和去差异化的实质。如同马克思批判形而上学的抽象性逻辑对人的现实生存的抹杀一样，福柯也批判形而上学对人的现实生活和感性活动的遮蔽。但不同于马克思用实践观消解抽象形而上学的问题框架，从人的历史存在和社会存在出发去解读人的存在现实，指出形而上学的本体论是用一种抽象的、同一的方式把握存在问题，遮蔽了现实生活的丰富性和多样性，福柯则是聚焦现代主体在被建构过程中对人的日常经验的遮蔽，揭示人们的感性经验是如何一步步被改写、被制造的。

一 主体建构过程中的形而上学逻辑

通过对现代人的"生产"过程的分析，福柯认为现代社会这种"把人变成主体"的知识塑造活动还隐含着一种形而上学的逻辑：现代知识论述建构的那种标准化的主体形象本身就是一种抽象。理性走向形而上学的过程就是理性在把自身客观化的同时也将真理的可能性所依赖的同一性客观化的过程，这一过程拒斥除理性之外任何实现真理的可能。所谓的标准化的主体，本身就是一种被建构的抽象的"理性人"的概念。它预设了一个纯粹理性的主体，并视之为某种主体化的标准形式。

福柯从一开始就否认存在形而上学所说的那种抽象的、先验的主体。他认为在形而上学的影响下，主体哲学预设了一个主体的存在，主体被理解为对人的本质的抽象。这种主体哲学是建立在一种主客二分的认识论之上的，把世界视为人的认识对象，所有的问题都是"人"的问题，世界是人的表象，人的认识关系是人的本质规定性。而福柯则从主体和社会建构的关系出发，把主体在主体哲学中被视为所有哲学反思的原点的地位颠覆了。

福柯认为，认识论在现代社会的发展是和现代社会的社会建制联系在一起的。主体不是先验的也不是超验的，而是由认识活动建构出来的。他指出没有所谓的普遍主体的存在，主体是现代社会的产物，是现代认识论基于对人的"本质"的理解建构出来的。现代意义上的主体不仅是一种历史性的观念，而且和整个现代社会的社会建构存在某种一致性。福柯认为，自笛卡尔以来，主客二分的认识论在抽象出一种普遍的"理性人"的基础上将之视为人的本质。这种本质是一种抽象的人性观念，在现代社会中，它的形成不仅仅是一种认识论层面的理解，还被看作现代人的标准化模式。福柯完全否定了现代认识论那种预设的主体的存在，"不存在独立自主、无处不在的普遍形式的主体。……主体是在被奴役和支配中建立起来的"。① 主体的被奴役和被支配是伴随着认识论的发展而进行的，现代认识论意义上形成的关于"人"的解释，在本质上"是根据社会的需要和具体条件，试图塑造和形构特定类型的'主体'以及与这个主体相适应的'客体'"。② 因而，"现代人——这个人在其肉体的、能劳动和会说话的存在中是可确定的——只有作为限定性之构型才是可能的。"③ 现代社会最大的特点在于，它在抽象出人的本质（理性人）的同时还形成了对人的方方面面的认识，并从中设定某种理性的人的形象，再把这种标准形象同现代社会对"合理性"的社会成员的需求结合起来，使之成为主体的标准化模式。而现代人按照这种设定主体标准形塑自身的过程就是社会化过程。福柯认为，现代社会就是这样一步步形塑符合社会标准的社会成员的，因此，现代社会关于"人"的知识达到了前所未有的丰富程度。作为社会成员的现代人，社会化的实现是以成为具有自由意识的公民为标准的，同时，为了整个社会的价值观、秩序等方面的需求，他们还要接受各种规则、秩序和法制的约束。在这个过程

---

① 米歇尔·福柯：《权力的眼睛——福柯访谈录》，严锋译，上海：上海人民出版社，1997，第19页。
② 高宣扬：《福柯的生存美学》，北京：中国人民大学出版社，2005，第138页。
③ 米歇尔·福柯：《词与物：人文科学考古学》，莫伟民译，上海：上海三联书店，2001，第414页。

中，他们也成为现代知识体系的研究对象，为规则、秩序和法制的合理性提供论证。这是福柯的现代性批判理论最有趣的地方，虽然他在还原现代人的历史性生成的过程中通篇几乎没有论及马克思，但在具体的论断中往往会"浮现出"某些马克思的观点。他不谈资本，不谈资本的同质化进程，却对主体化进程中的主体标准形象对人的同一化、标准化塑造大加批判；他很少提及意识形态，却始终强调现代认识论在主体实体化过程中的重要作用；他不说从实践的角度来还原现实的人，却坚持从具体的人的现实性生成中批判理性形而上学对人的压迫。

通过对主体的分析，福柯认为，在现代社会主体的塑造过程中，社会建构和主体化之间存在密切关系，使现代个体的主体化过程成为符合社会标准的社会成员的生产活动。在这种理性的主体塑造过程中，现实的、个体的人的存在是缺席的。这种标准化的理性主体的超验性、普遍性与至上性还遮蔽了现实的人在感性生存活动中所呈现的多样性、矛盾性和差异性。

二　主体建构过程对人的感性经验的遮蔽

福柯在对主体的论述中提到没有普遍的主体存在。主体是历史的产物，是在特定的时空、知识范式、语言符号等因素下形成的。他的研究是基于经验的，重视人的经验在知识形成过程中的作用。当他把关注点放到人的经验形成的时候，他立刻关注到现代人的生活经验被遮蔽的真相。这也成为他对理性批判的重点关注内容：探究主体建构过程对人的真实经验的遮蔽。

从《疯癫与文明》到《性经验史》，福柯在对疯癫和理性、性史和权力分析的明线之下，隐藏着一个论断：人的感性经验特别是身体经验自现代以来就一直被放在理性的对立面，这意味着它们被当成非理性的存在被理性过滤掉了。在人的主体化过程中，个体的经验无疑是极为关键的。可是，如果个体的身体经验被视为非理性的存在，那么在一个理性的知识体系中，非理性的话语存在必然不具备合法性，这种情况下人的主体化就只能是知识和权力的结果。人的自足性被忽略了，因为现代知识所塑造的是主体，它以普遍理性遮蔽了个体的生存处境和生活经验。

为了说明这个问题，福柯着重对身体经验被遮蔽的过程进行了分析。在《疯癫与文明》中，他分析了精神病学和道德秩序是如何通过把疯癫看作心理疾病来实现疯癫体验的唯灵化，并以科学之名行道德控制之实的。他认为这在很大程度上遮蔽了疯癫本身的话语，使现代人只能在理性框架内听到理性对疯癫的论说。疯癫作为一种身体经验已完全被湮没在理性话语的建构中，以至于成为沉默的存在。除了直接把某种经验排除到秩序之外，理性还存在另一种遮蔽方式，即通过一种新的权力技术来达到对身体经验的控制。自人类社会诞生以来，身体一直都是权力作用的对象。现代社会中的权力技术不再对身体采取暴力手段，而是采取更为经济有效的方式，通过各种身体矫正训练实现身体力量的合理利用。从福柯对规训权力的论述中可以看到，细化到身体各个部位的运作都要受到当时文化环境的限定，"身体各部位的生物和自然要求，究竟在多大程度上能够在个人的社会文化生活中表现出来，在多大程度上能够得到满足，以及以何种方式和模式表现出来，所有这一切都同当时当地的社会道德及其他规范密切相关"。① 这就是说，关于身体经验的知识一直牢牢把握在社会文化权力的手中，权力通过对话语权的掌控拥有对身体经验的"科学"解释权威，以此实现对社会成员身体的控制，并借此直接干预其生命进程。这一点在对性的论述上表现得尤为突出。性经验对人而言是个体最独特、最直观的身体快感和欲望体验，但在每个时代，能够得以言说的性经验必定是掺杂了某些东西，是在当时的规范内的言说。任何人都不能从纯粹的生理需要出发任意表达身体内部的欲望，因为这在很大程度上有可能找不到合适的言

① 高宣扬：《福柯的生存美学》，北京：中国人民大学出版社，2005，第243页。

说方式和语言。任何时代的性论述绝对不是作者个人意志的表达，而是在社会文化中占优势的社会力量意志的体现。性论述中的性快感的要求是通过性论述的内容表达出来的，所以性快感的表述也会同文化环境结合起来，虽然借此可以在当时的文化和道德规则下得以传播，但性快感的真实体验就此被遮蔽在此种规则化的话语权力之下。

在《性经验史》中，福柯多次指出长久以来人们的"性压抑"说在根本上并未了解到性知识发展的实质，性话语是被生产出来的，通过性话语的生产才能把性言说纳入可控制的领域，从而影响和控制人们对性经验的认识，达到对身体和生命的权力控制。因为性是对个体的身体规训和作为人口的生命权力控制的联结点，通过对性的干预可以直接对生命本身进行运作，所以任何关于性的知识和道德都必然是统治力量作用于个人的工具。这种干预不是通过压抑和使之沉默的方式进行的，而是在允许人们大谈特谈性、有些强制性地要求他们说出自己的性需求，通过对这些性论述进行医学分析和精神分析来建立起"科学"的性论述和性知识，再把这种性科学以真理的形式推广到社会中的。"通过人口，政治经济学逐渐形成了一整套对性的观察结果，并且出现了在生物学和经济学的范围内分析性行为及其规定和影响。……国家对于公民们的性生活及其使用方式了如指掌，而每位公民也能够控制性生活的使用方式，在国家和个体之间，性成了一种目标，一种公共的目标，围绕着它形成了一整套各种话语、各种姿势、各种分析和各种命令的网络。"[1] 自19世纪以来，性论述看似越来越泛滥，但谈论的规则、谈论的方式、谈论的场合等更为细微化，一种更为规范化的性论述网络建构起来了，各种性论述都可以在这个网络中找到自己的位置，当然这也意味着对其中的

---

[1] 米歇尔·福柯：《性经验史》，佘碧平译，上海：上海人民出版社，2005，第17页。

话语规则的遵循。而且医学对性的干预使一些"不合法"的性行为被归入危险的范畴，各种有关性论述的传播不断激发人们对于这种"危险的性行为"的危险意识。话语的增多并不代表没有排斥的存在，因为话语的规范性必然是建立在排斥所谓"他者"的基础上的。由此，一种规范性的性论述导致了性行为的某种规范化，而人的真实的身体经验就这样被规范性的知识论述给遮蔽了。

这种对形而上学抽象性的批判在马克思那里是通过揭示抽象的观念逻辑对现实存在的遮蔽来表达的。对马克思而言，形而上学的抽象性表现在用一种超验的终极尺度来裁定人的生存，用超历史的"普遍的""永恒的"逻辑否定人的生存价值。它在本质上是一种同一化进程，把真实的世界给抽象化和同一化了，留下的只有被同一化了的"理性世界"。只有还原人的历史性生成，把握现实的人的具体生存活动，才能走出形而上学的抽象性。福柯在这方面的理解同马克思是一致的，同样注重现实的人的历史性生成，同样揭示出形而上学抽象性背后的总体化和同一化进程。但在具体的研究路线上，不同于马克思在政治层面上对国家和市民社会的关系展开批判，从而揭示出形而上学存在的社会根基，建构起他的历史唯物主义。福柯采用了一种逆向分析，通过对非理性的分析来还原现代人的主体化历史过程，揭露出知识和权力把现代人塑造成符合社会需要的主体的建构作用，以及在这个过程中知识对人本身的感性经验的遮蔽。这让他的现代性批判呈现与马克思不同的逻辑线路，让他可以把批判的领域拓展到更细微的地方，在一定程度上推动了马克思的现代性批判理论。但与此同时，立足于知识和权力的关系的现代性批判也让他的批判难以探究到现代性危机存在的根源，难以呈现一种辩证的思维，反而表现出一种对文明的反叛。这一点在他对真理的虚假性批判中显现了出来。

第三章　意识形态与真理意志
——意识形态批判

　　意识形态（ideology）是一个备受争议的概念。特拉西于1796年创立"意识形态"一词的时候，把意识形态理解为科学知识提供基础的观念科学。黑格尔在特拉西的基础上发展了这一概念，从历史的角度阐述了意识在社会发展不同阶段的具体表现形式，认为意识形态同教化之间存在内在联系。费尔巴哈把宗教作为一种异化的意识形态进行了批判，但他的人本主义哲学也让他止步于此。经过黑格尔和费尔巴哈的发展，意识形态在马克思那里成为一个重要的问题。在对资本主义的批判中，马克思认为资产阶级意识形态是一种掩盖现实关系的观念形态。阿尔都塞的意识形态理论结合了弗洛伊德的精神分析学。他指出意识形态并不只是马克思所说的那样是对经济基础的反映，而是"个人与其实在生存条件的想象关系的'表述'"[①]，因为是想象关系，所以意识形态不可能是科学或知识。他的理论在丰富了马克思主义意识形态理论的同时还影响了一批法国思想家，其中就有福柯。福柯同样不太赞成把意识形态视为经济基础的反映，甚至提及要慎用"意识形态"一词，但他对知识的权力维度和"真理"的历史建构性的揭示从另一个层面拓宽了意识形态批判的广度。

---

　　① 陈越：《哲学与政治——阿尔都塞读本》，长春：吉林人民出版社，2003，第352页。

第一节　马克思的意识形态批判理论

马克思的意识形态批判大致分为两个阶段。第一个阶段以《德意志意识形态》为代表。马克思站在社会存在决定社会意识的历史唯物主义立场上，对资产阶级意识形态的"虚假性"展开了批判。第二个阶段以《1857—1858年经济学手稿》、《政治经济学批判》和《资本论》为代表。这个时期对意识形态的批判是同对资产阶级的政治经济学批判结合起来的，通过对物化意识和商品拜物教的批判来揭示资产阶级意识形态遮蔽现实关系的社会功能。

一　对资产阶级意识形态"虚假性"的批判

在马克思那里，对形而上学的批判同对意识形态的批判是一体的，因为他的现代性批判的历史唯物主义立场使其对形而上学的批判并未仅仅停留在哲学层面。谈到马克思的意识形态批判，很多人首先想到的是他对资产阶级意识形态的虚假性的判断。如何理解意识形态的虚假性？马克思否认那种把意识形态视为独立的、自在的存在的观点，尽管它往往以一种"符合自然秩序的"、科学的面貌呈现出来。《德意志意识形态》中有一段马克思对意识形态的经典论述："如果在全部意识形态中，人们和他们的关系就像在照相机中一样是倒立成像的，那么这种现象也是从人们生活的历史过程中产生的，正如物体在视网膜上的倒影是直接从人们生活的生理过程中产生的一样。"① 很明显，马克思对意识形态"倒立成像"的论述揭示出意识形态的颠倒性，认为资产阶级意识形态是一种颠倒的、扭曲的认识论，是对现实关系的掩盖，是对现实社会颠倒的、神秘的反映。这与他在《〈黑格尔法哲学

---

① 《马克思恩格斯选集》第1卷，北京：人民出版社，2012，第152页。

批判〉导言》中对宗教的"颠倒的世界意识"的判断是一致的。宗教批判与哲学批判是马克思意识形态形成的背景，需要从此背景中把握其意识形态思想。在对宗教的批判中，马克思指出宗教的这种"颠倒"源于社会和国家的"颠倒"，认为只有从世俗中寻找，才能找到原因。如果仅仅从纯粹思维的角度分析意识形态的虚假性，不仅不会找到意识形态虚假的根源，还有可能陷入一种主观主义之中，把观念视为脱离了社会实践的存在。"真理的彼岸世界消逝以后，历史的任务就是确立此岸世界的真理。人的自我异化的神圣形象被揭穿以后，揭露具有非神圣形象中的自我异化，就成了为历史服务的哲学的迫切任务。于是，对天国的批判变成对尘世的批判，对宗教的批判变成对法的批判，对神学的批判变成对政治的批判。"①

由此可见，马克思对资产阶级意识形态虚假性的判断是建立在对现实的历史分析基础上的。在马克思看来，意识形态的虚假性并不是其本性，而是与使其得以存在和发展的社会基础密切相关。它在本质上也并不是单纯的理论缺陷，而是与现实社会的历史结构相关，所以对意识形态的批判必然要对其进行社会结构及其利益集团的分析，由此才能找到其真正的推动力。"意识形态是由所谓的思想家通过意识、但是通过虚假的意识完成的过程。推动他的真正动力始终是他所不知道的，否则这就不是意识形态的过程了。因此，他想象出虚假的或表面的动力。"② 所以，揭示出意识形态同现实的社会存在之间的关系成为马克思意识形态批判的主题。在对青年黑格尔派等思辨唯心主义者的批判中，马克思明确指出他们的错误在于只是从观念出发，没有对观念存在论上的基础进行揭示。"如果完全不考虑这些思想的基础——个人和历史环境，那就可以这样说：例如，在贵族统治时期占统治地

---

① 《马克思恩格斯全集》第1卷，北京：人民出版社，2012，第2页。
② 《马克思恩格斯全集》第4卷，北京：人民出版社，2012，第642页。

位的概念是荣誉、忠诚，等等，而在资产阶级统治时期占统治地位的概念则是自由、平等，等等。"① 意识在任何时候都只是被意识到的存在，人们的存在就是他们的实际生活过程。对一个时代的思想观念的思考离不开对它的现实社会基础的揭示，意识形态尤为如此。这里存在着一种真实与虚假的张力，资产阶级意识形态之所以虚假，是因为它否认、遮蔽了现实的社会矛盾。但同时，它也是对社会现实的反映，只不过这种社会现实是被异化了的社会存在，之所以人们会认为它是真实的，是因为他们没有超越现实的社会关系（矛盾的、被异化的社会关系）。所以，资产阶级意识形态是虚假的，但就它与现实历史的关系而言，它又是真实的、必然的。"这些理论思想是以物质利益和由物质生产关系所决定的意志为基础的……这种理论的表达与它所表达的利益割裂开来"，把"资产阶级意志的有物质动机的规定变为'自由意志'、自在和自为的意志、人类意志的纯粹自我规定，从而就把这种意志变为纯粹思想上的概念规定和道德假设"。② 也就是说，资产阶级所宣扬的"自由意志"实际上是把资产阶级的自由主义变成了纯粹的概念规定。当它以纯粹的、思想上的概念规定的面貌出现时，它在一定程度上遮蔽了这种概念规定本身的阶级属性和"被构造"的历史过程，甚至可能被确认为是某种"自然的"、科学的真理表达形式。

在资本主义社会，形而上学的抽象性同资本的"抽象统治"是同一的。形而上学的抽象同一性绝对不是某种自觉的理论运动的结果，而是与某种具有相同特征的社会存在相关。这种社会力量不仅影响人们的生存方式，还在哲学文化中发展出"理性形而上学"这种意识形态。现实社会中的抽象统治同形而上学中抽象性的绝对地位存在某种直接的联系，"个人现在受抽象统治，而

① 《马克思恩格斯全集》第 1 卷，北京：人民出版社，2012，第 180 页。
② 《马克思恩格斯全集》第 3 卷，北京：人民出版社，1960，第 213 页。

他们以前是互信依赖的。……但是，抽象或观念，无非是那些统治个人的物质关系的理论表现"。① 任何一个时代占统治地位的思想一定是统治阶级的思想，在资本主义社会，形而上学的抽象性是通过资本逻辑体现出来的。正是在商品交换中，形而上学的抽象性和同一性获得了具体的社会形式和运作方式，通过把社会生活的丰富内涵、价值维度、多样化简化成抽象的交换价值，一切个性和差别都被同一化了，被转变成定量的交换关系。不仅如此，他们还创造出关于"自由""正义""民主"之类的"永恒的自然律令"来维护和论证资本逻辑的非历史性和永恒性，而形而上学正是对资本逻辑的这种非历史性和永恒性的终极表述。从这个层面分析，形而上学就是资产阶级的意识形态，形而上学的抽象性同资本的"抽象统治"具有同构性。基于此，马克思认为政治解放不是真正意义上的人的解放，因为政治层面上的人还只是"抽象的、人为的人"。总之，不同于一般的学院哲学，马克思对形而上学的批判不是停留在理论层面，而是探究其存在的社会根基，并在此基础上揭示二者的同构性。所以，马克思对形而上学的批判必定会涉及意识形态批判，二者是一体的。同时，因为对意识形态得以存在的社会根源进行分析，马克思在对意识形态做出"倒立成像"的判断后，没有单纯认定意识形态是一种颠倒的认识论，而是深入分析其颠倒的内在机理。"如果这些个人的现实关系的有意识的表现是虚幻的，如果他们在自己的观念中把自己的现实颠倒过来，那么这还是由他们的物质活动方式的局限性以及由此而来的他们狭隘的社会关系造成的。"② 所以，要真正认识一种意识形态，就必须深入分析意识形态和社会现实的内在关系，特别是和统治阶级的生存需求之间的关联，才能揭示出它的现实意义。这使意识形态批判在走向资本主义生产关

---

① 《马克思恩格斯全集》第 46 卷（上），北京：人民出版社，1979，第 111 页。
② 《马克思恩格斯全集》第 3 卷，北京：人民出版社，1960，第 29 页。

系的同时，也让马克思对理性形而上学的批判走向了一种实践本体论。

二　基于政治经济学批判的意识形态理论的深化

在《德意志意识形态》中，马克思从意识形态的"倒立成像"出发对意识形态得以产生的社会基础进行了揭示，破除了意识形态呈现出来的独立外观，还原其社会历史性。如果说这个时期马克思的意识形态理论还只是一种大概的分析，并未深入资本主义制度的系统中去阐述意识形态和资本主义生产之间的关系的话，那么经过《资本论》对资本主义政治经济学的批判，马克思进一步深化了对意识形态的理解，在历史唯物主义基础上，对资产阶级意识形态产生的社会基础及其历史作用，以及资本主义在生产过程中对意识形态的建构等方面做出了分析，深入发展了他的意识形态批判理论。

马克思在对社会存在和社会意识的关系上重新确定了对意识形态的认识，认为不是人们的社会意识决定人们的社会存在，而是人们的社会存在决定人们的社会意识。从这个角度理解，资产阶级的意识形态是建立在资产阶级经济基础之上的观念形态，"交换价值的交换是一切平等和自由的产生的、现实的基础"。① 这种平等和自由只是资产阶级外在的观念层面的反映，同时借助这种观念外衣，资产阶级得以掩饰其生产关系的内在本质。在这里，马克思不再仅仅把意识形态视为虚假的意识，而是将其归纳为观念的上层建筑，这些以法律的、政治的、宗教的、艺术的、哲学的形式表现出来的意识形态是由经济基础决定的，是现存统治关系的重要组成部分。资本主义的发展和意识形态的传播有着密切的关联，随着资本逻辑的不断扩张，传统的价值观念和宗教

---

① 《马克思恩格斯全集》第 46 卷（上），北京：人民出版社，1979，第 197 页。

信仰都遭到了贬损，"一切神圣的东西都被亵渎了"。① 在以商品交换为主导的资本主义经济体系中，人与人的社会关系都以物与物的关系表现出来，任何价值都必须通过交换关系得以体现。对金钱的追求成为人生的意义，对商品、货币和资本的崇拜使整个社会陷入拜物教文化中。同时，维护资产阶级利益的法律和政治制度也建立起来，甚至连一贯被认为独立发展的知识领域也烙上了资本的印记。不管是自然科学还是社会科学都逃脱不了资本的掌控，"现在的问题不再是这个或那个原理是否正确，而是它对资本有利还是有害，方便还是不方便，违背警章还是不违背警章。……不偏不倚的研究让位于豢养的文丐的争斗，公正无私的科学探讨让位于辩护士的坏心恶意"。② 在资本逻辑的主导下，知识已经失去了它的纯粹性，变成了按照资本权力制造的产品。同资本主义时代任何生产过程都能够生产出来的产品一样，它摆脱不了商品的性质。对它的生产者（科技专家）而言，只有制造出符合资本要求的产品才能生存。一方面，这促进了科学技术的发展，使科学技术在资本主义时代获得了有史以来最大的发展。但另一方面，它对什么样的知识才是有价值的做出了区分，"只有资本主义生产才第一次把物质生产过程变成科学在生产中的应用，——变成运用于实践的科学"。③ 而对资本而言，有利于资本增殖、赋有应用价值的知识才是它所需要的。科技专家为了探索科学的实际应用而相互竞争。就这样，科学技术也被资本逻辑总体化了，科学主义也成为一种意识形态。"科学技术的一体化，还随着资本的不断扩张和渗透，不但为现代社会的行政管理、社会管理提供了直接的权力技术，而且通过上升为一种支配性的意识形态——科学世界观，影响着社会生产、文化生产和社会生活。"④

---

① 《马克思恩格斯全集》第 4 卷，北京：人民出版社，1958，第 469 页。
② 《马克思恩格斯全集》第 23 卷，北京：人民出版社，1972，第 17 页。
③ 《马克思恩格斯全集》第 47 卷，北京：人民出版社，1979，第 576 页。
④ 陈志刚：《现代性批判及其对话》，北京：科学文献出版社，2012，第 88 页。

因此，意识形态对于统治阶级而言，最大的作用在于对人们的现实生活和交往关系的真相的遮蔽，以此来为统治阶级服务。他们把自己的利益说成是大家的共同利益，赋予自己的思想以普遍性，极力把它们描绘成科学的、合理的、带有普遍意义的思想。不仅如此，统治阶级还会生产、加强甚至灌输一些有利于其统治的观念。就资本主义的发展而言，人的关系的物化和物的存在的独立化是独特的社会特征。它把人的异化推向了一个新的高度。但通过商品拜物教这种意识形态，资本主义不断强化物的价值，强化货币和资本的神秘化，让资本主义生产过程的结果也因离开了过程本身而成为独立的存在。这不仅遮蔽了资本主义生产的本质，而且使物化的社会关系越来越抽象化，甚至造成一种普遍化的幻觉，以达到物化关系的永久化的目的。资产阶级的经济学家只停留在分析物化的直接性层面，从未深入分析物化的本质，资本和货币被神秘化了。同时，在对待劳动方面，资本主义意识形态遮蔽了劳动的价值。资本是由劳动创造的，在资本主义社会，作为劳动结晶的资本却反过来统治劳动，主客体被颠倒了。"由于这种被歪曲的关系，必然在生产过程中产生相应的被歪曲的观念，颠倒了的意识。"[1] 因此，在资产阶级经济学家看来，资本成了利润的源泉，劳动成了工资的源泉。"受这种外表的蒙蔽，而他们自己又以同样的方式去蒙蔽别人。这样一来，意识形态所赖以活动和展开的纯粹思维和观念的过程就把真实的经济关系严严实实地遮蔽起来了。"[2] 从这个层面讲，马克思认为意识形态维护的是统治阶级的利益，它的目的并不是揭示现实生活的真相，而是遮蔽真相以维护统治阶级的统治。所以，不存在一种超越某一阶级的根本利益的意识形态。对于被统治阶级而言，他们总是被同化在统治阶级的意识形态中，而且由于被统治阶级

---

① 《马克思恩格斯全集》第48卷，北京：人民出版社，1985，第258页。
② 俞吾金：《意识形态论》，上海：上海人民出版社，2014，第84页。

一直处于统治阶级的意识形态教化之下，所以他们很难摆脱统治阶级的意识形态的影响。再加上他们很难认识到生产过程的内部运动，能看到的只是表面的运动，所以他们会把在日常生活中看到的表面现象当成是真实的，把货币关系视为金银的自然属性，把资本视为利润的源泉，把劳动资料等同于资本，把通过交换过程来体现的"自由""平等"当成真理，从而彻底陷入资产阶级拜物教的观念形态中，接受他们对世界和社会关系的解读。这在一定程度上论证了资本主义意识形态有通过对人们日常意识的影响来达到其统治的目的，拜物教就是这样的日常意识。可以说，"日常意识构成了资产阶级意识形态的基础，资产阶级及其代理人正是把生产当事人在市场的日常实践中形成的观念系统化、普遍化为资产的意识形态，最终成为资产阶级统治、蛊惑公认的有力武器的。"① 对日常意识的批判也是批判资产阶级意识形态不可或缺的部分。

第二节　福柯对话语规则背后的权力真相的揭示

在马克思那里，意识形态是一个总体性的概念，道德、政治思想、哲学、宗教等具体的意识形式都囊括在内。社会存在决定社会意识。人的思想、意识和语言在本质上都是社会的，哪怕是自然科学，也必须诉诸语言。语言也是由社会存在所决定的。在马克思看来，语言是意识形态的载体，道德、政治思想、哲学、宗教等具体的意识形式都是和语言交织在一起的，意识形态总需要用一定的语言来表达自己。"'精神'从一开始就很倒霉，法定要受物质的'纠缠'，物质在这里表现为震动着的空气层、声音，

---

① 孙乐强：《政治经济学批判与马克思意识形态理论的深化》，《学习与探索》2011年第6期。

简言之，即语言。……；语言是一种实践的、既为别人存在并仅仅因此也为我自己存在的、现实的意识。"① 这意味着如果不能超越某一意识形态的常用术语，那就无法超越这一意识形态。福柯也意识到这个问题，他对意识形态的批判就是从对话语的建构性的揭示开始的。

一 福柯对话语的建构性的揭示

一直以来，语言总被认为是纯粹的认识工具，这在某种程度上强化了语言的工具性，忽略了它的建构性。福柯很关注语言同客观世界、经验活动、文化秩序等之间的关系，认为话语构建了我们对世界和自身的认识。原本索绪尔的语言是没有主体的，但后来的话语理论则把主体接入了语言活动。伊格尔顿认为"'语言'是言语或书写，它们被客观地视作没有主体的符号链。'话语'则是表达（utterance）的语言，被认为涉及言说和书写的主体，所以至少有可能涉及读者或听者"。② 话语是一种社会实践，只有在具体的情境中才有真实的含义。"恰恰是在这种对话交际之中，亦即在语言的真实生命之中来研究语言。"③ 罗兰巴特则从符号出发探讨话语的社会意义。总之，在近代西方话语理论看来，话语作为一种实践活动，是现实的语言。话语实践建构了我们的观念、文化秩序、知识等人们以往认为是决定语言表达的东西。如果说索绪尔的语言学是从内在的方面研究语言自身的规律，是脱离了主体的符号链，那么话语理论显然更注重语言与外在世界和社会实践之间的联系，把文化现象看作由语言建构的权力体系，是话语运作的表征。福柯就是从话语入手，揭示出现代

① 《马克思恩格斯全集》第 3 卷，北京：人民出版社，1960，第 34 页。
② Terry Eagleton, *Literary Theory*: *an Introduction* (Minneapolis: University of Minnesota Press, 1996), p. 100.
③ 巴赫金：《巴赫金全集》第 5 卷，白春仁、顾亚铃译，石家庄：河北教育出版社，1998，第 269 页。

真理制度的建构性的。

对福柯而言，重要的并不是人们说了什么，是怎样说的，关键是什么让他们这么说。话语背后的力量是什么？是什么机制决定了话语的建构？它是如何运作的？"应该挖掘人们通常借以连接人类话语的这些模糊形式和势力；应该将它们从它们在其中肆虐的阴影中驱逐出去。"① 福柯并不关心索绪尔的抽象的话语体系，反而对作为现实和历史表征的话语实践感兴趣，通过对不同历史时期话语的构成和话语规则的分析，他认为是话语建构了我们的知识和认识。不同于结构主义者，他把话语放到充溢着权力力量碰撞的社会文化场域中，力图把话语同产生和推广这种话语的社会力量和社会关系联系起来，通过社会中的权力关系网络的运作来分析话语的制度性背景，为话语打开一条通往政治、文化和历史的道路。

福柯认为传统的语言理论试图寻找某个脱离了历史的起源或某个神秘的"已说出又未说出的东西"。这只是因为他们想要建立话语的无限连续性而已。实际上没什么神秘起源，对话语的理解应该在审定它的游戏中进行。"这一工作并不——不再——把对话看作（涉及内容或表征的表意因素）几组符号，而是当作系统地形成话语谈论对象的多种实践。当然，话语是有符号的，但话语所做的事要比运用符号来指称事物多得多。这多出来的东西是无法还原为语言和言语的。我们必须揭示和描述的正是这'多出来的东西'。"② 这个多出来的东西就是使话语实践在当时的历史文化环境下成为的权力系统，话语并不是自然而成的，而是被建构的，关键在于话语建构的规则。人们似乎已经习惯某种概念、名词等话语单位的明确性，但问题在于这种明确性是否只是

---

① 米歇尔·福柯：《知识考古学》，谢强、马月译，北京：生活·读书·新知三联书店，2003，第21页。

② Michel Foucault, *The Archaeology of Knowledge*, trans. A. M. Sheridan Smith (London: Routledge, 1989), p. 54.

我们文化的"幻觉"？福柯是想把这类话语单位从这种所谓的明确性中拯救出来，澄清它们提出的问题：它们是否只在某种话语范围内呈现意义？遵循的是何种规律？是如何被限定的？最后，可能唯一足够明确的就是这些话语单位总是在某种话语秩序之内才具有此种意义上的明确性。

剔除对话语连续性的执着，人们才能真正进入话语的世界，避免为了连续性的建立而把话语变成某种神秘的独立于人之外的抽象的符号体系。福柯认为，当人们把对话语连续性追求束之高阁后就会发现话语是一个明确的、宽广的领域，是陈述的整体在它们各自所特有的层次上构成的。在福柯的话语理论中，陈述是一个非常重要的概念。他把话语看作位于同一个散布体系的陈述的整体。因为不相信所谓的话语的连续性，福柯认为话语是把"主体散布在大量可能位置和功能中的并合的、间断的和个体化的事件系列"①，没有什么先验主体的存在。话语作为一个事件，意味着其并不是建立在一个宏大的连续性的背景中，不连续性是存在于陈述中的可见的事实，任何搜寻话语内部的意义之类的行为都只能是徒劳，要去把握话语事件得以产生的外部的、偶然的和可能性的事件，任何话语都在特定的条件下发生、发展、传播、演变，也只有在此种条件下它才具有其意义。所以，为了避免出现像传统话语理论那样认为在各类散布的陈述中隐含着某种潜在的内在主体性，福柯对陈述的分析完全是把陈述当作经验领域的陈述，不是把陈述行为理解为作者本人的意图，而是要了解陈述和陈述、陈述和陈述群等的关系，从而得出陈述在自身中与在它之外的描述关系之间的游戏。陈述是话语的原子，话语的形成是由于参照同一个话语对象，使散布在不同时空中的陈述形成了陈述群这样一个个体化的整体。这是非常直接的、简单的结

---

① 莫伟民：《福柯的话语历史观及其与萨特的歧异》，《复旦学报》（社会科学版）2004 年第 4 期。

果，但似乎太过于理所当然了。以对精神病的陈述为例，对"精神病"这个对象的陈述可以构成一个陈述整体，通过这个陈述群展现"精神病"在不同经验中的表达，呈现"精神病"这个话语单位的清晰轮廓。但通过福柯在《疯癫与文明》中对精神病的历史发展所做的详细而全面的描述可以得知，17、18 世纪之前，医学陈述中的"精神病"和之前出现在治安审判中的"精神病"指称的并不是同一个对象，19 世纪精神病理学陈述中提到的疾病同18 世纪的又不一样。从这种对象的多样性中可以看出，通过固定某个对象来建构陈述群是一件不可能的事情。"要弄清某个话语的单位是否不是由一个对象的持久性和特殊性所决定，而是由多种多样的对象在其中形成并不断地转换的空间所决定。"① 在不同时期具有不同的陈述对象，是由"精神病"这一话语单位在每个时期的话语规则所决定的，而不是由陈述对象所决定的。相反，陈述对象是话语规则的产物，并不是先于话语存在的。所以，如果能够在陈述之间、在不同时空的散布系统中，找到对象、陈述行为、概念、主题选择之间的某种规律性（次序、对应关系、功能、转换等），那么就找到了话语形成的规则。正是这个规则让一定的话语得以存在、变化甚至消失。统一、有序、连续的陈述群是不存在的，纵横交错、差异、间断等才是陈述群的呈现方式。所以，福柯的陈述关心的并不是命题、名词，而是那些使对象得以成立的可能性条件和规则。正是这些可能性条件和规则形成了对陈述对象之分化的要求，形成了陈述群得以涌现的场域。这也表明"性精神病理学、医学、语法、经济学这样一些巨大的陈述家族建立在'有间隙并且相互缠绕的系列、差别、间距、替换、转换'的对象域之上，建立在'那些层次极其不同、功能极其相异'以至不能'伪造一种不间断的宏大文本'

---

① 米歇尔·福柯：《知识考古学》，谢强、马月译，北京：生活·读书·新知三联书店，2003，第 34 页。

的表达之上"。① 这样的话语史才是真实的。它并不构成某种总体性，话语是形成于某些陈述之间的散布体系，也只有将话语放置于具体的"某些宏大文本"中，才能了解语言的本质。福柯在通篇未用"意识形态"一词的情况下对话语的被建构本质，以及语言本身所具有的对意识的建构作用做了全面的分析，揭露了语言的客观性神话，揭示出话语本身所具有的意识形态功能。

二 话语的意识形态功能：话语规则背后的权力真相

同马克思一样，福柯也关注话语的意识形态功能。虽然他没有直接论及话语在意识形态中的具体作用，但是通过分析理性是如何通过对疯癫的排斥、对犯罪和"不正常"的人的区划来建立起自己的统治，且在这个过程中各种组成人类学工程的知识体系如何合法化他们的语言，建构起一整套符合"理性"的、"合理的""正常的"话语来遮蔽他者的语言的过程，福柯把话语的意识形态功能，及其对现实生活的遮蔽剖析得淋漓尽致。马克思认为资产阶级的意识形态是用神秘的、扭曲的方式来反映现实生活，遮蔽了现实的关系。意识形态的目的在于竭力掩盖现实生活的真相以维护统治阶级的统治。"意识形态的悖论在于，它既要所处它所代表的统治阶级的根本利益，宣布这种利益是神圣不可侵犯的，又要竭力掩蔽这种根本利益，把人们的注意力转向细节或其他问题上。"② 在这种情况下，他们会通过一些抽象的、普遍的概念来完成这一目标，凭借这种语言的"狡诈"，把统治阶级的根本利益描绘成符合整体利益的、真理的自然秩序的表达。语言也就成为意识形态遮蔽其虚假性的有效手段。

福柯虽然没有直接将话语上升到政治层面，但是他认为话语有一定的规则。而所谓的话语的规则只可能是权力强加在话语实

---

① 莫伟民：《福柯的话语历史观及其与萨特的歧异》，《复旦学报》（社会科学版）2004 年第 4 期。

② 俞吾金：《意识形态论》，上海：上海人民出版社，1993，第 134 页。

践上的，所以需要在话语产生的外部可能性条件中去寻找话语的真相。正如我们之前提到的，话语虽然由符号组成，但绝不仅仅是符号而已，正是它多出来的那部分东西使话语成为一种特殊的实践。话语作为一种在社会机制中确立起来的实践，与整个社会生活和文化运作是紧密联系在一起的。在"话语的秩序"这场演讲中，福柯明确指出话语的规则存在于任何社会当中，这种通过语言表达形式来展现的规则体系实质上就是强加于社会的某种"限制"和"禁令"。话语的普遍适用形式背后隐含的是在社会中通行的普遍禁令的存在。于是，话语就变成了我们对事物的一种暴力。词与物之间的对应关系是我们构建出来的，这种构建凸显了人们对物的暴力：叠加的指称、虚幻的"意义"……通过指涉或建构，话语为人们提供了谈论事物的方式和知识的建构形式，"以及我们与特定主题和社会活动层面有关实践"合适与否、知识有用与否等方面都做出了规定，话语"已成为一个宽泛的术语，用来指涉意义、表征和文化所有构成的任何路径"。① 探究话语背后隐含的支配性程序对话语的生产就成了福柯集中思考的问题，这就是他后来提到的"权力"。话语在这里已经上升到一种存在论的高度，政治、经济、医学、社会等一切都可以归纳到话语体系之内，话语本身也就成为具备支配性的物质力量。"在每个社会，话语的制造是同时受一定数量程序的控制、选择、组织和重新分配的，这些程序的作用在于消除话语的力量和危险，控制其偶发事件，避开其沉重而可怕的物质性。"②

这种话语秩序存在一种压抑、排斥机制，有的人一开始就丧失了话语权，更多的人是必须按照一定的方式来进行表达和思考。在具体的实践过程中，它主要从两个层面进行。第一，在话语实践中贯彻排斥、禁止原则，运用某些"禁忌"、"合法"与

---

① 周宪：《文学理论：从语言到话语》，《文艺研究》2008 年第 11 期。
② 米歇尔·福柯：《话语的秩序》，肖涛译，转引自许宝强、袁伟选编《语言与翻译的政治》，北京：中央编译出版社，2000，第 3 页。

"不合法"的区分形成一套话语制度。第二，在话语实践内部规定各种限制条件，限定话语的表达方式，维护"合法"话语在社会范围内的推行。排斥原则在我们的社会中是一直存在的，从中世纪开始，疯人的话语就被认为是无效的。理性秩序建立后，一切不符合理性的话语也被冠以"非理性"的头衔被视为理性的对立面，丧失了其本身的价值和意义。此外，更为常见的是对真理和谬误的区分，这种区分是一种历史的建构。不同时代的人们总是通过某种方式来组织资料，以获得对事物的认知，知识就是在这种认知范式下被组织起来的。在福柯的话语理论中，这种认知范式叫作"认知型"。这是知识内部的秩序，在文化发展的不同时期存在不同的认知型。福柯在《词与物》中把西方文化的发展划分为三种截然不同的"认知型"：文艺复兴时期的、古典时期的和现代的。话语"真实"与否的区分是同"认知型"联系起来的，"认知型"制约着这个时代的文化建构，也制约着当时代的人对社会、文化、政治等的理解方式，引导着这个时代的话语解释系统。按照福柯的理解，也许比起真理和谬误的区分，"合法"与"不合法"的区分才是理解话语秩序的关键所在。"事实上，福柯提到了一种'事物秩序'。这种'事物的秩序'把所有的事物组织在一起，是一些事物可能出现，而另一些不可能；使我们能说出一些事物，而另一些则不可想象。"[1] 任何时代都存在取得统治地位的知识（某种真理）所认可的话语表达和认知、解释系统，其他知识的生产都朝着符合这些认知和表达的方式去建构。道德、法律、经济、刑罚都需要从知识、话语中寻找自己的权威，或者利用这些建立权威，因为这些话语被认为是真理。因此，一些话语被限制在特定的区域内，如性和政治；还有些话语完全丧失了存在的合理性，如疯言疯语；更多的话语则是按照某

---

① 丹纳赫、斯奇拉托、韦伯：《理解福柯》，刘瑾译，天津：百花文艺出版社，2002，第20页。

种"话语秩序"运作，知识是按照这种规则建构起来的，真理只是这种秩序内的某种符合游戏规则的知识。话语从来都不是简单的、中立的认识层面的语言符号系统，而是关系到一系列社会网络中的权力力量及其互相斗争与勾结，是与权力运作机制联系在一起的。离开了权力系统的支持，话语也无法发挥其实际功效。此外还存在话语的内部秩序，这是话语对自身的控制。话语一经产生就会产生某种区分：有的一经说出就立即消失，有些则会被保存，甚至衍生出一些新的话语和行为。它不断地被评说。在不断的评说中，一些次要的话语被剔除，而另一些则被不断地建构，被赋予多重的、隐蔽的意义。"评论给话语以应有之物从而消除话语中的偶然因素；它允许我们说文本的东西，但这必须得以谈论文本本身为条件，在一定意义上说是对文本的完善。"① 第二种话语内部控制程序是冲淡原则，指作者在文本中的价值越来越被淡化。这并不是说不存在作者，而是说可能存在一种话语的净化原则，把已经故去的作者留下的某些与他思想不一致的、难解的（至少对这个作者文本的评论是这么认为的）内容当成偶然事件剔除掉。为了形成有序性把一个无异质"作者"重新生产出来：他所写的，没写的，勾勒出的大纲，他所放弃的，等等。由此"一个作者同质性唯真的幻象被维系、维持"②。第三种是学科原则。学科是由对象、方法、命题、规则等加以界定的，但是它并不是关于某种事物的真理性的话语的总和，真理与否并不重要，关键看它是否符合一定的条件——规则、范畴、方法、表达等。这些规范系统在维系学科的真假界限，命题必须符合这些规则才能融入这个学科。它只有先在"真理之中"，才能被认定到底是真理还是谬误。真理未必在"真理之中"，特别是学科的

---

① 米歇尔·福柯：《话语的秩序》，肖涛译，转引自许宝强、袁伟选编《语言与翻译的政治》，北京：中央编译出版社，2000，第10页。

② 张一兵：《从构序到祛序：话语中暴力结构的解构》，《江海学刊》2015年第4期。

"真理之中"。前者是真正的真理，后者说的是话语。第四是对话语持有人的规范，不是所有人都能够使用话语的，有些话语领域要进入是有条件的。福柯认为存在某种"仪规"，它对话语主体所应具备的资格和条件、说话的姿态行为、对受众的作用都有规范，它把言说的角色和特征都确定下来了。这种"仪规"，组成"封闭空间"的内部交流的话语社团，以及宗教、哲学相关的信条原则构成的话语权，都是对话语的限制规则。话语与权力的互相支撑在这种话语秩序中得到彻底的展现。

需要注意的是，虽然我们从上面的分析中似乎能够强烈地感受到福柯对话语、文本和知识的意识形态批判，造成我们有这种感受的最直接的决定因素是他揭示了话语规则、语言秩序、学科界定和知识构成中的权力影响，但是在马克思的思想中，权力被视为压抑的存在。因此，在马克思的现代性批判中，权力经常表现为一种统治阶层对被统治阶层的压抑和控制。他对意识形态的批判也是如此。而在福柯的理论中，权力并不仅仅表现为压抑，福柯强调权力还有生产性作用。最关键的是，福柯认为权力是一种关系，不存在一个总体性的权力中心的存在。这样的话，福柯即使揭示出话语背后存在某种权力秩序，阐明话语和知识的"虚假性"和遮蔽性，也会对这种权力秩序来自何处欲言又止。从这个角度分析，我们就可以理解为什么福柯很少用"意识形态"这一概念，因为他在拒斥意识形态的总体的宏大叙事方式。可是，在探讨具体的社会问题时，在描绘理性话语对他者的排斥历程时，在研究人文科学的发展过程时，在分析各种生物知识的发展及其对身体的规训时，他就开始毫不留情地批判权力机制对人的控制和压抑，批判知识的发展不仅没有带来人的自由反而让人陷入奴役中。正如一些学者所言，在研究具体的问题时，福柯的意识形态批判就开始显露出来。他的思想复杂性使他与马克思的关系也呈现一种复杂性。

第三节　真理意志：知识的意识形态维度

福柯虽然很少使用"意识形态"一词，但他一直致力于解释语言和知识的政治功能和权力维度。他认为认识论的发展是出于政治目的，话语本身即权力，真理制度具有某种虚假性，而它们却终是蒙着一层客观、超然的面纱，让人难窥其真相。从对认知型的研究揭示出决定、判断知识真假的真理标准的历史性，到系谱学中对知识和话语隐含的权力因素的解析，再到描绘出各项人文科学学科在扩大、强化权力控制范围的同时是如何对人进行身体和意识的管控的共时性历程，福柯的意识形态批判一直贯穿在他对知识和权力的批判中。如果说马克思对意识形态的理解是立足在"经济"上，那么福柯的则立足在"知识"上。福柯是从知识与权力的层面来理解意识形态的，知识的生产过程就是意识形态的生成过程，知识作为话语实践以一种真理的形式承担起意识形态的功能。

一　作为一种历史建构的真理观解读

福柯认为不能只从压抑的角度对权力进行分析，认为权力具有生产性，也没有一个总体性的权力中心的存在。他想从微观的角度对权力进行解读，但是在讨论具体的社会问题时，总是难以避免论及政治因素，如果涉及政治，那就不能说没有权力中心了。而且因为涉及政治，权力的这种生产又可能被认为是对意识形态的生产，这样，权力的生产实质上又导致了新的压抑。正如恩格斯曾说，国家一经产生，意识形态就在其内部产生并发展起来，经过不断的强化使其与经济基础的联系日渐模糊起来，最终获得其独立形式。由此，这些意识形态观念不仅被认为拥有独立的历史，而且还被视为是符合自然秩序的、客观的、理性的。

福柯在这方面也不乏敏感性，他直接说真理是被"生产"出来的——从权力、话语实践中被生产出来。由于真理、主体和权力的关系是理解其理论的钥匙，我们可以先对福柯认为的所谓真理进行白描。福柯曾说，在我们社会，真理主要表现为几个特征："科学话语是真理的核心，经济和政治总是卷入真理的生产和传播，真理在社会中畅通无阻地运行，对真理的所有权的争斗是一种意识形态的战斗，最终只有少数政治和经济机构有权指定真理。"① 真理总是与一定的权力相联系，从这种权力产生的话语中被生产出来。话语与权力的共生关系使权力的范畴随着话语实践不断扩大，这种隐藏在话语中的潜在性的权力虽然渗透在日常生活中，但常被人忽略，因为它往往以"知识"的面貌出现。所谓知识，"是由话语实践按某种规则构成的要素整体，尽管它们并不必然产生科学，但确是科学建构必不可少的条件"。② 以往人们把知识当成一种纯粹的认识活动的产物，福柯却认为知识绝不仅仅是为了达到某种对客观事物的真理认识，而是权力塑造的产物，同时它在塑造、界定和组织社会生活和社会成员。上一部分对话语秩序的论述中提到了"认知型"，即为了认识世界，每个时期的人们必定会运用某种原则对所掌握的材料进行整理、构建，知识的构建必定会遵循某种认知型模式，这样才能获得合法地位。所以知识并不是主客观相符的存在，而科学也不是真理的范畴，它们都只是历史性的构造。"人类意识和人类理性并非历史法则拥有者。在科学自我认识的下面存在着科学所不能认识的东西；科学的历史、未来、插曲和偶然的时间都服从某些法则和规定性。"③

长久以来，人们对真理的理解都停留在"陈述内容与现实相符"。亚里士多德以后，这种"真理符合论"建构起人们对真理

① 艾莉森·利·布朗：《福柯》，聂保平译，北京：中华书局，2002，第37页。
② Michel Foucault, *The Archaeology of Knowledge and the Discouse on Language* (New York: Pantheon Books, 1972), p. 182.
③ 米歇尔·福柯：《福柯答复萨特》，《世界哲学》2002年第5期。

的认知。哈贝马斯曾经指出，把真理理解为与现实相符预设了事物和语言的对应关系，但这种对应关系无法得到确切的证实，外在世界毕竟是言语主体之外的存在，所谓的实在之物与语言的相符只是人的主观感觉而已。因此，建立在这种符合论上的真理观实质上也只是在语言范围内对陈述内容的性质判断。所以，这种真理观具有显著的缺陷：人们到底是根据什么来判断二者相符？如何鉴定某种陈述是否真实？福柯对真理也存在相同的质疑。他认为知识是在"认知型"中建构起来的，那么它一定会遵循某种话语规则，遵循这种话语规则背后的权力。他用"真理游戏"来形容真理和话语实践的关系，认为"'真实'的话语，因其形式的必然性而脱离了欲望和权力，便不能辨认渗透于其间的真理意志；而真理意志是长期强加于我们身上的，结果它所想要的真理便会成功地将其掩蔽"。① 也就是说，当某种话语被认为是真理的时候，真理的"真实性"本身往往会掩盖真理意志，使话语的建构性不可见，反而呈现为一种带有普遍性的所指，真理的建构性也被遮蔽了。真理本身即是一种历史的建构，对于希腊时代的人而言，真实的话语"即激起崇敬和畏惧的话语；因其具支配力故而人们必须服从的话语"，"此种话语施予公正并给每人应得之分；它在于是将来之时不仅语言将要发生什么，而且助其发生"。② 这是说对于古希腊人来说，真实的话语是与神谕和权力相关的，而不是与实在相符。但后来，真理转向言说本身及其与所指的关系。但这种真理也只能是一种建构之物，任何知识首先必须得到一种合法地位，这意味着它们要能被纳入当时代的"认知型"中。福柯把西方文化的历史发展划分为三种不同的"认知型"，它们决定了知识的呈现方式。前古典时期（16 世纪末以

---

① 米歇尔·福柯：《话语的秩序》，肖涛译，转引自许宝强、袁伟选编《语言与翻译的政治》，北京：中央编译出版社，2000，第 7 页。

② 米歇尔·福柯：《话语的秩序》，肖涛译，转引自许宝强、袁伟选编《语言与翻译的政治》，北京：中央编译出版社，2000，第 5 页。

前）的认知型的特征是"相似性"，通过适合、仿效、类推和交感建立起知识体系。从 17 世纪开始，笛卡尔确立起同一性和差异性，以人类的直观为基础，通过"比较"把事物联系起来，从而延伸出同一与差异两个维度。18 世纪末以后，起源、因果性和历史取代同一和差异，成为新的认知形式。这个时间的划分很有趣，福柯在《词与物》中对"认知型"进行划分是想描述知识发展史上的几次重要转型，由此表达真理的建构性和知识的不连续性。很多人也因此认为福柯重视解构和断裂，反对连续性。确实，福柯强调断裂，那是因为他认为很多人忽视了历史中存在的断裂，但因此判定福柯反对连续性也有些草率。

关键在于，到底在何种意义上理解福柯所说的断裂。之所以说福柯对"认知型"断裂的时间划分很有趣，是因为后两个时间点（17 世纪和 18 世纪末）同资本主义的发展阶段有直接联系：前者是资本主义形成时期，后者是现代民主法治社会的建立阶段。我们不能忽略这一点：在"认知型"的断裂背后，福柯所认为的权力因素到底是什么？这个时期的知识是按照什么规则建构的？别忘记福柯说的是由"认知型"来确定何种知识为真理，何种知识是合法的，应该采用何种语言。关于这一点，论及意识形态的虚假性和其独立外观时，"恩格斯还告诉我们：'正是想法、权力体系和任何其他领域的意识形态观念（der ideologischen vor-stellungen aui jedem Sondergebiet）的独立历史的外表，首先蒙蔽了很多人'。而那些编撰政治史、法律史和神学史的'历史的意识形态家'（der historische Ideolog）也受这种外表的蒙蔽"。① 所以，某些看似独立的知识其实只是意识形态观念的外观，即使是科学知识，也仍然是用社会语言来表达的，所以无法避免受意识形态的影响。笔者认为在这方面福柯和马克思一样，他也认识到了这一点。关于"认知型"，福柯向我们揭示了一个很重要的问

---

① 俞吾金：《意识形态论》，上海：上海人民出版社，2014，第 84 页。

题，只不过他没有用马克思式的语言来表达，而是以一种普遍的、客观的角度来分析知识的生成，毕竟这个伟大的法国哲学家不希望被贴上任何标签。

所以，福柯反复追问，对真理的认识中最重要的是要发现到底是通过什么规则来确定陈述内容是否是真理，这种规则是从哪里来的？"在客观的世界中，本来并不存在'真理'这个东西。它是在特定的社会历史条件下，为了建构和维持一定的社会秩序而人为地规定出来的游戏规则。依据这样的真理规则，作为主体的每个人，以特定的方式，对自身和对他人说话和处事，过一种'正常'的或'合法'的生活。"① 这样的知识根本不同于人们在书籍、哲学理论、宗教证成中看到的科学知识，而是玩弄各种"真理游戏"的社会力量的集合，但"这种知识却在某一特定时刻里，使得某种理论、某种观点和某种世纪活动有可能出现"。② 我们在日常生活中接触到的社会制度、社会习俗、道德意识都属于这种知识，它在建构的过程中是同某种权力系统紧密联系起来的，特别是在特定社会中掌握特权的阶层，也正是这种权力系统让其以真理的头衔成为一种重要的社会力量。真理意志背后有制度的支撑，由各层次的实践同时推动和更新，教育、学术社团、出版系统都参与其中。总之，话语总是以知识的名义来运作的，诉诸某种"求真意志"，通过人们对真知的欲求获得了自身的合法地位，却掩盖了话语实践的表意性，掩盖了权力意志对人的规训。

虽说福柯对真理制度的判断揭示出某些所谓的"真理"的意识形态性质，但是福柯的这一解读实际上存在一个倾向：他把真理和意识形态之间的界限给消解了。这就意味着所有的知识都蕴含着权力。科学话语也是如此，也可以被说成是意识形态。这不

① 高宣扬：《福柯的生存美学》，北京：中国人民大学出版社，2005，第92页。
② 高宣扬：《福柯的生存美学》，北京：中国人民大学出版社，2005，第138页。

仅有别于马克思关于科学与意识形态之间存在区别的论断，而且让福柯一直以来慎谈马克思的"意识形态"概念，也让他的意识形态批判理论鲜少论及"意识形态"这一概念。

二 知识的意识形态功能

对福柯而言，知识不仅仅是知识，还蕴含着权力。知识史不仅仅是知识的历史，而且是知识的建构史。福柯虽然是在微观层面上分析权力，不同于马克思从宏观的上层建筑层面进行意识形态批判，但正是从微观权力出发的解析让他找到新的视角，将对意识形态的批判推到更广的范围。作为一个彻底的批判者，福柯几乎颠覆了传统的知识观。启蒙运动以来，科学的飞速发展改变了整个世界的面貌，也奠定了科学知识的某种超脱于权力影响之外的纯科学的地位。人们似乎认为把知识与权力捆绑在一起的只是某些蒙昧时代的知识特权现象，如一些远古的巫术、古代贵族阶层对知识的垄断、中世纪教会对经典的解释权等。在现代史上，知识常常被看作通往自由的阶梯，是真理的认识。

福柯认为仅仅从认识论角度对知识进行解析遮蔽了知识的权力维度。权力与知识之间是一种内生关系。"我们也许应当抛弃这样的信念：权力造就癫狂，同理，权力的放弃是知识的条件之一。我们应当承认：权力产生知识（这不单是因为知识为权力服务而孤立它，或是由于知识有用而应用它）；权力和知识刚好是互相蕴含的。如果没有相关联的知识领域的建立，就没有权力关系，而任何知识都同时预设和构成了权力关系。"① 这种内生关系是从知识生产的权力向度和知识本身的权力性质出发的，知识为权力运作提供了必要的理论论证。而且知识一旦成为真理就具有了某种自明性，构成了权力合法性的基础，使权力在现代社会得

---

① 阿兰·谢里登：《求真意志——密歇尔·福柯的心路历程》，尚志英、许林译，上海：上海人民出版社，1997，第181页。

以运作。在对权力的解读上，福柯无疑受到了尼采的影响。尼采对传统的知识论极为不屑，认为一切知识都是建构的，受权力意志的控制，知识只是权力的工具，不存在"绝对的真理"和"绝对的自由的知识"。所以福柯也认为与其说知识有真伪之分，不如说实质上存在合法与否之分。在尼采那里，知识是权力意志的外化。但尼采所说的权力不是外在的暴力、镇压之类的权力，而是内在的生命力，是生命的充溢和意志的自律。知识之所以能够成为知识是因为它满足了权力意志的需要。福柯则转换了尼采关于"权力是生命力"的德国先验唯灵论观点。他虽然借鉴了尼采对权力的分析，但他将尼采的权力概念转换为一个空间的权能框架。尼采的权力意志是一个典型的具有内在冲动的主体结构，而福柯则将这种内在性转换为外在的空间场域的权力关系。这种权力关系理论关心的不是权力是如何征服知识，使知识为它所用的，而是关注二者是如何相互作用形成今天的知识体系和权力逻辑的。没有传播、累积、记录之类的系统，知识便无法形成体系，而这些传播、累积、记录的系统本身就是与权力联系在一起的，通过这些系统建构的知识体系本身就是一种权力形式。同样，没有知识的传播、论证、分配，权力就无法发挥其作用。二者是一种内在的共生关系。但这并不是说知识就是权力，因为同一种权力形式可以衍生出完全不同的知识。① 总之，"权力和知识是直接相互连带的；不相应地建构一种知识领域就不可能有权力关系，不同时预设和建构权力关系就不会有任何知识。……贯穿权力——知识和构成权力——知识的发展变化和矛盾斗争，决定了知识的形式及其可能的领域。"②

　　福柯对知识和权力的内生关系的分析在某种程度上阐述了知

---

① 比如，相同的医院结构的权力形式（监禁、治疗、实验等），可以产生精神病学、病理解剖学、临床医学等知识，推动医学向各方面发展。
② 米歇尔·福柯：《规训与惩罚》，刘北成、杨远婴译，北京：生活·读书·新知三联书店，1999，第29～30页。

识的意识形态功能。知识的发展绝不是一个连续的自然过程，单纯的知识自身的演变史可能并不存在，知识的形成在更大程度上应该是一种社会实践，权力的运作参与其中。知识也就不可避免地带有意识形态色彩，成为某种权力关系的代言人。而且知识本身呈现的"独立"表象，使权力的控制更具有隐蔽性，让人往往不关注知识可能带有的意识形态因素。此外，当知识被建构起来以后，它还会创造新的权力关系。在这里，知识的意识形态功能凸显了福柯关于权力的生产性的观点。"权力是一种创造；它创造现实，创造对象的领域和真理的仪式。"① 这种权力比传统意识形态理论关注的政治压制权力更具有影响力，更具有隐蔽性，在人们最不认为存在权力的地方，存在着巨大的政治权力。

福柯认为这里存在一个重要的问题。自启蒙运动以来，人们好像形成了一种对知识的社会憧憬，不仅认为知识是通往真理的道路，而且相信它能够带来社会的进步与发展。18世纪以来科学的飞速发展带来的物质财富和社会变革也印证了这一点。但是，现代知识为何具有如此巨大的威力？福柯提出了一个观点。他认为虽然现代知识确实为现代社会提供了重要的发展动力，但这种动力是建立在它能够驱使现代人按照现代知识的模式进行思考和行动的基础上的。这种情况的出现同现代知识的论述模式有关。在现代知识论述中，知识的传播和学习过程同社会成员的主体化，以及社会的制度化和正当化是同一个过程。这里所说的"论述"不是指一般意义上的语言表述，而是具体的同现代社会的文化制度和生活方式相关的论述体系和实践。福柯提到"必须把论述看作一系列的事件，如看作政治事件；通过这些政治事件，它运载着政权并由政权又反过来控制着论述本身"。② 在现代社会，

---

① Michel Foucault, *Discipline and Punish: the Birth of the Prison* (New York: Vintage books, 1979). p. 194.
② 高宣扬：《当代法国思想五十年》，北京：中国人民大学出版社，2005，第260页。

知识的论述过程不是简单的认识活动，知识具有社会功能。知识的这种社会功能与知识在形成和传播过程中与其他社会力量的结合程度直接相关，特别是道德因素或者其他的文化力量。所以知识论述的形成和传播就是各种隐含的社会力量斗争过程的曲折化的显现，同时，论述活动本身也在某种程度上影响相关的社会力量的对比情况。特别是近现代以来，在资本主义制度形成和发展过程中，知识一直担负合理化和正当化论证的支柱。"由论述内部各种因素相互紧张关系所产生的论述力量及其策略表演，又在很大程度上，在其完成社会力量区隔化的同时，实现了这种区隔化本身的正当化程序。"[①] 在主体化的过程中，知识所产生的这种具有排斥功能的区隔化一旦实现了正当化并将成为社会的标准性规则，它的作用对象——作为个体的人，必定会受此标准化规则的限制。借助知识的"真理维度"和区隔化的功能使这种知识成为规则的合理性基础，这种知识对人的塑造无疑是对人的自由的扭曲，福柯认为知识论述的区隔化在建立起社会整体性的同时也参与对现代个体的规训。它不是采取压制性的强制措施，而是经由对个体的规训实践促进医学、教育学、犯罪学等知识体系的发展和完善，同时把这些知识的新进展运用到具体的实践中，改进控制的手段和方式。这也使知识的生产和传播过程与个体作为社会成员的主体化过程，以及社会的制度化过程结合起来，在这股强大的控制权力和道德力量所构造的系统中，个体"产生一种身不由己的自我约束和自我规训的动力，自以为自身在追求知识的过程中完成了自身的主体化，实现了个人的自由，但到头来却使自身沦为被统治者耍弄的'顺民'"。[②] 从某种意义上可以认为，福柯实质上是把知识视为现代政治权力技术的某种运作策略。资本主义政治权力能够把某些规范性的准则以真理的名义传播开

---

① 高宣扬：《福柯的生存美学》，北京：中国人民大学出版社，2005，第140页。
② 高宣扬：《福柯的生存美学》，北京：中国人民大学出版社，2005，第142页。

来，并通过知识在社会成员主体化过程中的作用，实现社会成员的自我规训和自我约束，知识论述也因此得到传播和发展。把知识视为政治权力的运作策略，使福柯得以更深刻地揭示出政权运作和知识论述之间的关系。

福柯提到"意识形态"的地方并不多，更多的是强调知识背后的权力干预，而且还多次强调他研究的权力不仅仅是传统意义上的具有压迫性的权力，而是微观层面的权力，是具有生产性的。马克思对权力的解读着重分析资产阶级对无产阶级的压迫，认为意识形态是经济关系的反映，资产阶级利用意识形态的虚假性来掩盖他们对无产阶级的剥削和压迫。福柯曾说不赞成马克思把意识形态看作经济基础的反映，导致很多人认为福柯没有意识形态理论。事实上，正因为把权力理解为生产性的，福柯反而从另一个层面发展出意识形态批判理论：他从权力的生产性层面出发，对知识的建构以及权力借助知识实现对人的生产进行了解析。他所说的那种知识与权力之间的运作从某种程度上就是对意识形态的解析。他同意马克思所说的意识形态是与一定的社会权力结合在一起的，在这点上福柯非常坚定地把二者联系起来。"可以说福柯的权力观确实包含了意识形态的理念：真理通过权力运作而产生，在任何一个社会中这都可以解释为福柯关于意识形态的理论。"① 这是因为福柯的权力观是一种微观层面上的分析，所以它不限于分析政治经济上的强制力量，通过话语实践把权力分析拓展到上层建筑之外的微观领域，了解各种力量关系的复杂斗争。显而易见，福柯从知识权力论对意识形态的解析扩展了意识形态的外延，存在某种"泛化"意识形态的风险，因为从微观权力和知识的层面来解读意识形态，会让意识形态充斥在整个社会结构中。可能考虑到这一点，福柯也指出要谨慎使用"意

---

① 保罗·莫库奥鲁：《福柯的权力观：意识形态和统治权力的缺失？》，陈希译，《经典中的法理》2015 年第 1 期，第 346 页。

识形态"这个概念。然而，对知识的认识维度的忽视是福柯知识论的重大缺陷。知识固然蕴含着某种权力维度，但因其权力维度而否认知识的认识论层面的真理性则走向了另一个方面，由此造成了福柯作为"文明的反叛者"的形象。但不可否认的是，福柯的理论即使存在争议但同时也推进了马克思意识形态理论的发展。

第四章　资本批判与权力规训

——政治经济学批判

　　从知识和权力的角度来解析现代社会不仅让福柯对意识形态的解析不会像马克思一样立足在"经济"上，而且从话语实践的角度来分析现代社会使福柯在政治学领域走向了微观政治学，探究在各种规训权力的支配下，身体是如何接受细微到肉体各部分的改造和训练，直至达到所需的标准的。而对身体政治的聚焦也使福柯的政治经济学批判得以拓展到更细微的领域，发展出他独特的政治理论。

　　福柯认为，关于剥削的问题，马克思已经解释得很清楚，现在最重要的是权力问题。在权力方面，谁实施权力并不重要，关键在于权力是如何运作的，它是怎样对人产生影响的。福柯想把权力问题追溯得更远，他关注到在任何社会中，人体都严格受到权力的管控，特别是现代社会，对身体的管控达到前所未有的程度。于是，他开始了对权力的微观物理学研究，探讨权力技术是如何对身体进行征服的。但当福柯从处罚权力层面分析权力对个人身体的规训时，却难以说清这种规训的最终目的，仅仅从处罚权力层面分析现代权力的运作显然是不可行的。最后福柯不得不走向了分析身体的规训权力和统治形式之间的联系。在这里，福柯转向了马克思，在《资本论》中找到了他所需要的东西，而且也因为他对权力的微观物理学分析，使其进一步推进了对资本主义的政治经济学批判。

第一节　资本主义私有制和异化劳动

由于确立了实践原则，马克思的现代性批判不仅注重从哲学层面对形而上学的抽象性和同一性进行批判，而且注重从现实世界中寻求形而上学的抽象统治得以产生的社会根源。在他看来，任何对形而上学抽象统治的批判都离不开对观念产生的现实基础的思考，要把思辨哲学家所想象的那些"实体""本质"的现实基础揭露出来。马克思对形而上学的现实基础的批判是一种建立在社会历史基础上的政治经济学批判。他以资本批判为中心，对形而上学抽象性生成的社会基础予以揭示。

一　资本主义私有制和资本统治的确立

资本是马克思现代性批判理论的核心范畴。马克思认为，在资本主义社会，资本是统治和支配一切的经济权力，对社会经济结构的运行和发展起着至为关键的作用。资本的产生标志着一种新的生产方式的诞生，这种生产方式与以往的生产方式有着本质区别。它的基本特征是劳动者和生产资料相分离，资本通过雇佣劳动来支配劳动力，从而实现自身的增殖和扩张。在这个过程中，不仅生产过程从属于这种经济权力的扩张，而且劳动者和生产资料的分离使劳动过程成为一种抽象的非对象化的劳动，使劳动者成为"抽象的个人"。这个过程就是资本主义生产方式的确立过程，同时也是资本对劳动的全面统治的形成和发展过程。

在马克思看来，资本是私有制发展的必然结果，是私有财产的纯粹表现。在《德意志意识形态》中，马克思指出，从所有制的发展来看，人类历史上存在四种所有制形式：部落所有制、古典古代的公社所有制和国家所有制、封建的或等级的所有制、资产阶级私有制。资产阶级私有制不同于以往的所有制形式，以往所有制的生产工具都是自然形成的，在这种情况下，"个人受自然界的支配"。但在资本主义私有制下，"他们受劳动产品的支配。因此在前一种情况下，财产（地产）也表现为直接的、自然形成的统治，而在后一种情况下，则表现为劳动的统治，特别是积累起来的劳动即资本的统治。"① 马克思认为，资本战胜地产是一种历史发展的必然，地产是有待完成的资本。地产"是还没有完全摆脱同周围世界的纠结而达到自身的资本"，"它必然要在它的世界发展过程中达到它的抽象的即纯粹的表现"。② 资本，作为私有财产的纯粹表现，成为资本主义时代最本质的力量。马克思认为"资本只有同非资本，同资本的否定相联系，才发生交换，或者说才存在于资本这种规定性上，它只有同资本的否定发生关系才是资本；实际的非资本就是劳动"。③ 在对劳动的统治过程中，资本发现并促使人的劳动代替静止的物而成为财富的源泉，从而创造了资本主义时代的伟大文明。

资本对劳动的统治地位的确立不仅得益于劳动与生产资料的分离，还与资本主义生产方式本身的发展紧密相关。现代资本主义生产方式是在旧的占有形式内完成了一场革命，它把对劳动财产的占有变成了对他人劳动的占有。这种占有不仅以占有者和劳动相分离为前提，而且还以占有许多人的集体劳动和社会使用的生产资料为特点。④ 从工场手工业时期到机器大工业时期，资本主义的劳动方式发生了重大变革。在工场手工业时期，虽然由于劳动的分解，工人成为局部的劳动者，但资本对劳动的统治还没有达到一种全面的统治，生产资料同劳动还没有形成全面对立，这个时期的劳动仍然以手工劳动为基础。马克思把这个时期的资本与劳动的关系称为劳动对资本的形式上的从属，认为此时资本

---

① 马克思、恩格斯：《费尔巴哈》，中央编译局译，北京：人民出版社，1988，第49页。
② 《马克思恩格斯全集》第42卷，北京：人民出版社，1979，第110页。
③ 《马克思恩格斯全集》第46卷（上），北京：人民出版社，1979，第231页。
④ 吴荣顺、江德兴：《马克思社会理论的逻辑》，南京：东南大学出版社，2016，第113页。

主义生产的成熟形态还未建立起来。到了机器大工业时期，工人被当成机器的附属物，个别劳动的直接性被机器体系直接否定了。单个劳动在这个时期已经失去了它在手工业时期的价值，每一个劳动都只是整体劳动的一部分，其本身没有任何价值。在手工业时期，工人必须用手工工具来完成某个局部的劳动过程，如果说这种劳动过程的分离是一个由分工本身得出的原则，那么在机器化生产中，"这个主观的分工原则消失了。在这里，整个过程是客观地按其本身的性质分解为各个组成阶段，每个局部过程如何完成和各个局部过程如何结合的问题，由化学、力学等等在技术上的应用来解决"。① 也就是说，工人不再是生产过程的主要作用者，而是成为机器和工业生产的一个零部件，活劳动成为死劳动一个有意识的器官。劳动过程作为价值增值的一个环节被纳入价值增值的过程中，资本对劳动的统治得以确立，劳动对资本的从属也从形式上的从属变成了社会事实。资本和劳动的这一特殊规定性，"只有随着特殊的物质生产方式的发展和在工业生产力的特殊发展阶段上，才成为真实的"。② 资本主义生产关系也因此获得了自己的成熟形态，形成了自身的发展规律。资本对劳动的统治在其本质上是死劳动对活劳动的支配，它在使抽象劳动成为现代劳动的本质形式的同时，也让劳动处于一种普遍的异化之中。

二 剩余价值的生产和劳动的异化

在对资本和劳动的分析中，马克思发现了剩余价值规律。在马克思看来，私有财产是外化劳动的结果，只是在现实关系中这一根本事实被掩盖了。在生产过程中，资本与劳动的交换关系已经被抽象化了。我们能看到的只是工资与劳动之间的"平等交

① 《马克思恩格斯全集》第 23 卷，北京：人民出版社，1972，第 417 页。
② 《马克思恩格斯全集》第 46 卷（上），北京：人民出版社，1979，第 255 页。

换"。一些资产阶级经济学家直接把交换过程理解为地主、资本家和工人三者之间的平等交换：地主拿出土地获得了地租，资本家拿出资本获得了利润，工人通过劳动获得了工资。但马克思认为，资本与劳动的交换过程存在两个步骤：第一步是和普通的流通意义上的交换，第二步是和交换完全不同的一个过程。因为工人出卖的不是劳动，而是对自己劳动的支配权，是一定的劳动、技能等，是劳动能力。这种劳动能力在马克思看来是"活劳动"，创造价值的活动，在表面平等的背后掩藏着实质上的不平等。"同活劳动能力相交换的那一部分资本，第一，本身是没有支付等价物而被占有的他人的劳动，第二，它必须由劳动能力附加一个剩余额来偿还，也就是说，这一部分资本实际上并没有交出去，而只是从一种形式变成为另一种形式。"① 这让资本主义的生产过程同时成为价值增值过程，被资本家无偿占有的超出等价交换的剩余价值才是资本增殖的最大秘密。而且通过对剩余价值的生产，资本家换来的这种生产力使资本得以保存和增殖，从而变成了资本的生产力和再生产力——一种属于资本本身的力。

马克思认为在剩余价值的生产过程中存在一种异化：资本就是劳动的现实异化。"劳动把自己变成客观的东西，但是它把它的这种客体性变为它自己的非存在，或它的非存在——资本——的存在。"② 劳动的异己性发展到这样的程度，以至于工人被钉在资本上，"比赫斐斯塔司的楔子把普罗米修斯钉在岩石上钉得还要牢"，"它将全部主要的生命活动统一到一个有'价值规律'及其所伴随的'金钱权力'所统治的有机系统中"。③ 劳动作为人的本性在资本逻辑下变成了一种外在于人的、"人在其中使自己

① 《马克思恩格斯全集》第 46 卷（上），北京：人民出版社，1979，第 450 页。
② 《马克思恩格斯全集》第 46 卷（上），北京：人民出版社，1979，第 455 页。
③ 白刚：《资本逻辑与现代性——马克思哲学视野中的现代性批判》，《学海》2013 年第 2 期。

外化的劳动"。① 对于工人而言，劳动力成为出售的商品，劳动成为谋生的手段，劳动作为人的自主性的自由活动失去了它的本身价值和现实意义，成为异化劳动。这使劳动者与他的产品相异化，工人生产的产品越多，创造的财富越多，他就越贫穷，越变成廉价的商品。劳动产品成为与劳动者的本质相背离的、异己的存在，"物的世界的增值和人的世界的贬值成正比"。② 同时也造成了人与人、人与自身的类本质的异化。劳动者面临着种种奴役，劳动对人而言不再是增强人的本质的自由自觉的活动，反而变成了呆板的程序化作业；劳动分工的细化在提高生产力的同时也使人本身片面化地发展了；科技的发展虽然带来了生产力的进步，却使劳动者的劳动失去了独立的性质，成为机器的附属品。在与劳动者相分离的层面上，劳动不仅变得毫无价值，而且成为贬低人的存在力量的东西。劳动者失去了对劳动产品的控制，反而受自己创造的产品的奴役，人与物的关系被颠倒了。而资本家也成为人格化的资本，实现资本的最大增殖成为其行动的唯一动机。在马克思看来，建立在私有制基础上的资本对劳动过程的实际占有，使劳动生产过程表现为劳动产品和劳动者相分离、劳动资料和劳动力相分离。这种分离一方面使资本主义生产得以确立和发展，另一方面造成了劳动者和自身劳动产品的独立，劳动作为劳动者的对象化活动呈现一种异己的状态，"劳动的这种实现表现为工人的失去现实性，对象化表现为对象的丧失和被对象奴役，占有表现为异化、外化"。③ 在社会关系上，整个社会也呈现一种普遍的异化状态。人们"普遍分为孤立的、'彼此完全隔离的个体'，一切生活关系一团混乱、纠缠不清，一切人反对一切人的战争，普遍的精神沮丧，缺乏'灵魂'即缺乏真正的人的意

---

① 《马克思恩格斯全集》第 42 卷，北京：人民出版社，1979，第 94 页。
② 《马克思恩格斯全集》第 42 卷，北京：人民出版社，1979，第 90 页。
③ 《马克思恩格斯全集》第 42 卷，北京：人民出版社，1979，第 91 页。

识"。① 社会日益分裂成两大阶级，出现了巨大的阶级分裂。因为异化劳动生产出的不仅是与劳动者自身相对立的劳动产品，还生产出异己的、敌对的生产对象和生产关系，"并成为同他对立的独立力量；意味着他给予对象的生命作为敌对的和异己的东西同他相对抗"。② 工人和资本家的对立就来源于资本逻辑下的这种异化的生产关系，二者都是人自身的异化的表现形式。随着资本逻辑的扩张，这种异化还可能扩展到社会各个领域。

第二节 资本逻辑的抽象统治及其内在矛盾

"意识在任何时候都只能是被意识到了的存在"，任何观念都不会是自生自长的，都有其存在和生长的现实土壤。③ 理性形而上学的抽象性和同一性绝不是从某种观念的"母胎"中带来的。作为一种意识形态，它取决于在现实社会中使人的生存方式陷入抽象化的社会力量。这些社会力量是形而上学得以运作的现实基础，而资本逻辑就是这种社会力量最为典型的表现。理性形而上学的抽象性在现实生活中表现为个人受抽象的资本逻辑的统治。

一 资本的抽象同一化进程和拜物教

在马克思看来，"资本不是物，而是一定的、社会的、属于一定历史社会形态的生产关系，它体现在一个物上，并赋予这个物以特有的社会性质。"④ 在资本主义社会，资本是支配一切的经济权力。它掩盖了周围的一切东西，改变了它们的特点。资本决定了事物的存在意义和价值，资本的规定性是价值的衡量标准，由资本来评判事物存在的合法性。"它决定着它里面显露出来的

① 《马克思恩格斯全集》第 1 卷，北京：人民出版社，1965，第 641 页。

② 《马克思恩格斯全集》第 42 卷，北京：人民出版社，1979，第 92 页。

③ 《马克思恩格斯全集》第 3 卷，北京：人民出版社，1960，第 29 页。

④ 《马克思恩格斯全集》第 25 卷，北京：人民出版社，1974，第 920 页。

一切存在的比重。"① 这就意味着资本成为最高的存在，是最高的统治力量。

资本对社会的统治是建立在对价值的抽象化基础之上的。它以交换价值为手段，把一切存在物转换为抽象的交换价值。交换价值实质上就是一种抽象，把人们的劳动看成相同的一般劳动，不管劳动采取何种形式，产品拥有怎样的独特性质，它们都被抽象为交换价值。"个人的产品或活动必须先转换为交换价值的形式，转化为货币，才能通过这种物的形式取得和表明自己的社会权力。"② 货币和商品也因此成为资本主义体系的核心，特别是货币，因其在交换过程中的基础作用。具体来说，"货币是需要和对象之间、人的生活和生活资料之间的牵线人"。③ 作为商品经济社会必不可少的存在，货币本身就是价值的抽象形式，"物的交换价值，无非是它充当交换手段的能力在量上的特殊表现。在货币上，交换手段本身成为物，或者说物的交换手段在物以外获得独立存在"。④ 货币的这种抽象性为各种不同物质形态的东西，或者所谓各种物质性或非物质性范畴之间的通约提供了可能，这使货币带有了某种"通约性"，而这种通约性也为资本逻辑的同一性统治提供了重要条件。货币是可定量的纯计算的东西，货币的通约性使任何非物质的存在都可以被通约成一定数量的货币，譬如自由、尊严、魅力等，任何不同一的东西都成为可通约的同一的存在。货币把一切事物都混淆了、替换了，"它是一切事物的普遍的混淆和替换，从而是颠倒的世界，是一切自然的性质和人的性质的混淆和替换"。⑤ 因为货币的通约性和它在经济中的中介作用，通过交换，无论在外表和具体形式上多么不可通约的事物

① 《马克思恩格斯全集》第 46 卷（上），北京：人民出版社，1979，第 44 页。
② 《马克思恩格斯全集》第 46 卷（上），北京：人民出版社，1979，第 105 页。
③ 《马克思恩格斯全集》第 42 卷，北京：人民出版社，1979，第 150 页。
④ 《马克思恩格斯全集》第 46 卷（上），北京：人民出版社，1979，第 148 页。
⑤ 《马克思恩格斯全集》第 42 卷，北京：人民出版社，1979，第 155 页。

都可以在价值层面实现同一。当然，这里的价值指的是对资本而言事物所存有的价值。如果这种原则扩展到整个社会，那么一切差异和个性都将被同化，当事物之间的差异在抽象中被磨平的时候，世界就此进入一个同一化的时代。由此，资本也就建立起了对世界的抽象的、同一的统治。

马克思认为，这种对价值的抽象潜在地把物的自然属性主体化了，使物成为某种神秘莫测的东西，造成了拜物教现象。拜物教是资本主义时代特有的问题。它赋予商品某种神秘的性质，但这不来自商品的自然属性，而是来自商品作为交换价值的社会属性。它是人们之间的一定的社会关系，却采取了物与物的关系的虚幻形式，导致这种虚幻关系遮蔽了人与人之间真实的社会关系。在马克思看来，拜物教是异化在资本主义社会中的典型表现形式，人们把对神的信仰转变为世俗化的拜物教。交换价值获得了普遍的、独立自在的价值，剥夺了事物本身固有的价值。

在此基础上，资本也颠覆了以往附加在事物身上的所有传统的意义、价值、情感等，把这种复杂的社会象征和情感以抽象的、可量化的形式简约化，并以其对资本本身的价值意义进行编码，确定其在交换活动中的价值，以此对各种社会存在进行规整、分类处理。借此，资本进入所有的社会关系中，重新对社会关系进行调整，"将每一个定性的和特殊的关系转变为一个定量的和普遍的关系"。[1] 这就是资本逻辑的同一化过程。马克思在《共产党宣言》中对此做过精彩描述："它使人和人之间除了赤裸裸的利害关系即冷酷无情的'现金交易'之外再也找不到任何别的联系了。……它把人的个人尊严变成了交换价值，它把无数特许的和自力挣得的自由都用一种没有良心的贸易自由来代替了。"[2] 总之，资本逻辑把一切都世俗化、功利化了。它把现实生

---

① 吉布森－格雷汉姆：《资本主义的终结》，陈冬生译，北京：社会科学文献出版社，2002，第179页。

② 《马克思恩格斯全集》第4卷，北京：人民出版社，1958，第468页。

活的一切非量化的、非物质性的机制还原成抽象的交换价值，人类生活的丰富内涵被简约成可量化的交换价值的叠加，没有什么东西是不可出售的，也没有什么东西是神圣的。货币的力量有多大，资本的力量就有多大；货币能够延伸到哪个角落，资本就能把触角蔓延到那里。它甚至改变了人们对价值的评判标准：当资本成为最高统治者时，货币就成为最高的善，货币的持有者也就是善的。不仅如此，"它迫使一切民族都在惟恐灭亡的恐惧之下采用资产阶级的生产方式，在自己那里推行所谓文明制度，就是说，变成资产者。简短些说，它按照自己的形象，为自己创造出一个世界"。① 在资本逻辑的统治下，现实生活中一切事物的具体的、特殊的本质都被同质化了，这与形而上学的抽象同一性别无二致，揭示出资本逻辑和形而上学的同构性。这种同构性使形而上学在意识形态层面表现出一种让资本逻辑"去历史性"的企图。它通过把"理性""自然化"、"自为化"为某种自然的、永恒的自然规律，再把"理性"同资本逻辑等同起来，从而遮蔽资本逻辑的社会历史性，以达到为资本逻辑的永恒性和真理性进行论证的目的。

二　资本逻辑的扩张及其内在矛盾

货币的通约性不仅为资本的同一化提供了条件，还制造出一种"自由""平等"的假象。货币无论在谁的手中都是一样的。在交换过程中，商品自然属性的差别似乎消失了，货币拥有者的差别也消失了，交换价值以一种纯粹的形式执行它在流通过程中的作用，但是马克思认为"交换价值，或者更确切地说，货币制度，事实上是平等和自由的制度，而在这个制度更详尽的发展中对平等和自由起干扰作用的，是这个制度所固有的干扰，这正好是平等和自由的实现，这种平等和自由证明本身就是不平等和不

---

① 《马克思恩格斯全集》第4卷，北京：人民出版社，1958，第470页。

自由。"① 货币在交换过程中的出现本身就是对资本主义真实的社会关系的遮蔽，因为如果把资本归结为纯粹的交换，也就掩盖了资本作为社会力量对社会的干预。实质上，资本的同质化是资本逻辑扩张的必然结果。

在生产过程中，资本发展出一种强制的关系。为了实现自身的增殖，获取更多的剩余价值，它极力压榨工人阶级，对财富的贪婪、对劳动的榨取、对效率的追逐远远超过以往一切以直接强制劳动为基础的生产形式。资本开始不断向外扩张，对政治和利润无止境的追逐是资本无限发展的动力源泉。在资本主义社会，这种资本增殖需求在经济学家的包装下成为一种经济理性，对经济活动进行理性考量。利润最大化是经济活动的直接目标，效率则成了优先考虑的因素。对利润最大化的追求让资本不断向外扩张，当这种扩张超出经济范围、开始干涉社会生活时，资本逻辑就成为资本主义社会的主导逻辑。这就意味着这种追求利润最大化的经济理性扩展到社会各个领域。这一逻辑不断冲破时空限制，冲击传统社会的文化规范和道德体系。一种可计算的、追求效率和收益的工具理性代替了上帝，成为社会组织的基本原则。资本逻辑也在此意义上具有了某种本源层面的意义。

这促进了工业文明的发展，极大地提高了生产力，带来了巨大的历史进步，"只有资本才创造出资本阶级社会，并创造出社会成员对自然界和社会联系本身的普遍占有。……由此产生了资本的伟大的文明作用"。② 但同时也造成了整个社会的非理性化、功利化和资本对人的奴役。由于资本不断地进行自我建构和自我扩张，整个社会的资本总体化了。它"使社会的一切要素从属于自己，或者把自己还缺乏的器官从社会中创造出来"。③ 这种扩张

---

① 《马克思恩格斯全集》第 46 卷（上），北京：人民出版社，1979，第 201 页。
② 《马克思恩格斯全集》第 46 卷（上），北京：人民出版社，1979，第 393 页。
③ 《马克思恩格斯全集》第 46 卷（上），北京：人民出版社，1979，第 236 页。

不仅把各种自然的、社会的资源都纳入资本的生产过程中，还对周围一切外在环境进行整合、渗透，把它们变成有利于资本的增殖形式，或者为资本的增殖提供保障。资本逻辑决定了其他事物的发展，卷入资本生产过程的一切，无论是自然资源还是科学技术、人类劳动，都要按照有益于资本增殖的方式进行组织。一切有利于资本增殖的都会被鼓励，凡是不利于资本增殖的则会被抑制，生产的目的在于实现资本的增殖。在资本主义社会，资本逻辑不仅决定了生产过程，而且推动了社会关系的变革，渗透到社会生活的各个层面。政治、法律、科学、技术、文化都受资本逻辑的支配。所以马克思也说，现代性是一种总体的变革，包括很多方面，虽然给社会带来了巨大的进步和发展，但同时不能忽略的是，每个方面不管发展怎样，都受到资本逻辑的影响。"资本主义社会中所出现的众多方面的现代性，不仅是资本逻辑的外在表现和结果，同时也是资本逻辑的内在条件和内在机理。"[1]

这种资本总体化不仅改变了人与自身类本质（劳动）的关系，还改变了人类社会的存在形式，让人与人之间的社会关系通过一种物的形式来表达，人与人、人与物之间的关系都以资本的、物化的形式存在。人与物的关系被颠倒了，人与人的关系走向了对抗。资本逻辑遮蔽了现实生活世界的丰富性和多样性，以货币的通约性创造出一个物化的抽象世界。个人的具体的活动形式和活动产品的特殊性已无关经验，因为它们都将被转换为交换价值，只有通过交换，每个人的活动和产品才会被认可，并以可量化的货币的形式表现出来。"他在衣袋里装着自己的社会权力和自己同社会的联系"，整个世界成为一个物化的世界，人的价值和个性被消解在资本逻辑的抽象统治中。[2] 人的本质被消解、

---

① 丰子义：《马克思现代性思想的当代解读》，《中国社会科学》2005 年第 4 期。

② 《马克思恩格斯全集》第 46 卷（上），北京：人民出版社，1979，第 103 页。

化约，异化成现代人的生存常态。

这使资本主义时代成为一个蕴藏巨大矛盾的时代：科技的进步带来了道德的败坏，机器的应用带来了过度疲劳，财富的增加进一步加剧了贫穷，人类越控制自然就越使自身受到束缚。"我们的一切发明和进步，似乎结果是使物质力量成为有智慧的生命，而人的生命则化为愚钝的物质力量。现代工业和科学为一方与现代贫困和衰颓为另一方的这种对抗，我们时代的生产力与社会关系之间的这种对抗，是显而易见的、不可避免和毋庸争辩的事实。"[1] 马克思认为这种矛盾是资本逻辑本身内在矛盾的表现，这就是资本主义生产方式的基本矛盾：生产社会化同资本主义私人占有制之间的矛盾。这种内在矛盾导致资本增殖只能在一定的限制内进行。"这些限制不断与资本为它自身的目的而必须使用的并旨在无限制地增加生产，为生产而生产，无条件地发展劳动社会生产力的生产方法相矛盾。"[2] 资本在实现自我增殖的同时还伴随着自我限制，资本本身成为限制自身的最大障碍。在这种情况下，为了最大限度地实现自我增殖，资本会通过降低利润率，使现有资本贬值，通过牺牲已经生产出来的生产力来发展劳动生产力，继而引发周期性的经济危机。马克思对资本逻辑的内在矛盾的揭示，向我们传递了一个信息：资本逻辑在给现代人带来文明和进步的同时也带来了物对人的奴役，资本的扩张在加深对社会的控制和对人的奴役的同时也蕴藏着消灭自身的力量。

第三节　福柯对身体管制背后的知识
与权力合谋的揭示

马克思在对资本逻辑的批判中指出，在资本主义生产体系

---

① 《马克思恩格斯全集》第 1 卷，北京：人民出版社，2012，第 776 页。
② 《马克思恩格斯全集》第 25 卷（上），北京：人民出版社，1974，第 279 页。

下，由于异化劳动和私有制造成的劳动者与劳动产品、劳动的分离、人与其类本质的分离剥夺了个体对身体活动的控制权，个体也因此与自己的身体相异化，导致身体的扭曲。分工的发展推动的专门发展推动着局部性的手脚敏捷和技能的熟练，塑造着人的身体特征，使生产者成为机器的附件。资本主义对剩余价值的榨取在生产者的身体存在上留下了难以磨灭的印记，取消了身体的整体性，按照资本的需求组织身体的功能构造，阻碍了人的自由发展，把人的身体变成了一种工具性的存在，无法在生命活动中自由发挥体力和智力，失去了人的尊严和本质。马克思对资本的批判是一种总体性的批判。他虽然提到了身体的异化，但把其作为异化的一个部分指出来。他的关注点在于资本逻辑对社会造成的整体异化。福柯发展了马克思的观点。他以"身体治理"为核心，从历史和社会政治层面揭示出现代社会是如何利用身体、改造身体，直至把它驯服成生产工具的历史，从社会历史的角度分析了社会文化、权力关系、制度管理等对身体的改造，力图展示出身体在资本主义发展中的"被构建""被塑造"的路线图。他以身体为视角，对资本主义发展过程中资本对人的宰制进行了剖析，把马克思的政治经济学批判深入日常生活领域。

一 身体管制隐含的政治经济学效用

从对边缘和非理性的探讨入手来揭示社会问题是福柯惯常的研究方式，他对身体治理的研究也是如此。福柯通过对疯癫、性倒错等不正常的身体生产机制的分析揭示出身体被管制、"分类"背后的政治经济考量。他从这种身体经验的发展历程中揭示出资本主义时代身体"被生产""被规训"的景象。福柯认为，我们对疯癫的理解是一个社会建构的过程，现代社会对疯癫的认知是在理性秩序的建立过程中形成的，在这个过程中不仅实现了理性对非理性的压制，还完成了资本主义伦理秩序的普遍化。他以疯癫的社会建构为视角，把理性秩序的建立和身体管制的政治经济学效用，以及在这个过程中显现出的作为资本主义伦理秩序的建构揭示出来。

身体不仅是一种生物构造，还是社会文化的产物。在中世纪的基督教文化中，对身体的解释是建立在宗教文化基础上的，身体在与神相关的层面上获得了某种意象化的蕴意。在这个庞大的身体网络中，各种身体形象似乎都可以找到属于自己的位置。在这种彼岸世界的真理体系中，人的身体依然不是属于自己的。人的存在不仅笼罩在神性光辉的阴影下，而且连他的身体也成为神的祭品。对身体的各种扭曲的审美形象表现为人的非神圣形象的自我异化，因此，神也可以被认为是人的自我异化的神圣形象。由于某种对身体自然欲望的否定论的盛行，在基督教的身体意象化中，残破的、病态的身体形象反而具有神圣的意义，甚至疯癫也成为特殊的、与某种隐藏的神性真相相关的特殊存在。① 到了文艺复兴时期，人们开始把疯癫同人性的欲望和人的动物性联系起来，疯癫被认为是跟某种罪恶相关的存在。虽然当时的人们并未对疯癫形成稳定的认知，但这并不妨碍他们选择把疯人排斥出去，驱逐出城市。他们采取的手段也极富神秘气息，求医和排斥

---

① 身体在基督教文化中占据重要地位。从文艺复兴到启蒙运动的几百年间，人们对身体的印象也一直受基督教文化的影响。对身体欲望所隐喻的堕入地狱的"罪恶"的恐惧和拒绝、对神圣身躯的崇拜、各种圣徒残躯暗示的对身体欲望的鞭笞引发了一种对身体的意象化的理解。以死亡为序幕的末日审判在中世纪基督徒的眼中是一个随时可能发生的事件，对死亡的恐惧、对神罚的畏惧或者期待在中世纪基督教世界中杂糅成一种关于末日审判的集体幻象。在以末日审判为主题的绘画作品中，残败的世间万象、破裂的地面、坠落的星辰、痛苦无望的人物形象等掺杂着人们想象的元素不断涌现。在这一系列的集体幻象中，疯人那疯狂苍白的面容、狂躁地涌动着兽性的身体与世人对启示录中所说的末日审判的幻想结合起来。在中世纪，疯癫的身体形象被视为一种隐秘的真相，疯癫的身体是神的烙印。疯人残破的身躯、扭曲的身体形象在基督教文化背景下被赋予了特殊的宗教意象。

的愿望融合在一起，"愚人船"① 的出现就是一个例证。福柯发现，在文艺复兴时期，遭到驱逐的除了疯人还有无业游民、家庭浪子，还有一些违反习惯法者②。他认为那时的人们也许无法明确地给出分类的理由，但已潜在地觉察到了某种差异（福柯认为这表现出对非理性的排斥，即使当时的人们并未明确地提出这一点）。不久后，当这种排斥以"治安"的名义引爆出巨大的状况时，转变的序幕终于被拉开了。

　　1656 年巴黎总医院设立，宣告在欧洲整整持续了一个多世纪的大禁闭时代的来临。福柯认为大禁闭不仅是理性对非理性的统治，还是一种治安手段，它的存在是出于某种政治方面和经济方面的原因。而且在这个过程中，以劳动为核心的新的伦理秩序开始建立。当理性对非理性的排斥、社会秩序的维护和伦理道德的建立结合起来的时候，这场禁闭已不仅仅是单纯的治安管制，还折射出资本主义发展早期对劳动力的需求、资本主义社会秩序的建立等情境。这些禁闭是打着"救济贫穷""整治秩序"的口号进行的，各种监禁机构（劳动院、拘留所、医院等）林立。巴黎总医院在设立短短几年内就把巴黎近百分之一的人口（约6000 人）都关押起来。这种在现代人看来完全混乱的做法在当时却贯彻着一条清晰的路线。福柯认为"这种行动在权威主义的强制形式内把对待贫穷和救助责任的新感情，对待失业和游手好闲等经济问题的新态度、新的工作伦理以及对一种将道德

---

① "愚人船"（Narrenschiff）是一个文学词语，可能出自古老的亚尔古英雄传奇呼，是一个神话主题，有许多关于它的故事。福柯认为在文艺复兴时期真实存在过愚人船，它是人们把对疯癫的想象和古老的神话结合起来的产物。各个城市把疯人驱逐出去，送上来往的船只，从一个城镇航行到另一个城镇。除了把疯人排斥出城市之外，这种习俗带有一种仪式的意味，人们相信海水的净化功能能够让这些疯人重新获得理智。他们还寄希望于过往的船只能够把疯人带到某类奇迹显灵的"圣地"。

② 违反习惯法者是指同性恋、不驯服者之类的违反社会规则的人。

义务纳入民法的城市的憧憬组成一个复合体。"① 在这种模糊观点的指导下，大禁闭在当时的欧洲被认为是一种"治安"，"所谓治安，就是使所有那些没有工作就无法生存的人能够和必须工作的手段的总和"。②

结合大禁闭的具体背景和整个大禁闭实施的详细情况来看，这次大禁闭在几个主要欧洲国家几乎同时出现并非偶然。17 世纪由宗教战争引发的经济危机席卷了整个欧洲，使贫困开始蔓延，失业人口越来越多，暴动也不时发生。国家开始承担起更多的责任，对贫穷者承担起赡养的义务，而贫穷者则相应地交出身体的自由，接受一种新兴的工作道德的束缚。17 世纪中叶经济好转后，大禁闭由失业时期维护治安和惩治游手好闲者的需求，走向了经济好转时为工业提供廉价劳动力的需求，被关押者被迫参加劳动。这一切都出自 17 世纪对社会治安和劳动之间关系的解读：治安混乱是因为游手好闲者，消除游手好闲的手段是工作。这场身体的"大清扫"运动是历史上第一次以如此野蛮甚至粗暴的方式对社会成员执行社会监禁，而且这种监禁是以劳动作为区分条件的。它并未对监禁者进行内部区分，从疯人、无业游民、乞丐、流浪者、家庭浪子等被监禁在一起可见一斑。但这种大范围的监禁似乎隐含着"一定已经存在一个统一体为其迫切性作辩护"③ 的意味。确实，这场大禁闭以国家名义对"妨碍治安者"进行监禁，从直接的目的来看是出于道德方面的需求。福柯发现从 17 世纪开始的大禁闭除了以劳动伦理为界限制"懒惰者"的自由之外，还涉及另外一群人。通过这次区分，非理性的轮廓在西方人的文化中开始变得清晰。在上述论述中所提到的违反习惯

① 米歇尔·福柯：《疯癫与文明》，刘北成、杨远婴译，北京：生活·读书·新知三联书店，2003，第 42 页。
② 米歇尔·福柯：《疯癫与文明》，刘北成、杨远婴译，北京：生活·读书·新知三联书店，2003，第 42 页。
③ 德赖弗斯、P. 拉比诺：《超越结构主义与解释学》，张建超、张静译，北京：光明日报出版社，1992，第 6 页。

法者也被强制监禁。这些人大部分是出于道德的原因和掩盖丑闻的原因被监禁，如试图自杀者、同性恋、道德败坏者等做出在当时的人看来无法理解的行为。某些家庭也会出于维护家庭荣誉的原因把一些离经叛道的家庭成员送进去。掩盖罪恶的目的在禁闭活动中变得明显起来，他们似乎认为罪恶具有某种诱惑，曝光于众会被民众模仿，把罪恶隐蔽起来使之被遗忘是最好的解决之道。这种处理方式在某种程度上加深了民众对罪恶的耻辱感。

也就是说，这场以"治安"为目的对各种"妨碍治安者"的身体监禁除了出于政治方面和经济方面的考量之外，同时也是理性对非理性的清扫，对一切被认为是不符合理性规范的身体的隔离。这场禁闭是以道德之名对非理性的审判，从此非理性被贴上了"耻辱"的标签，囚禁在高墙之内。由此非理性开始了漫长的沉寂和被驯化的历程，理性的统治秩序得以建立，即使这是通过对非理性的排斥、彻底中断与非理性的交流来完成的。这与文艺复兴时期截然不同。在文艺复兴时期，没有什么东西需要遮掩，一切非理性都可以大行其道。而在 17 世纪，道德伦理战胜了宇宙力量，一切带有非理性因子的身体都被视为罪恶、被视为"他者"受到排斥。福柯之所以以疯癫为视角解析这场理性的道德审判运动，是因为"对于古典主义来说，非理性具有一种名义价值，它构成某种实质性功能。疯癫只有相对于非理性才能被理解。……它仅仅是'非理性'的经验形式。疯人复现了人堕落到兽性狂乱的极点的历程，暴露了潜在的非理性领域。这个领域威胁着人，在极大的范围内包围着人的各种自然生存形式"。① 通过把非理性视为"他者"、贴上耻辱的印记隔离在高墙之内，理性终于建立起自己的合法地位和统治秩序。值得深思的是，在这场"一面倒"的较量中，理性通过对非理性的压制获得了对非理性

---

① 米歇尔·福柯：《疯癫与文明》，刘北成、杨远婴译，北京：生活·读书·新知三联书店，2003，第 75 页。

的统治权力，而理性的压倒性优势是基于行政力量的直接干涉。各种国家都设置了相应的行政人员，他们拥有审判权、监督权、治安权和惩罚权。"这种行动在权威主义的强制形式内把对贫困和救助责任的新感情、对待就业和游手好闲等经济问题的新态度、新的工作伦理，以及对一种将道德义务纳入民法的城市的憧憬，组成一个复合体。"① 显而易见，这场大爆发是和资产阶级秩序的建立结合在一起的，以工作伦理为标准的审判显然把这次运动的直接目的暴露无遗，这是新兴的资产阶级伦理秩序的普遍化。这种监禁是以劳动作为区分条件的。被监禁者被强迫劳动最初是由于道德方面的原因，当时的人们似乎已经把劳动视为道德需求，劳动甚至被认为是赎罪手段，愿意工作的囚徒都可以得到释放②。这显示出劳动在当时成为一种道德权力，并以此为标准对不劳动的人实施强制措施。在此基础上的理性对非理性的禁闭可以认为是资产阶级伦理秩序的合法性地位的知识论证。从这个层面来解析理性，我们有足够的理由怀疑这种理性所谓的"科学性"，本质上是政治权力的话语霸权。而且经过这次运动，理性确立了主体地位，人开始被认为是理性的主体，非理性成为认识的对象，人自身的非理性因素成为需要压抑和控制的因素。由此可见，理性的统治地位的确立同资本主义社会秩序的建立有着某种内在的联系。但是从被禁闭者的具体组成成分来看，人们当时

---

① 米歇尔·福柯：《疯癫与文明》，刘北成、杨远婴译，北京：生活·读书·新知三联书店，2003，第42页。

② 对欧洲而言，15世纪是经济扩张时期。这一扩张时期一直延续到1640年。之后，法国出现了经济衰退，整个欧洲在17世纪陷入经济危机中。战争的巨大损耗，再加上瘟疫、饥荒对赋税的影响，法国的政治体制处于动荡之中。在这个时期，君主制和正在崛起的资产阶级达成联盟，开始掠取封建贵族的权力，建立起一个普遍的官僚机构，并迅速将其网络延伸到整个法国。资产阶级在慢慢建构新的社会秩序。至于利用罪犯劳动力的现象，在当时的欧洲并不是一个独特的现象，路斯·派克的论著中提到在西班牙也存在这种现象。他们甚至允许私人企业家利用被收容的人的劳动来牟利。劳动成为一种道德，游手好闲成为最大的罪恶。

对非理性的理解还处于模糊阶段，理性需要对其进行进一步的划分，以便在建立起科学的知识体系的同时使自身的统治合理化。

二　被割裂、创造的身体背后隐藏的权力真相

福柯认为大禁闭时代对理性和非理性的区分还只是一个开始，当时的人们隐约感觉到某种差异，但并未形成对非理性的明晰的认识。他们只是从劳动道德层面把一些"懒惰者"和他们认为难以解释但危险的个人都隔离起来，显然这种基于道德权力的划分并不是那么具有科学性，导致在一百多年的禁闭时期不断有问题发生：无法工作的疯人被迫参加劳动，没有固定住所的自由职业者被关押，罪犯和疯人被囚禁在一起，治安官开始滥用审判权力，等等。而且在长期的禁闭过程中，随着劳动伦理的神性，禁闭的压迫功能和一种新的用途结合起来：充分就业时期强迫禁闭者参加工作，为工业发展提供廉价劳动力；经济萧条时期收容懒惰者，维护社会治安。但是"从结果上看，禁闭所似乎并不能有效地发挥人们所期待的双重作用。如果它们吸收了失业者，这主要是为了掩盖他们的贫困，以避免造成恶劣的社会或政治后果的骚动。但是当失业者被赶进强制劳动车间时，邻近地区的失业就会激增。"① 随着资本主义的发展，劳动阶级成为国家财富必需的经济元素，贫穷不再被视为游手好闲，禁闭政策在经济上也开始被看成是不合时宜的，获取财富的奥秘在于剥削穷人而不是禁闭他们。再加上"从一开始，疯人就与贫民并列（不论贫民是否应被置于这种境地），与游手好闲者并列（不论游手好闲是自愿的还是被迫的）。同那些人一样，疯人也要服从强制劳动的规章。……他们明显地与众不同，因为他们没有工作能力，不能跟

---

① 米歇尔·福柯：《疯癫与文明》，刘北成、杨远婴译，北京：生活·读书·新知三联书店，2003，第49页。

上集体生活的节奏"。①

　　一种科学的、更精确的划分势在必行，再加上理性对非理性的胜利潜在地为把非理性作为认识对象提供了合法依据，大禁闭的实行更是大大增加了对非理性进行剖析的可能性。对身体、行为的剖析有什么比医学更合适？医学是最早干涉进来的，虽然在18世纪医生就开始采取各种手段——放血、洗浴、浸泡、药泻、切口排液等——对病人进行治疗，即使有些医治方法还带有宗教的影子，可当时疯癫已经开始被认为是一种精神疾病。这时候的医学对疯癫的介入是局部的，治疗场所也不是在医院，因为医院是实施禁闭的场所。医学彻底介入疯癫是在19世纪，而这一切都与一场对传染病的大恐慌有关。1780年巴黎出现了带有传染性的热病，人们将此归咎于巴黎总医院。这次热病结合18世纪中叶以来流传的种种关于禁闭所传出监狱热病的传闻和几个世纪前的麻风病给欧洲人留下的难以磨灭的恐惧，立刻引起了大恐慌。在这种情形下，被隔离关押的非理性再次以一种可见的恐惧形象出现在公众的视野中，还被打上了疾病的烙印。夹杂在一起的对非理性的畏惧、对麻风病的恐怖回忆推动了医学对非理性领域的介入，即使一开始医学的介入并不是为了区分疯癫和其他非理性，而是作为保护普通民众的身份进入禁闭所的。

　　福柯认为，事实证明，大禁闭是失败的。在大禁闭时代，虽然被隔离在现实世界之外，非理性却一直未曾真正淡出人们的视野，各种高墙之内的形象以其独特的魅力不断激发着人们的想象，甚至引发体验的冲动。而这也是道德竭力想要祛除的，禁闭似乎并未达到预期的目的，反而更进一步激发了人们的想象。作为政治和经济上的失败，大禁闭迟早要结束。但是它所确立的疯癫形象如何延续？在这种情况下，理性的绝对"他者"成为疯癫

---

①　米歇尔·福柯：《疯癫与文明》，刘北成、杨远婴译，北京：生活·读书·新
　　知三联书店，2003，第52页。

的形象指称，疯癫变成医学研究的对象。医学的介入意味着从此医学和道德结成同盟，开始对非理性进行"解剖"。对于疯癫而言，古典时期疯癫与非理性混淆在一起虽然使其失去了以往的特殊地位，但在某种程度上也促成了对疯癫的新理解。对于疯癫的历史来说，医学介入疯癫最大的变化在于对疯癫的理解不再与原始的堕落和人类的兽性相关，疯癫属于人类活动秩序，是人与自身的情感、与"他者"、与社会、与环境的分裂，人们开始从历史和人类社会的角度来分析它。疯癫终于不再被附加任何意象，也不再被认为是邪恶的存在，而是作为一个病人接受治疗，通过现代医学来获得自身的地位。疯癫摆脱了长久以来的恐惧形象，却陷入知识和道德的支配中，即使被认为是病人，也仍然被视为秩序的反常者被监禁起来，只不过监禁的目的转变为治疗。除了治疗领域之外，精神病学还直接进入司法领域，成为惩戒系统不可或缺的一部分。不同于封建时代对罪犯的惩罚是君王的复仇、是通过酷刑的演示来恐吓未来的罪行，司法并未对罪行的本质提出过观点。

直到18世纪末19世纪初，一种权力经济学在司法领域流行起来。这种权力经济学力求采用最经济、最有效的方法进行惩罚，以达到一种惩戒的平衡：既不过分，又能达到制止再次犯罪的目的。这就需要对罪行的内在理性进行分离。这种权力经济学的执行需要一种知识的合理论证，特别是遇到一些理性的人犯下非理性的罪行，又无法证明其精神错乱时，惩罚权力无法找到对罪行进行权力实施的理由，无法为自己的惩戒行为提供辩护，只能求助于精神病学。这从侧面证明了精神病学最早并不是作为医学发展起来的，而是作为社会治安的一个特殊领域发展起来的，至少在19世纪中叶之前都是如此。它的功能是防止疾病或某种可能是疾病的、危险的因素进入社会。通过对身体的编码，精神病学得以确立其在社会防治领域的地位，并为社会管理提供理论论证。在整个19世纪，精神病学一直在进行双重编码，"一方面，必须事实上把疯癫编码为疾病；必须把疯癫的混乱、错误和幻觉病理化；……使这个它有责任加以保障的公共卫生或社会防御措施尽可能与医学知识靠的更近，因此使人可以以医学知识的名义使这个防御系统发挥作用。但是，另一方面，必须有一个与第一个同时的编码。必须同时把疯癫编码为危险，也就是说必须使疯癫表现为某些危险的携带者，作为危险本质上的携带者，于是精神病学，由于它是精神疾病的知识，就能够作为公共卫生来实际发挥作用"。① 这样，它以医学的科学性为名，割裂了身体的自然统一，将这种带有编码的符号以医学的名义加诸身体之上，实现政治统治之实，像精神病学那样通过把疯癫和犯罪联系起来来证明自身的科学性和权威性，同时为社会防御体系权力的运用提供合法性论证和知识指导。19 世纪的精神病学通过指出某些无理由的犯罪行为并不是常认为的理性的缺席，而是出于某种本能病态，来把一些本来不属于疯癫的、所有的不规则、难以解释的、无法说明的因素都带到精神医学的研究领域中，给它们命名，对它们进行描述和分析，逐渐把它们整合到精神病学中，贴上"不正常"的标签。借着控制本能之契机，19 世纪末的精神病学进入日常生活领域，发展为行为分析理论，成为一种普遍化的社会权力。从此，精神病学再也不需要通过疯癫和精神错乱来论证，精神病"非精神病化"了。这实质上是把人的每个行为都精神病化了。

通过神经学的发展，现代精神病学建立起功能性规则层面的对"规范"的解释，与"规范"相对的是病态、破坏、机能障碍、病理。反映在人的行为上，"规范"被理解为行为的规则、非正式的法律、守规则的原则，而与"规范"相对的则是不守规则、混乱、稀奇古怪、怪癖、与众不同、偏离。这种对行为规则

① 米歇尔·福柯:《不正常的人》，钱翰译，上海:上海人民出版社，2010，第96 页。

的理解和医学分析之间的存在潜在地打开了不正常的领域：不正常的人、不正常的行为。而且这些不正常似乎还意味着某种危险，如病态、破坏、障碍等。从精神病学的发展来看，将人的身体贴上"正常"和"不正常"的标签这种看似医学的科学划分背后隐藏着社会权力系统对身体的规训力量，本质上是通过"割裂"身体的自然属性、在知识和权力的运作中完成的对身体的"创造"活动。从这个意义上讲，福柯所说的疯癫是社会的产物，是文明的产物。"他们是被当代以及这个时代占优势地位的理性话语所割裂、展现、扭曲或救治"①，所以说，精神疾病的普遍出现是现代社会创造出来的②。

福柯从疯癫被定义的历史出发，完整地向我们呈现了身体被划分、被纳入理性进程的发展历程。在这个过程中，权力是如何生产出具体的知识领域，而知识又是如何依靠权力进驻日常生活，开始以一种客观的、科学的力量形式对身体进行区分，同时也依靠这种划分来巩固自身的权力和地位，被清晰地展现出来。福柯之所以从疯癫的角度来分析理性化进程，除了其拥有丰富的精神病学知识之外，还因为在理性秩序中，疯癫是一个彻底的"他者"。福柯一直都认为对"他者"的"排斥"机制是理性建立起其统治秩序的基础，而对"正常"与"不正常"的划分则一直是理性实施管控的手段。这种划分由于知识的支撑使权力维度被遮蔽在知识发展史中，从而获得科学的、合理性的外观。福柯的目的就是揭示真相。他不是否认精神病学的科学性，而是从其发展史中发现精神病学在发展过程中存在的与权力的合谋，如医学在18世纪对性倒错、手淫的态度迎合了资本主义经济发展对人口和教育的需求，生物学和统计学在现代社会的发展同国家对总体人口的管控需要存在某种联系一样，福柯发现了这些知识在

---

① 艾莉森·利·布朗：《福柯》，聂保平译，北京：中华书局，2002，第4页。
② 这里不是指社会环境变化造就的实际的创造，而是知识层面的创造。

发展过程中受到的权力影响以及它们本身是如何促进权力对人的管控的过程。这使福柯对疯癫、犯罪和"不正常"的人的研究不仅都带有对政治经济学批判的因素，而且他是从具体的个体身体入手的。

更奇妙的是，福柯在对疯癫的社会建构的研究中对大禁闭时期的描述从一个侧面完整地呈现资本主义发展早期的社会图景，就如马克思对英国资本主义发展早期的描述：自由的一无所有的无产阶级，"他们的唯一活路，或是出卖自己的劳动能力，或是行乞、流浪和抢劫。他们最初力图走后一条路，但是被绞架、耻辱柱和鞭子从这一条路上赶到通往劳动市场的狭路上去"。① 二者的描述何其相似，当大禁闭把劳动视为道德，甚至强迫收容人员劳动，为工业提供廉价劳动力的时候，它的目的已昭然若揭。福柯敏感地发现了这一点，但他没有停留于此，而是致力于揭示在这整个过程中代表资本主义制度的理性秩序是如何一步步建立起自身的合理外观，把对人的控制深化到每一个具体的人身上的。

第四节　福柯的身体规训理论对异化劳动批判的深化

福柯的身体规训理论和马克思的异化理论无疑有着深刻的联系。如果说马克思是从异化劳动为切入点分析资本逻辑对人的奴役的，那么福柯则是选取了一个具体的视角，从身体规训和资本主义经济发展的内在逻辑的历史来展示现代人被异化的情境。人以身体的形式生活在世界上，进行生产活动，同周边环境发生各种各样的联系。任何一种伦理秩序都必然立足于人的生命活动，以身体为基础，围绕人的身体行为展开。但从未有一种秩序像资本主义伦理秩序那样建立在对身体的严密计算的权力技术之上，

---

① 《马克思恩格斯全集》第 46 卷（上），北京：人民出版社，1979，第 510 页。

人的身体也从未如此透明又细化，各种针对身体的权力技术在不断涌现的各类知识论述的配合下日渐驯服出"温顺"的、符合社会规范的身体。福柯在分析身体规训时借鉴了马克思的理论，直接引用了《资本论》中的观点。马克思在对异化劳动的阐述中强调机器大工业把工人当成了机器的附属，"活劳动只不过是死劳动的一个有意识的器官"。① 机器化的工业生产不仅产生了对工人的监控机制，而且因为分工，每一个生产过程都被分解为几个部分。这不仅涉及工人之间的合作，还要求工人实现和机器的一体化，一种针对工人的高度的组织化、纪律化的兵营式的工作纪律开始建立。"挤在工厂里的工人群众就像士兵一样被编制起来。他们是产业军的小兵，受着整批士官和将校的层层监视。"② 福柯认为工厂里的这种对工人的奴役已经蔓延到整个社会。他把马克思的这个分析推广到整个社会层面，以身体规训为出发点揭示出现代人被规制的现状。

一　身体的解剖学：身体零件化背后的政治经济考量

权力对身体的控制和干涉是一个古老的命题，但对身体的精确标准化管控则是现代以来的事情。这种精确到身体各个部位的，甚至存有一种把身体工具化的权力技术在现代社会的出现从某个层面上来说也许和对身体的现代认识是联系在一起的。在中世纪，由于宗教等原因，身体在西方文化中往往带有某种神圣维度，疾病与死亡也因此被赋予神秘化意象。但是，在资本主义时代，身体作为劳动的直接载体成为社会管理的直接对象。福柯认为，现代社会对身体的管理最独特的地方在于它实现了对身体各个部位零件化的训练，以激发各个部位的最大运动效能。在这一点上，如果说马克思的剩余价值学说是从剩余劳动生产等经济角

---

① 《马克思恩格斯全集》第47卷，北京：人民出版社，1979，第567页。
② 《马克思恩格斯全集》第4卷，北京：人民出版社，1958，第473页。

度分析资本主义剥削制度的话，那么福柯则从身体被视为可改造的、需要激发效能的工具性存在的发展历程揭示出身体是如何被榨取最大价值的。

　　福柯指出，身体解剖学在现代社会的发展不仅仅是一种医学的发展，而且它在促进现代知识体系对身体的全面认识的同时，也在很大程度上消解了身体的神圣维度。福柯是从临床医学诞生的角度进行论述的，认为对身体的解剖使疾病由不可见的隐藏在身体内部的不可描述的东西变成了可见的病症，各种病变和病理反应准确地呈现在身体上。一种准确的空间定位得以完成，病症在某些方面的相似性往往会导致对疾病的混淆和误判，解剖的出现为了解这些疾病的多样性提供了直接的途径，譬如窒息、忽然的心悸、急促的呼吸困难等。"这些都是心脏疾病的主要征候，而只有经过解剖才能将心包炎（影响包膜）、动脉瘤（影响肌肉组织）以及狭窄和硬化（心脏的腱状部分或纤维部分受到影响）区分开来。"[①] 解剖使医学的目光聚焦于身体的深层次空间，对病症的分析建立在更直接的现象观察之上，医学不再呈现不确定的面貌。相反，他们揭示了更深层次的事物表面秩序，实现了疾病在身体上的空间方式的呈现，认识疾病与认识身体的直接联系就这样达成了。疾病也因此消除了它的某种神秘化意象，通过对尸体的解剖，人们才算真正了解了疾病，不是把它视为并发症的组合，也不仅仅是把它视为症状，而是把它视为一种活生生的生命活动。它只是生命的病理形式而已。这个过程凸显了对生命认知的一个重要转折：人是通过死亡来真正感知到疾病的存在的。在"生命—疾病—死亡"的序列关系中，疾病以其病理性生命存在的形式让人们重新理解了死亡，病理解剖学使本来不可见的、富有神秘气息的死亡变得清晰起来。在病理解剖学之前，死亡一直

---

　　① 米歇尔·福柯：《临床医学的诞生》，刘北成译，南京：译林出版社，2001，第155页。

是一种绝对的存在，因此，它被视为神圣事物并未被纳入正常的认知活动。解剖学把疾病、身体、空间、死亡和生命结合起来。疾病以一种病理性的生命存在获得了自己的位置和形式，同时以空间存在的形式呈现为具体的身体要素。死亡与疾病的直接关系也随之显现出来。从根本上说，生命本身的死亡向度是疾病存在的根源，"人之所以会生病是因为他会死亡……它把生命与死亡联系起来，从而还解放了疾病的征候"，死亡"表现为疾病存在的根源、生命固有的可能性，但它又强于生命，压榨生命，扭曲生命乃至最后使之消逝。死亡就是生命中可能实现的疾病"。① 正是通过把疾病和死亡这两种直接体现在身体层面的经验结合起来，医学得以直接干涉对身体的管理，所以，福柯认为，从古典时期以来，医学的发展一直与公共卫生行政系统之间保持着紧密的联系。通过对身体的解剖，医学实现了自身的科学化，以疾病为渠道实现了对身体和社会的全面监视，而且是以科学的名义。同时，疾病和死亡也成为某种医学可以解释的现象，疾病与死亡的关系的新论证清除了宗教解释理论的残余，使医学得以确立自身的权威地位，医学成为某种可以干涉生命活动的科学理论。

身体的私密空间向医学打开，身体彻底成为一个可以计算、分解的存在，拉美特利的"人是机器"也许是对这一进程的最适当描述。在拉美特利的理论中，可解剖的身体意味着身体的可操作性，意味着对身体的可改善、可改造空间的存在。虽说在每个时代身体都受到权力的控制，但对身体解剖的发展促进了一种新的身体规训技术的出现。在这种技术中，身体不再被视为一个整体，而是被"零敲碎打"式地加以细微的控制，身体的运动效能、力量训练、姿势、态度、速度成为被控制的目标。一种不间断的、连续的，以时空为编码的更细微的规训技术开始在身体运

---

① 米歇尔·福柯：《临床医学的诞生》，刘北成译，南京：译林出版社，2001，第 174 页。

作，以"纪律"的形式不断激发、征服身体的各种力量，以一种功利的目的完成对身体力量的规训，把身体各机制重新打碎、编排，通过对身体近乎严苛的行为训练，使人体变得更有用的同时也更驯服（经济上的有用，政治上的驯服）。"总之，它使体能脱离了肉体：一方面，它把体能变成了一种'才能''能力'，并竭力增强它；另一方面，它颠倒了体能的产生过程，把后者变成一种严格的征服关系。如果说经济剥削使劳动力与劳动产品分离，那么我们也可以说，规训强制在肉体中建立了能力增强与支配加剧之间的聚敛联系。"① 这种新的权力运作方式通过对身体的细微控制，从时空连续性调节身体与精力之间的衔接，通过合理的时空控制让身体和精力保持最恰当的状态，以积累起更多的有用时间，最大限度地延长时间的有效性和身体的最佳状态。显而易见，这种对身体的控制方式存有两个方面的意图：一方面是意在榨取身体的最大价值，它与生产机制是联系在一起的；另一方面，这种权力技术存有某种生产"有用""温顺"身体的意图，对身体的管理开始成为组织公共秩序和增强国家力量的必要组成部分。这种对个体的权力规训中包含着集体强制程序，当对身体的各项纪律扩张为社会层面的时候，意味着政治已然直接介入身体领域。

二 身体的社会符号：社会层面的规训生产

马克思也曾注意到生产过程中对工人的监控在社会层面上的推进。他曾指出层层官僚机构使"国家管制、控制、指挥、监视和监护着市民社会——从其最广泛的生活表现到最微不足道的行动，从其最一般的生存形式到个人的私生活"。② 但马克思还是从上层建筑层面和行政权力扩张的角度来分析国家管制的推进。福

---

① 米歇尔·福柯：《规训与惩罚》，刘北成、杨远婴译，北京：生活·读书·新知三联书店，1999，第 156 页。

② 《马克思恩格斯全集》第 11 卷，北京：人民出版社，1995，第 172 页。

柯则是从微观角度出发，以家庭、医院、工厂等非政治机构入手研究这种权力管制是如何影响和控制人的身体的。这种规训权力在福柯看来可以来自宏观的国家政治层面，也可以来自非政治的微观权力。这也意味着他把现代人被制造、受规制的分析从宏观层面推进到微观层面，更深刻地呈现人的被奴役状况。为了揭示出身体规训技术同经济、政治之间的关联，福柯描绘出一条清晰的脉络。

福柯认为，随着对身体各个部分知识的增加，从时间、空间等层面上对身体的细化开始显露出来，工厂和监狱管理中各种详细的时间表、有规律的活动、强制劳动、隔离反省、遵守纪律等改造技术的施行意味着对肉体控制的功利化、标准化。身体也不再被视为一个整体，而是被分成若干单元，从速度、姿势、态度等层面被掌握，对身体的监督活动按照时间、空间、活动等编码严格执行，使人们可能对身体运作进行更精确的控制。这种规训方法在 18 世纪以纪律的形式扩展到整个社会领域。严格来说，福柯认为在修道院、工厂和军队里的身体规训早已存在，但 17、18 世纪纪律成为一般的支配方式，这象征着对身体的规训技术进入一个全新的时期，产生了一种使人体变得更为有用也更为驯服的支配技术。"纪律既增强了人体的力量（从功利的经济角度看），又减弱了这些力量（从服从的政治角度看）。总之，它使体能脱离了肉体。一方面，它把体能变成了一种'才能''能力'，并竭力增强它。另一方面，它颠倒了体能的产生过程，把后者变成一种严格的征服关系。"① 当这种权力技术运用在特定的制度和机构（军队、学校、工厂等）中时，与其他权力形式的结合，将使权力效应引向任何更细微、更遥远的地方成为可能。

这种新的权力"微观物理学"规定了对身体进行政治干预的

① 米歇尔·福柯：《规训与惩罚》，刘北成、杨远婴译，北京：生活·读书·新知三联书店，1999，第 156 页。

模式。它最开始被军队、学校和工厂大规模采用是为了适应战争、工业革新和传染病防范的需要，即便如此也不妨碍其为 17 世纪的规训权力几乎涵盖整个社会的大扩张做准备。之所以叫"微观物理学"，是因为为了更好地控制人，规训权力着重从最细微之处着手，从细节出发建立起一整套的知识、技术、数据和方案，现代人道主义意义上的人就是在这种细枝末节中产生的。①为了使权力技术更经济化、功利化和专门化，必须建立起对身体规训的时间上和空间上的连续性。为了使每个时刻都使人能逼近最高速和最高效率的理想界限，保证每一个时刻都能得到充分利用，时间被划分得越来越细致，采用最佳速度来调节动作，对身体动作进行更有效率的分解，执行标准化的行动成为必然的结果。空间上的连续性则按照严密的组织原则进行划分，形成某种秩序，每个个体都被编码在规定的位置上，便于监督和控制。当然，这种划分为组织复杂事物提供了可靠的方法，特别是在工厂中，空间和操作组织更为复杂。这不仅关系到控制人体的问题，而且关系到如何将这种控制和生产联系起来的问题。便于监督的空间设置、行为的规范化、时间的精确划分和姿势的标准化使权力控制已经渗透到肉体中。这种精心计算的权力既把个人视为操练工具，又把个人视为操练对象，进行分类、解析、区分。"它要通过'训练'把大量混杂、无用、盲目流动的肉体和力量变成多样性的个别因素——小的独立细胞、有机的自治体、原生的连续统一体、综合性片段。规训'造就'个人。"②通过把层级监视和规范化的审判结合到检查制度中，这种权力物理学运用光学和力学的原则来控制肉体，玩弄一整套空间、线条、网格之类的游戏，从微观层面确立起个人的能见度，由此人们可以区分和判

---

① 米歇尔·福柯：《规训与惩罚》，刘北成、杨远婴译，北京：生活·读书·新知三联书店，1999，第 160 页。

② 米歇尔·福柯：《规训与惩罚》，刘北成、杨远婴译，北京：生活·读书·新知三联书店，1999，第 193 页。

断个人。"在这种制度中，个体的工人、病人或者学童被准确地观察并与其他人相比较，与此同时，可以用同样的手段，成功地进行整体复合之有序化。这种单元控制伴随着全体操作的秩序。"① 从这个层面来说，个人是规训权力生产出来的，同时也表现为社会意识形态表象中的虚构原子。二者并不矛盾，权力技术对身体的规训不仅是切实存在的，而且是通过一种建立在时空连续性上的、对身体的矫正训练达至身体最细微层面的控制。但也正是这种建立在经济利益基础上的、把身体的自然力量转变为驯服工具的做法显示出资本主义社会的资本运行逻辑。如何有效地达到对身体控制的目的使规训权力在资本主义时期变成一种权力微观物理学。"如果说经济剥削使劳动力和劳动产品分离，那么我们也可以说，规训强制在肉体中建立了能力增强与支配加剧之间的聚敛关系。"② 福柯在这里承认自己对规训权力的分析和马克思对资本主义剥削的分析是一致的。他不仅深化了马克思对劳动分工和工厂管理上的分析，而且看到了这种在工厂中对身体的规训技术在现代社会中应用的普遍性。

无论是军队、学校、工厂还是监狱，都成为驯服个体身体的工具。它们通过运用监视、禁闭、检查、定位等方法控制个体的举止、态度、行为甚至具体的身体姿势来改造个体，增强身体的有用性，提高效率。"它希望被规训者有能力、有力量，但它是一种正面的、积极的、可资利用的力量，而不是一种负面的、消极的、颠覆性的力量。这意味着被控制者和控制者之间的某种正态关系：'既增强服从者的力量，又增强使之服从者的力量与效率。'于是在人的身体上体现了经济和政治的完美结合。"③ 这被

---

① 德赖弗斯、P. 拉比诺：《超越结构主义与解释学》，张建超、张静译，北京：光明日报出版社，1992，第 206 页。

② 米歇尔·福柯：《规训与惩罚》，刘北成、杨远婴译，北京：生活·读书·新知三联书店，1999，第 156 页。

③ 杨大春：《身体的神秘——20 世纪法国哲学论丛》，北京：人民出版社，2013，第 228 页。

福柯称为权力的政治经济学。这种规训权力在社会中的广泛使用，对身体最细微层面的控制技术在个体身体的烙印形成了某种标准化的身体形象。军队、工厂和学校经过对身体的规训造就出属于这个社会的军人、工人和学生的标准化的身体形象，只要看到他的身体形态就可以辨认出来。经过精确到身体各个部位的矫正训练，来自规训权力的强制力量已经渗入身体内部，一种社会的规范符号通过身体形象表现出来。"'辨认那些最适合这种职业的人的符号是，动作机敏灵巧，昂首挺胸、肩宽臂长、腹部紧缩、大腿粗、小腿细、双脚干瘦。因为这种人肯定既灵活又强壮。'……士兵变成了可以创造出来的事物。用一堆不成形的泥、一个不合格的人体，就可以找出这种所需要的机器。"① 学生也是如此：规范的着装、规范的行为姿势、规范的语言等。虽然在任何一个社会中身体形象都是表达社会文化和规则的非语言符号，都是社会文化的表征，但从未有一个社会如现代社会这般精确细致到身体的每一个部位、每一个"零件"，而且是出于经济层面的考量。

三　全景敞视下的自我规训：身体规训的内化

当整个社会的成员都处于某种全面的规范技术中，他们的行为被标识为不同阶段，他们的身体被训练，他们的力量和时间被最大限度地榨取。社会似乎正在制定某种程序，对社会成员进行分类、生产并积累起关于人的各种知识，层级监控和检查制度让个体持续处于全面的可见状态，规训权力对日常生活的渗透清晰地表达出一种权力的全景敞视状态的成形。这种层层监控制度在马克思那里表现为官僚机构的管控。"这个寄生机体由于非常的集权制而无处不在、无所不知，并且极其敏捷，极其灵活，同时

---

① 米歇尔·福柯：《规训与惩罚》，刘北成、杨远婴译，北京：生活·读书·新知三联书店，1999，第 154 页。

现实的社会机体却又是极无自动性、极其软弱、极不固定。"① 在马克思的表述中，这种层级监控是行政力量的扩展。福柯的规训权力不仅可以把层级监控放置到国家专门的政治机构，还可以依托非政治机构。他把马克思谈到的行政权力的监督从宏观权力拓展到微观层面，用全景敞视来描述这种社会层面的层层监督。

福柯对全景敞视主义的分析来源于边沁的全景敞视建筑（panopticon）：中间一个瞭望塔，四周是由许多个分隔的小囚室组成的环形建筑，瞭望塔装有一圈玻璃窗户，可以随时监视四周的囚室；囚室有两个窗户，里面的一边正对瞭望塔的窗户，靠外的窗户可以让光亮透进来，从囚室的一端照到另一端。因为逆光的效果可以从瞭望塔的和光源刚好相反的角度观察四周囚室里的囚禁者。② 充足的光线和监督者的目光比之以往黑暗的监狱环境更能捕捉到被囚禁者的一举一动，这样看来以往黑暗的囚室反倒是对被囚禁者的保护。在这样的全景敞视监狱中的囚犯，他只能被观看而不能观看别人，横向面的分割使囚犯之间的交流成为不可能，保证了监狱的秩序。全景敞视的直接后果是被囚禁者处于一种持续的可见状态，这在保证了权力的监视功能的同时，也给被监视者造成了心理上的影响：一种自我监视效果。哪怕实际上瞭望塔上的监视是间断的，但被囚禁者持续的可见状态使这种实际上的间断性变成了效果上的持续性。在边沁的设计中，由于瞭望塔的各种遮掩装饰，被囚禁者无法观察到瞭望塔内的监视者，他们在任何时候都不知道自己是否被窥视。所以，一种"我随时在被监视"的心理使监视活动变成了被监视者的自我监视。权力不再是从外部强加到被监视者身上，而是在被监视者的精神中不断感受到权力的压制。这样只需要合理的空间设置就可以达到最经济有效的效果。

---

① 《马克思恩格斯全集》第 8 卷，北京：人民出版社，1961，第 162 页。
② 米歇尔·福柯：《规训与惩罚》，刘北成、杨远婴译，北京：生活·读书·新知三联书店，1999，第 224 页。

全景敞视建筑是一个完全符合现代权力机制要求的理想形态。它已经超出了光学和建筑学的范畴，成为某种政治权力技术，可以放到任何群体管理活动中。它对身体的空间安排、权力的分布组织、干预的渠道和方式等方面的技术不仅可以运用到社会管理中，而且能够适用于任何职能组织，譬如医疗、教育、生产等。一旦它被运用到社会管理中，社会与管理活动中原有的权力关系结合起来形成一种混合机制，使各项职能得以更巧妙地发挥功能。全景敞视主义契合了规训权力普遍化的趋势，使规训权力从惩戒体系的个例转变为普遍化的监视方案，为规训社会的形成提供了切实可行的技术方案。"它用温和的连续可见的压迫，取代了机械的暴力和强权；它不具备古典权力宏大的特性，成本低廉但更有效；它不像早期的权力那样盲目和无知，而是更敏锐的深入到对象的身体和欲望中；……它不是从某种核心源泉中发散出来的，而是遍布于社会肌体的每一个角落和看似最细小的末端。"① 从这个角度来说，我们可以把规训权力理解为现代社会制度构建的策略，通过对身体的干涉来对人体内的各种有用力量进行训练。就这样，个体按照一种权力技术需要被编入社会秩序中。一张巨大的遍布整个社会的权力网络建立起来了。对全景敞视的规训权力的理解恐怕还不能停留在权力压制性的一面，除了出于经济和功利方面的考量，规训权力的运作还有增加生产、发展经济、提高道德水平等增加社会力量的目的。从历史发展来看，18 世纪出现了人口大增长，生产机构也日渐庞大、复杂，客观上为管理活动提出了更高的要求。旧的行政管理机构不仅容易造成混乱，而且花费太高。以纪律为基准的规训权力不仅更为经济有效，还能对各种人口混乱现象进行精心的计算分配。从根本上说，这种建立在经济效益上的权力技术归根到底还是跟资本主义社会秩序的建构联系在一起的。更让人始料不及的是，规训社

---

① Michel Foucault, *Power/Knowledge* (New York: PanthenBooks, 1980), p. 142.

会的形成与政治的、法律的、医学的、经济学的科学进程是一致的。这就意味着在对身体的解剖、训练、空间安置、力量分析等活动中积累起对人的各种理论知识，规训技巧的发展和各门学科的形成是联系在一起的。"权力的规训技术，在最细微、最基本的层面上，甚至在个人的身体上怎样导致权力的政治经济学的变化，改变了它的机制；这些涉及人的身体的惩戒技术怎样不仅导致了知识的合并，而且分离出可能的知识领域；施用于身体的权力惩戒技术怎样使被奴役的身体中产生出某种心灵——主体、我、心灵，等等。"① 规训权力的生产性表露无遗。有了这些学科知识，权力就不会只是单向度的外在操作，而是通过教育内化于个体的思想体系中，让全景敞视建筑的"自我凝视"成为规训社会中个体现实的生存状态。个体完全被刻画进权力关系中，不仅使权力控制自动施加到自己身上，还扮演着施加权力的角色（不仅向自己施加，还向别人施加）。"他成为征服自己的本原。"②

"正是惩戒技术支持了作为经济冒险的资本主义的成长、扩展和胜利。如果没有被惩戒的、有序的个体之嵌入生产机构的话，资本主义的新需求就将会受到阻碍了。类似的，如果没有大规模的对人口的固定、控制和合理分类的话，资本主义就已经是不可能的了。"③ 福柯似乎认为对身体的规训技术可以称得上是资本主义成功的技术先决条件。他对规训权力的分析让资本对社会的宰制以一种更为普遍的社会化的方式展现出来。以身体为切入点，他把马克思在生产领域的剥削理论延伸到更广阔的社会领域，在把规训权力作为一种权力策略的层面上，把资本累积和规训权力联结起来，认为规训权力在某种程度促进了资本积累。

---

① 米歇尔·福柯：《必须保卫社会》，钱翰译，上海：上海人民出版社，1999，第 174 页。

② 米歇尔·福柯：《规训与惩罚》，刘北成、杨远婴译，北京：生活·读书·新知三联书店，1999，第 227 页。

③ 德赖弗斯、P. 拉比诺：《超越结构主义与解释学》，张建超、张静译，北京：光明日报出版社，1992，第 179 页。

"使日渐增大的人群变得有用的技术也促进了资本积累在一个不太普遍的层次上，在生产机构、劳动分工和规训技术制定方面的技术性变化维持了一组十分紧密的关系。"① 福柯在这里注意到资本同身体规训之间的必然联系。在马克思的理论逻辑中，资本逻辑是现代社会的总体性逻辑，其他一切都服从于资本增殖的要求。这就意味着，微观权力也需要服从于资本逻辑的运作，而在资本生产和个体生命之间，身体成为资本逻辑侵入个体自然生命历程，使其服务于资本总生产的中介。这一过程不仅产生了针对个体的身体的微观权力规训，而且使个体的身体作为"社会身体"成为促进资本增殖的重要手段。也正是为了资本增殖的需要，微观权力不断地加大对身体的训练，建立起一整套的纪律，"从肉体中最大限度地榨取时间和力量"。② 对身体的规训完全被纳入整个资本主义体系的运作过程中，使资本逻辑的支配力量得以深入到最细微的肉体领域，也让资本开始干预人口的生产，直接作用于人的生命历程。

第五节　生命政治对身体生产制度的揭示

福柯不仅通过对身体规训技术的分析描绘出现代社会对个人身体的监控，还通过揭示全景敞视主义监控技术对人的日常生活的干涉，展现出知识和权力的运作如何使权力规训由外在的干涉变成内在的自我训诫，使灵魂变成某种跟规训身体的权力技术相关的存在物。他深刻地描述出现代人身体被规训、灵魂被驯化的异化状态，在把这种规训技术和资本主义的经济、政治状况联系起来的基础上，福柯的规训权力分析深化了马克思的政治经济学

---

① 米歇尔·福柯：《规训与惩罚》，刘北成、杨远婴译，北京：生活·读书·新知三联书店，1999，第247页。
② 米歇尔·福柯：《规训与惩罚》，刘北成、杨远婴译，北京：生活·读书·新知三联书店，1999，第246页。

批判，但这并不是他的政治经济学批判的最高点。作为福柯晚年的重要理论，生命政治的提出让福柯的现代性批判走上了同以往不同的方向。这时候的福柯开始把他的微观权力推广到宏观的国家层面，他对马克思提出从关系和技术的角度分析权力赞不绝口，并开始调整自己的研究方向。"这种调整使他最终走上了对'治理'问题的研究之路。"① 他从治理术层面对自由主义的治理技术展开了分析，使其在对现代资本主义的统治技术进行更深入分析的基础上，揭示出这种统治技术如何发展出引导和控制人口的生产、如何将社会风险转移到个体身上的真相，这也为推进马克思的政治经济学批判提供了一个新思路。

一 建立在对性的管制之上的国家层面的身体生产

生命政治在福柯的思想中是与身体规训紧密联系在一起的。身体规训是对个体的身体的规训权力，可是当这种权力技术扩展到整个社会领域，对身体的管理成为组织公共秩序的必要组成部分时，象征着身体开始作为一个整体被管控。在作为个体的身体和作为集体的身体之间的联结点上，福柯认为性成为权力介入生命管理的中心点。一直以来，人们都认为性在现代文化中是被压抑的、忌讳的存在，一切没有纳入生育活动的性行为都是被禁止的，人们对性活动保持一种沉默的态度。因为一般认为这种性压抑是从17世纪开始的，所以极容易与资本主义的兴起联系起来。于是性压抑经常被解释是出于资本主义生产活动的需要，是与资本主义生产秩序融为一体的，性之所以被压抑是因为它与资本主义劳动伦理不相符。为了系统地使用劳动力，任何非生产性活动都是浪费精力的，所有的能量都必须用于生产活动，允许劳动力为了快感而浪费精力显然是不可能的。基于这种思想，人们似乎

---

① 莱姆克：《不带引号的马克思——胡尔克、规治和新自由主义的批判》，载莱姆克等：《马克思和福柯》，陈元等译，上海：华东师范大学出版社，2007，第6页。

认为公开自由地谈论性是性压抑的反抗活动，甚至认为这在本质上是一种政治行为。当人们喋喋不休地谈论社会对性的压抑，通过谈论性来破除附加在性之上的使其沉默的枷锁，以为这是对权力压制的否定时，整个社会好像在进行着一场争取性自由的战争。但福柯认为这完全是一种错觉，甚至在某种程度上是一个圈套。当然，福柯并不是否认性压抑，而是认为在整个活动中蕴藏的真相可能并不是用性压抑就可以简单回应的。如果是完全的压抑，那如何解释人们既然认为性是压抑的、是被禁止谈论的，然后又如此清晰地表达性，准确地说出性压抑对性的影响？这种性话语是从哪里来的？它背后又有怎样的知识－权力体制？福柯认为在这背后存在某种权力技术，它通过话语生产直接渗透到个体的行为和日常生活中，使这些对性的否定性的话语最终变成了对性的煽动和深化。在他看来，这是一个双重运作的过程。从 16 世纪末以来，一方面存在对性的压抑，另一方面存在对性的激发和生产。这种对性的压抑与解放并存的局面是经由建立在"性科学"基础之上的权力机制运作的结果，不仅涉及对身体的规训，而且关切到对人口进行调节和管理。通过谈论性，"权力机制告诫身体、生命、繁衍生命的东西、增强人种的东西主义之间的力量、控制能力或者供人使用的能力。……在'身体'与'人口'的连接点上，性变成了以管理生命为中心的权力的中心目标"。①

19 世纪，性成为科学分析和行政管控的对象，这与之前提到的性的特殊地位相关，因为性在本质上是肉体的行为，对性的管制可以被认为是对个体身体的规训。同时，性的繁殖功能及其生物遗传效果使对其的管控势必与对社会人口的调节具有某种联系。于是在 19 世纪一些以前相对比较自由的日常生活中的性活动被纳入监控和管理的范围。整个管控的过程是通过对性话语的

---

① 米歇尔·福柯：《性经验史》，佘碧平译，上海：上海人民出版社，2005，第 2 页。

某种增进的疏导来实现的。18世纪以来各种对坦白性事的经济的、政治的、权力的煽动通过分析、计算、分类的形式引发了性话语的大爆发。这次性话语的大爆发似乎并不是某种公众好奇心的引爆，而是把性引向了管理的领域。当时的情况是，性话语好像经过了严格的控制和约束，似乎制定了规范性准则：表达方式受到了严格的控制，某些暗示性的隐喻的规范、谈论的场合和方式，谈论双方之间的关系及其模式等。在这个准则下，大量的性话语被生产出来。如果说中世纪对性的坦白只是对身体欲望的经验描述，是一种统一的话语，那么，18世纪以来这种相对统一的话语遭到了分解，人口学、医学、生物学、心理学、教育学等都在性领域发展出自己的话语体系，性话语日渐多样化。必须说明的是，这种性话语的多样化并不意味着性自由，甚至还起到了反面的作用。

有了这些医学、生物学、道德学、教育学等知识组成的"性科学"，人们给个人一生中的性发展制定了一套完整的规范；各种不适宜的性行为不仅被认为是反自然的，而且被视为和某些精神疾病相关；对各种性倒错、性异常的详细区分的出现，以及对此采取的各种教育、医疗干涉；等等。因此可以认为，这些"性科学"为了一种以生育为目标的利益而压抑了某些不符合的性快感的真实存在，禁锢了性经验本身的多样性和真实性。这种利益是以繁衍劳动力、调节人口、保证人口素质、维持社会关系为基础。所以说性话语的增多并不代表没有排斥的存在，话语的规范性必然建立在排斥所谓"他者"的基础上。在性话语中，一切不服从繁衍的性经验被排除出来，有些甚至是以精神病的方式。在这些多元化的性科学中，医学和精神病学对性活动的干预是最直接有效的。它借助各种"神经疾病"、性倒错、手淫直接干涉对性的管理，甚至还参与一些对未成年犯罪和性倒错的审判，通过成堆的医学诊断报告和各种医疗活动来强调各种不恰当的性经验的危险性。"性如果没有被纪律化和规范化，就总是会有两种后果：一个是肉体的，没有被纪律化的肉体立即会因为性放纵受到所有个人疾病的惩罚。……但同时，放纵的、变态的性在人口层面产生后果，因为性的堕落被认为有遗传性，其后代也将受到干扰。"[1] 从这个分析可以看出，性被建构成一种本能，医学通过构造大量与性相关的反常行为的图示，引导性本能走向一种健康的方式。但同时也蕴含着一种把性视为所有问题的根源的趋势，性欲似乎无所不在，它不仅仅渗透在性反常者生活的每一个方面，还渗透到与它相关的所能牵涉的一切对象中。妇女的身体也被认为充溢着性欲。18 世纪对妇女的歇斯底里的诊断开始认为这种病症在某种程度上是由性导致的，后期将对歇斯底里的治疗与社会治安结合起来，认为恰当的婚姻是解决问题的关键，独身成了有悖社会美德的行为，婚姻被认为是对女人的保护措施：保护其免于某些顽固的、难治的精神疾病。生育行为也不再是个人隐私，而是被社会化了，规范化的婚育行为才能避免性反常和遗传变异的发生。教育的介入使一切变得更加明晰，这种权力的干涉不是通过性压抑而是通过性话语的产生出现的。儿童不再被认为跟性无关，而是被视为拥有最自然、可能也是最危险的性欲。教育机构在规范了话语内容的同时，还利用所有的资源让家庭和医学都参与儿童的性欲监视和控制行动。18 世纪欧洲的反手淫运动就是一个典型例子。它之所以能演变成一场社会运动，是因为"人们强调的是手淫的体质化，它有力地指向身体，或者说，至少它的后果有力地指向身体"。[2] "人们强调在对自我色情的发现和对病理责任的指定上二者之间相互渗透：一种自我病理学化（au-topathalogisation）。简单地说，童年被指定负有病理学的责任。"[3]

---

[1]　米歇尔·福柯：《必须保卫社会》，钱翰译，上海：上海人民出版社，1999，第 237 页。

[2]　米歇尔·福柯：《不正常的人》，钱翰译，上海：上海人民出版社，2010，第 200 页。

[3]　米歇尔·福柯：《不正常的人》，钱翰译，上海：上海人民出版社，2010，第 202 页。

通过建立儿童的手淫和生理学、医学之间的关联，医学得以对儿童的身体和家庭组织进行干预。在这一过程中，整个家庭的性活动都受到了规范。就这样，"现在所有行为都可以根据这个神秘的性本能的规范化和反常化的等级来进行分类。一旦科学地建立了性反常行为的诊断，那么矫正即使——为了个体和社会的利益——能够而且必须得到应用"①。于是，性被纳入社会治安管理中，性倒错在 18 世纪被视为犯罪，背负着道德癫狂、变态、生育感觉反常等反常标识。权力机制深入身体最深处，渗透到各种行为中，建立起对性的解释体系。这是传统的道德和宗教训诫所无法达到的效果。当夫妻双方的性行为成为一种带有政治和经济协调功能的有计划的活动时，当社会开始对人口出生率、结婚年龄、性关系的早熟、单身的后果、生育或节育活动进行分析时，不仅意味着性成为"人口"这一政治经济问题的关键，还揭示了一个显而易见的现象：人已经被视为一个整体接受社会的管理和调控，生命开始成为政治管理的重要议题。

二　以身体保护为名的社会管控

从福柯对性管制的分析可以得知，对性的管理是以生理学和医学为主要依据的。它与肉体的禁欲主义无关，而是与强化身体、保持健康和优生优育相关，是一种涉及身体、精力、生育和健康的某种延长、优化生命的技术。福柯在这里又开始展示出他独特的视角，不同于马克思主义从性压抑的角度来论述剥削，他仍然习惯于讲述权力的生产，但正是从权力的生产角度所展开的论述，让他把这种隐藏的剥削剖析得更加触目惊心。恩格斯在《国民经济学批判大纲》中曾对人口和性压抑做过论述。他讽刺马尔萨斯用"人口过剩论"来解释资本主义生产导致的生产过剩

① 德赖弗斯、P. 比诺：《超越结构主义与解释学》，张建超、张静译，北京：光明日报出版社，1992，第 226 页。

和停滞的反复交替，批判一些资产阶级经济学家把人口的繁衍超越可支配的生活资料视为贫穷和罪恶的渊薮。这些经济学家把施舍视为犯罪（因为这会助长过剩人口的增长），把贫穷当作罪恶，认为通过社会变革来教育群众，才能从道德上限制繁殖本能，从而消灭人口过剩导致的生产停滞。恩格斯通过对这种国民经济学家的批判揭示出"私有制如何最终使人变成了商品，使人的生产和消灭也仅仅取决于需求"。[①] 这个观点在后来的马克思主义的分析中形成了一种性压抑学说，认为在资产阶级统治下，无产阶级的性也服从于资本主义生产的要求。福柯不太认同对性的管制是一个阶级对另一个阶级的性的压迫，但这并不意味着剥削是不存在的。他通过对性知识繁衍的考察提出了一种基于医学的性管制的观点，在把这种管制视为治理艺术的基础上，一种隐藏的剥削机制被揭示出来。他指出这种基于医学的对性的管制最初是在资产阶级内部进行的，后来因为某些经济、政治的原因才把这种技术应用到整个社会。扩展到全社会之后，这种对性的管制技术确实产生了经济控制和政治约束的效果。

　　福柯认为，19 世纪权力开始干涉生命进程，对生命负有责任，生命的国家化俨然成为一种趋势。福柯把这种他认为可以"使人活和让人死"的权力称为生命权力，在 17 世纪开始的惩戒权力中，权力通过对肉体的训练担负起对肉体的责任。18 世纪，一种新的权力技术开始出现，但它并不排斥惩戒权力，因为二者是在不同的层面进行运作的。如果说惩戒权力着重对个体肉体进行规训，那么，生命权力则关切到整体的人的进程：出生率、死亡率、人口的繁殖、生产、疾病等。这就是所谓的生命政治学（biopolitique）。而这个整体的人就是带有某种抽象性质的群体——"人口"。这个在一般人看来是统计学专业用语的概念，在 18 世纪以前是不存在的，福柯认为 18 世纪以前只有在君主权

---

① 《马克思恩格斯全集》第 1 卷，北京：人民出版社，1956，第 621 页。

力下的法律上的"臣民"概念，而"人口"指的是可以视为一个政治实体的"全体人民"。"人口"概念的出现意味着"生命政治"这种新的权力配置方式的出现。"权力无法处理个人的疾病，但是应该而且可以处理流行病的发病率；权力同样也无法应对个体的出生和死亡，但是应该而且可以调节出生率和死亡率。"① 从18世纪下半叶开始，出生率、死亡率、疾病等都成为与政治和经济相关的东西，构成了生命政治学主要的研究和控制对象。上一部分论及的对性的权力也是一种生命权力，但生命政治所涉及的不仅仅是繁殖的问题，还包括疾病。中世纪的流行病带来的阴影曾多次对欧洲的政治管理构成威胁，当医学在18、19世纪获得发展后，一些疾病不再以传统的流行病的恐怖历史记忆受到关注，而是以其对身体力量的削弱、劳动力工作时间的减少等经济方面的考量而受到关注。"疾病作为人口现象，不再作为突然夺取生命的死亡（这是流行病），而是作为永久的死亡。它在生命中滑动，不断地侵蚀它、打击它、削弱它。"② 从对疾病的关注点的变迁我们可以隐约发现一个事实，身体已然成为国家财富的一部分。自19世纪以来，对身体的考量是建立在经济学基础上的，当这种经济学的考量以政治的形式干涉国民的身体和日常生活的时候，表现为一种政治经济学，所以福柯直接把自17世纪以来的跟人的身体相关的不管是规训权力还是生命权力都称为身体的或者生命的政治经济学。对关切到人口的疾病的防范工作使医学成为公共卫生管理的重要组成部分，不只是治疗，还包括集中医疗和疾病信息、规范医学知识体系、推广医疗活动、普及全民健康教育等。此外，为了优化生存状态，现代社会针对人口中的某些偶然性因素，如残疾人、老人、遭受重大突变导致的异常等，

---

① 米歇尔·福柯：《安全、领土与人口》，钱翰、陈晓径译，上海：上海人民出版社，2010，第6页。
② 米歇尔·福柯：《必须保卫社会》，钱翰译，上海：上海人民出版社，1999，第230页。

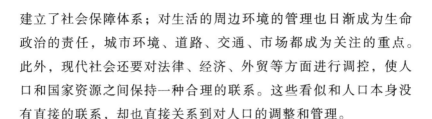

建立了社会保障体系；对生活的周边环境的管理也日渐成为生命政治的责任，城市环境、道路、交通、市场都成为关注的重点。此外，现代社会还要对法律、经济、外贸等方面进行调控，使人口和国家资源之间保持一种合理的联系。这些看似和人口本身没有直接的联系，却也直接关系到对人口的调整和管理。

从实际的运行效果来看，生命政治管理的对象是作为整体的人口，这在现实的政治调节中是一个合理的选择。在集体层面上，某些在个体层面看来难以预测的、偶然的现象在整体上会呈现某种规律性，可以建立起常数。统计学认为人口也有其规律性，可以计算出人口的发病率和死亡率，人口的整体性可以使少数不符合这种规律的因素因被视为偶然而造成偏差。所以，对人口的管理可以通过总体机制，建立起一种总体的平衡（人口与国家资源、领土范围、商业活动、财富状况之间的平衡）。所以，生命政治在福柯看来本质上完全是一种治理艺术，这种权力在配置的过程中最特别的地方在于，它不再进行强制干涉，而是把人们的行为当成自然规律一样来认识，不再把人们存有的某些追求利润的最大化、追求享受、趋利避害的行为当成"恶"去规训，而是将之视为客观事实进行研究、分析，建立起相关的知识体系，并对人们的行为动机加以利用，用以增强国家实力。欲望看似是对个人利益的追求，是个人的自我选择，外部权力的介入一方面难以找到有效的途径，另一方面结果难以估料，可是如果在一定限制内让其自由发挥，通过各种关系的作用可能会在整体上生产出全部人口的集体利益（人口的利益则是指财富的增加、寿命的延长和身体的健康等）。现代自由主义的运作就是这样的：欲望是自发对利益的追逐，虽然个人在追逐利益过程中可能会犯错，导致利益受损，但是只要对欲望的追求是自发的，就可以通过对欲望的调节使有利于全体人口的生产变成可能。它凸显了人口的自然性以及人们利用它来进行人为治理的可能的办法（通过政治调控刺激生育率及人口的流动）。所以，自由主义虽然看似极大地促进了个人的自由，但其本质上也是一种治理艺术。当治理艺术以政治科学的面貌出现时，并不意味着统治权力的削弱，统治权力不仅仍旧发挥作用，而且因为治理艺术的增长而变得更加尖锐。"从对人进行治理的新的整体技艺开始，国家才具备了我们今天所认识的国家的形式。"①

从总体上说，从18世纪开始，人口作为政治活动的主要对象，被认为是财富的源泉和国家力量的重要组成部分。为了减少死亡率、预防传染病的传播、干预生活条件和规范居住条件，一种新的以人口为治理对象的权力形式——生命政治——得以诞生。从生命政治的发展来看，它最初是以医学和生理学为依据的。笔者在上面的分析中也提到，生命政治试图通过治理影响人口的死亡率和生育率，提高人口的集体利益，增强国家实力，所以在某种程度上它可以被认为是一种安全机制。如果说生命政治的目的是延长寿命、增加身体健康程度、规避风险、调节人口和资源的有效配置，这是一种"使人活"的权力，那么，所谓的"让人死"又是什么意思？在福柯的生命政治理论中，"让人死"与一种维护人口种族安全的目的相关。它和减少死亡率、预防传染病的传播、延长寿命一样，是在更大的范围内试行的一种制造生命的权力，是为了维护人口群体的安全和延续而进行的种族战争。需要强调的是，生命政治的基础是把人口视为一种生物学现象，实质是政治学和生物学的结合。所以它才会采用各种手段控制出生率和死亡率、预防传染病的传播、降低偶然风险。这是政治在干涉、改变生命，意图把人的生命活动纳入它能够调控和掌握的范围之内。当然，在范围之外的人则有可能被视为威胁，所以我们现今无数的战争都是以保卫人民的名义发动的。同样，种族主义则表现为为了保护种族的纯洁性和安全而对其他种族进行

---

① 米歇尔·福柯：《安全、领土与人口》，钱翰、陈晓径译，上海：上海人民出版社，2010，第104页。

排斥甚至屠杀。从种族主义和战争的角度来理解生命政治"让人死"的权力还不是最让人不寒而栗的，拉比诺甚至认为，在生命政治中，民众的生命和毁灭都只是一种政治抉择，因为民众是国家为了自身利益而关照的对象，所以国家有权利重新安置和屠杀他们，如果这么做符合国家的利益的话。①

如果说对人体的解剖是把身体的私密空间对外打开，使身体彻底成为一个可以计算和分解的存在，对性的管制使权力机制深入身体最深处，渗透到各种行为中，建立起对性的发展的规范性，那么，生命政治则把生命活动纳入政治领域去考量，通过对人口的调节来干预和改造生命。不管是人体解剖导致的身体的零件化，还是性话语的扩张推动的对性的管制，抑或是作用于整体的人口的生命层面的生命政治，我们所看到的整个过程就是身体的政治化过程，生物学与政治的结合使身体在越来越多成为政治权力的作用对象的同时，也因其生命本身的维度使政治权力透过身体直达生命本身。"现在研究的目标就是指出权力机制是如何直接地与身体——与各种身体、功能、胜利过程、感觉、快感——联结在一起的。这绝不是要把身体去掉，而是让它在分析中展现出来，……而是根据随着以生命为目标的现代权力技术的发展而利益增强的复杂性彼此联结起来。因此，这不再是'心态史'，只根据大家观察身体的方式或者大家赋予身体以价值和意义的方式来思考身体，而是'身体史'，它只根据大家用来包含更多质料和生命活力的是分体的方式来思考身体。"②

总之，就如同虽然福柯的规训权力是把马克思对机器大工业时代工人的受管制状况延伸到整个社会层面、但他很少谈异化一样，福柯的生命政治虽然很少直接论及政治与经济的关系，但在

① 德赖弗斯、P. 拉比诺：《超越结构主义与解释学》，张建超、张静译，北京：光明日报出版社，1992，第 182 页。
② 米歇尔·福柯：《性经验史》，佘碧平译，上海：上海人民出版社，2005，第 98 页。

具体分析中，无论是国家对性的管制，还是国家对人口的整体管理，最终目的都落在经济考量上。新自由主义在其本质上就是一种经济关系在政治领域的扩张，这种理念一直强调市场与国家的分离。马克思的政治经济学批判了这一观点。福柯沿袭了马克思的批判，从一种治理权力的转变角度分析了各种政治举措背后的经济因素，认为治理术说到底就是按照经济范式执行权力的技术，生命政治讲述的就是权力的政治经济学。新自由主义实现的那种所谓的"国家介入的减少"不仅不是对国家管理权力的削弱，反而是通过将治理技术从官方延伸到非官方（知识领域、道德机构、学校、家庭、医院等），使对人的管控渗透到更深的领域。同时，福柯也认为资本主义经济对政治和权力关系的变化存在直接影响。"如果说西方的经济起飞是与导致资本累积的技术，那么或许也可以说，人员集聚的管理方法导致了一种脱离传统的、讲究仪式的、昂贵和粗暴的权力形式的政治起飞。那些陈旧的权力形式很快就被废弃了，被一种巧妙的、精致的征服技巧所取代。实际上，这两个进程——人员积聚和资本积累——是密不可分的。……使日渐增大的人群变得有用的技术也促进了资本累积在一个不大普遍的层上，在生产机构、劳动分工和规训技术制定方面的技术性变化维持了一组十分密切的关系。"① 所以福柯虽然没有具体论述资本，但他把对权力的解析，特别是对规训权力和生命政治的解析，一直都置于资本主义生产系统的运转中来考察。无论是对身体的规训权力，还是作为治理艺术的生命政治，它们的变化和发展不仅是对生产方式的反映，还是对这种生产关系发展需求的满足。虽然比之马克思的资本视野，福柯的微观权力分析对现代人被宰制的状况的分析更为细微，但是他忽略了支撑规训权力运转的纪律和制度背后的宏观权力（法律、行政等）。

---

① 米歇尔·福柯：《规训与惩罚》，刘北成、杨远婴译，北京：生活·读书·新知三联书店，2010，第247页。

所以福柯搁置"谁在使用权力"的问题，拒绝从宏观政治层面对权力进行分析。这种做法不仅掩盖了权力在很大程度上仍然为统治阶级操纵的事实，而且也因为缺乏对宏观政治权力和对微观权力的影响的关注，使其"权力抵抗"方案难以找到一个普遍的坚实的根基。

第五章　人类解放与生存美学
——人的自由与解放

　　福柯和马克思对现代性的批判都是从对理性形而上学统治的批判出发的，揭示出这种统治对人的奴役和压迫。二者的区别在于，马克思是从总体性的视角全面批判了以资本逻辑的同一化进程为特征的现代性，而福柯则是透过"权力的眼睛"批判权力对人的自由的压制。马克思对资本主义现代性的批判是辩证的、历史的，他不否认现代性的巨大成果，并将资本主义现代性视为通往人的自由解放之路的必经阶段，认为资本本身蕴含着否定自身的力量。他最成功的地方在于不是为了批判而批判，而是站在历史存在论的立场从现实的社会入手，揭示出现代性危机的社会根源，并为人类解放找到一种可行性方案。而福柯关注的重点则在于理性对现代人的压抑，把现代性的所有方面都视为权力的表征，都看成是规训的、控制的。这导致他把解放的希望寄托在个体自身，寻求一种风格化的生存美学。

第一节　马克思基于人的自由发展的
现代性超越路径

　　马克思对资本逻辑和形而上学之间内在关联的揭示，使其超越了传统形而上学，找到了超越现代性的现实路径，同时也让他从根本上实现了对形而上学的变革。对资本逻辑是形而上学抽象性的社会根基的判断，让他认识到超越形而上学的关键在于对资本逻辑的扬弃。从资本逻辑的运动过程中，他发现了资本主义生产方式的内在矛盾以及蕴含的解放力量，找到了一条通往现实的解放道路。

一 扬弃异化与人向自身的复归

马克思的现代性批判通过对理性形而上学、资本逻辑和意识形态内在逻辑的分析揭示出现代人被异化的生存现状及其社会动因。无论是对现代形而上学抽象性的批判，还是对资本逻辑对人的社会关系的遮蔽的揭示，抑或是对意识形态"虚假性"的批判，马克思的现代性批判始终是围绕人的生存问题展开的。因为坚持从社会的现实存在中寻找问题的根源，马克思能够超越思辨哲学的超验性存在论立场，走向人的历史性生存发展。它比一般的生存论哲学更具有科学性和历史性。同时因为把人的生存状况深入到历史发展进程中，它比一般的历史学更深刻。其超越现代性的生存状态、实现人的解放的策略也因此更富有历史高度。

在马克思的理论逻辑中，人及其存在的异化根源在于资本逻辑，消灭资本主义制度是扬弃异化的唯一途径。在马克思看来，异化劳动一方面是对人的类本质的异化，另一方面也是一种社会性的对象化活动，即它是资本主义生产方式下特定的劳动形态。也就是说，它是特定社会的产物，不能把它理解为一种总体的普遍的人类状态，把异化劳动视为资本主义生产方式下特定的劳动形式不仅赋予了异化以具体的社会经济内涵，而且揭示了其作为资本主义经济事实的存在本质。"整个人类奴役制就包含在工人同生产的关系中，而一切奴役关系只不过是这种关系的变形和后果罢了。"[1] 资本本身就是最大的异己力量，以资本为主导的现代经济关系及其由此产生的物化形式造就了现代人的异化生存，所

---

① 《马克思恩格斯全集》第 42 卷，北京：人民出版社，1979，第 101 页。

以在马克思的理论中，超越资本主义和扬弃异化是同一个过程。共产主义的实质就是对一切异己力量的重新占有，把被资本夺取的本质力量归还人类自身。"这些力量本来是由人们的相互关系产生的，但是迄今为止对他们来说都作为完全异己的力量威慑和驾驭着他们。"① 而共产主义革命就是要把这些"威慑""驾驭"人的力量重新归于人的控制，服务于人和社会的发展。这就意味着把被颠倒了的人与物的关系重新再颠倒过来，人不再被视为实现资本增殖的工具，而是使人的自由发展成为社会发展的目的。这种自由不再是资本主义条件下被附加在交换关系之上的作为物化形式、伴生着异化的自由，而是扬弃了资本逻辑和异化形式后获得的全面自由。在实现了人与社会的矛盾的高度和解基础上，每一个人的自由发展成为其他人自由发展的前提，自由人之间的联合也为克服资本主义条件下的对抗关系提供了现实可能。"它是人和自然界之间、人和人之间的矛盾的真正解决，是存在和本质、对象化和自我确证、自由和必然、个体和类之间的斗争的真正解决。"②

此外，对异化的扬弃还意味着人的复归。马克思认为共产主义是通过人且为了人而对人的本质的真正占有，是人向自身的复归。"私有财产的积极的扬弃，作为对人的生命的占有，是一切异化的积极的扬弃，从而是人从宗教、家庭、国家等等向自己的人的即社会的存在的复归。"③ 在马克思对人的本质的理解中，人的本质是社会关系的总和，所以人只能是在特定历史条件下从事现实活动的具体的人。从这个层面分析，人在其现实关系上是自然存在与社会存在的统一。而实践活动作为人的对象性活动，是人的本质力量的展开过程，把人的本质力量外化为客观世界的同时也把外在世界的丰富规定性内化为人的全面性。这是主体与客

① 《马克思恩格斯文集》第 1 卷，北京：人民出版社，2009，第 542 页。
② 《马克思恩格斯全集》第 42 卷，北京：人民出版社，1979，第 120 页。
③ 《马克思恩格斯全集》第 42 卷，北京：人民出版社，1979，第 121 页。

体、物质与精神、世界与人的互相生成、互相规定的动态过程，人在与自然、世界、社会一致的基础上实践着自身生命维度的自由。在实践活动中，人与外部世界的共生性、共时性和一体性得到了现实的建构，在与外部世界一致的基础上实现了人的自由发展。"实践又使人和外部世界共生为一个对象性的现实世界而为人所居住，所以人既不可能完全摆脱自我的主体性而达到对所谓纯客观世界的反映，而又能够以主体的身份将客观世界作为客体加以把握。"① 也就是说，马克思关于人的本质是社会关系的总和的判断建立在强调人在关系中的自觉、自主地位的基础上。

　　而且，马克思认为人向自身的回归同时也是人的生命活动的回归。在马克思的解放思想中，感性的解放也是一个重要的内容。在马克思看来，人的现实的生命活动是一种感性的对象性活动，感性是人的生命力和人之为人的自由表征。但在资本主义条件下，人的感性以一种异化的形式表现出来，人的感性生活被遮蔽，劳动作为人的对象性活动站到了人的对立面，建立在生命活动基础上的感性意识被抽象化、同一化。人的一切感觉都被一种对物的拥有的感觉所替代。马克思认为，只有通过扬弃私有制，才能使"人的一切感觉和特性的彻底解放"成为可能，不再用纯粹的有用性来衡量，人的感觉才能真正复归为人的感觉，人的感性才能得到真正的解放。这种解放是对人的本质的全部占有和肯定。"人同世界的任何一种人的关系……他的个体的一切器官，正像在形式上直接是社会的那些器官一样，通过自己的对象性关系，即通过自己同对象的关系而占有对象，对人的现实性的占有，它同对象的关系，是人的现实性的实现。"② 感性的解放不仅使人从资本的受动的、异化的存在变为能动的、自由的存在，还使人的感觉得以超出狭隘的界限，走向一种多样化的、创造性

　　① 张曙光：《人的世界与世界的人：马克思的思想历程追踪》，北京：北京师范大学出版社，2009，第200页。
　　② 《马克思恩格斯全集》第42卷，北京：人民出版社，1979，第123～124页。

的、真实的境遇。

但在资本主义社会中，人与人的关系被物与物的关系所遮蔽，物的关系获得了独立的形式，人反倒成了从属，受物的关系的支配。"资本具有独立性和个性，而活动着的个人却没有独立性和个性。"① 人本来是社会关系的主体，各种社会关系都是人相互作用产生的。但物与物的关系却取代了人与人的关系，成为异己的力量对人进行统治。这就是马克思所说的"在一定的、当然不以意志为转移的生产方式内，总有些异己的、不仅不以分散的个人而且也不以他们的总和为转移的实际力量统治着人们"。② 当人的关系和力量被物的关系和力量所统治并以物的形式表现出来时，人也就丧失了其个性成为偶然性的存在。

在马克思看来，人受外在的异己关系的支配是一个历史过程，在不同的发展阶段有不同的表现。在资本主义时代，"物的关系对个人的统治、偶然性对个性的压抑，已具有最尖锐最普遍的形式"。③ 突破这种异化状态就成为紧迫的现实，客观上为突破这种异化状态提供了可能。马克思的理论中蕴含着一个否定之否定的逻辑路径：人的生存说到底是一个通过人的对象性活动自我生成的过程，这一过程伴随着人的自我扬弃，异化劳动作为人的生存方式，本身也蕴含着否定自身的力量。"以异化劳动形式展开的劳动，作为对象性的物质生产活动必然积极地扬弃自身和促成资本主义私有财产制度的变革，从而推动社会历史向前发展。"④ 所以马克思才说自我异化的扬弃同自我异化走的是一条道路。共产主义对私有制的扬弃是通过异化劳动的形式充分发挥人的本质力量的结果。共产主义所要达到的"人的复归"，是在扬

---

① 《马克思恩格斯全集》第 2 卷，北京：人民出版社，2009，第 46 页。
② 《马克思恩格斯全集》第 3 卷，北京：人民出版社，1960，第 273~274 页。
③ 《马克思恩格斯全集》第 3 卷，北京：人民出版社，1960，第 516 页。
④ 胡刘：《现代性的"具体历史"批判：马克思历史哲学的方法论前提》，《山东社会科学》2016 年第 8 期。

弃了私有制基础上的"完全的、自觉的保存了以往发展的全部财富"的复归，是扬弃了私有制下人与自然、人与人、人与社会相异化的"作为完成了自然主义，等于人道主义；而作为完成了的人道主义，等于自然主义"的复归。人在与自然、与社会、与他人和解的基础上实现了对自身的全面占有，同时也是人的本质的回归。

二　扬弃资本逻辑与人的历史性生成

异化只是一种表征，只有消除产生异化的社会根源才能实现对异化的扬弃。在马克思看来，批判的武器当然不能代替武器的批判，物质力量只能用物质力量来摧毁。对异化的扬弃必须扬弃其存在的社会基础，才能从根本上消除异化现象。在对鲍威尔的宗教批判和政治批判的批评中，他指出鲍威尔由于无法摆脱启蒙理性的自由主义思想的限制，混淆了政治解放和人的解放，难以实现批判的彻底性。只有完成对现代国家的根本性批判，真正达到对"国家本身"的批判，才能实现人的解放。马克思认为哲学、政治等意识形态领域并不具有所谓的自足性，"这个意识必须从物质生活的矛盾中，从社会生产力和生产关系之间的现存冲突中去解释"[①]。也就是说，对异化和形而上学的批判要聚焦对现实的社会生产，形而上学的缺陷深藏于资本主义生产过程中，对资本逻辑内在矛盾的解释是解决现代性问题的关键所在。

就资本主义的生产来说，它通过商品生产将劳动的社会属性转换为物与物的社会属性，用物与物的关系遮蔽了人与人的关系，造成了物对人的奴役，也使人丧失了其本质，造成了人的异化。这是因为在资本主义生产过程中，资本的增殖是社会生产的首要目标，任何参与生产过程的东西都要受到资本逻辑的控制和制约，甚至社会文化、意识形态、政治制度等都要为资本逻辑提

---

① 《马克思恩格斯全集》第13卷，北京：人民出版社，1962，第9页。

供各方面的支撑。资本逻辑的抽象同一性是理性形而上学的现实基础，资本主义生产方式对资本增殖的追求把所有不利于资本增殖的东西都予以否定，人的自由和理性被否定了，人成为实现资本增殖的可塑造的工具，资本主义所宣扬的自由和平等不过是建立在抽象的交换价值基础上的资产阶级的自由和平等。因此，马克思明确指出，资本逻辑才是现代性最根本的逻辑原则，决定了资本主义社会人与自然、人与人、人与物、人与社会之间的属性关系，是决定资本主义社会运转的基本原则。所以，扬弃资本逻辑成为实现人的解放的先决条件，只有颠覆了理性形而上学的现实基础，才能从根本上终结形而上学。

因为能够从社会存在层面进行现代性批判，马克思不仅从对形而上学的批判发展到对资本逻辑的批判，揭示出资本主义社会的内在矛盾，同时也在实践基础上确立了历史唯物主义。历史唯物主义的立场使其能够把对现代性的批判置于历史发展生成性脉络中，去思考超越现代性的现实之路。在这一基础上，马克思认为人的解放是一种历史活动。在马克思看来，历史的更迭是生产力与生产关系的矛盾运动，同之前的时代相比，表征着"人对物的依赖性"的资本主义时代促进了社会的发展，带来了人的自由和平等，使人不再受集体的宗教的强制性的意识控制。但因为其以交换关系为主导的社会关系运作方式，个体被牢牢束缚在资本所制造的物欲牢笼中，被异化、被物所奴役，它的自由和平等也只是建立在这种将人的现实关系抽象化的交换关系之上的被虚构的自由和平等。"但是这种对立的形式本身是暂时的，它产生出消灭它自身的现实条件。"① 资本逻辑在不断扩张，把一切都抽象化和同质化的同时也不断制造出毁灭自身的现实因素。资本自我增殖的需求不仅让其不断向外扩张，把一切资源都纳入资本主义生产过程中，还不断打破地域界限，开始了对整个世界的扩张，

---

① 《马克思恩格斯全集》第46卷（下），北京：人民出版社，1980，第36页。

力图按照自己的面貌重塑一个新的世界。它"摧毁一切阻碍发展生产力、扩大需要、使生产多样化、利用和交换自然力量和精神力量的限制"。① 它不断地把外在的、非资本化的环境转变为内在的、资本秩序世界的一部分，当资本世界扩张到它所能达到的最大限度的时候，也是资本增殖面临极限的时候。这时，它要突破的将是自身。但实质上资本无法冲出一切限制，因为最大的限制来自资本本身，"资本不可遏止地追求的普遍性，在资本本身的性质上遇到了界限，这些界限在资本发展到一定阶段时，会使人们认识到资本本身就是这种趋势的最大限制，因而驱使人们利用资本本身来消灭资本"。② 同时，资本不断扩张不仅带来了生产力的发展，还打破了地域对人的限制，使历史向着世界历史前行，人也成为世界历史中的人，这也为人的自由解放创造了历史条件。

所以，马克思对扬弃资本逻辑的阐释建立在历史唯物主义的立场上，以一种辩证的、历史的眼光看待资本主义必然被共产主义所取代的历史趋势，把"新世界"是如何从旧世界的内在矛盾中生长出来的内在历史逻辑描述出来。由于共产主义对资本主义的取代是内化于资本主义生产方式对自身的自我否定的历史进程中，共产主义所要实现的人的解放才不会是虚幻的自我解放，而是人本身的一种历史性生成。人的自由解放也就成为具体的历史性的活动。这就意味着马克思对自由的理解完全不同于人本主义的那种缥缈的、预设的、想象的自由，而是建立在合理的、有利于思考人的生存价值的社会制度基础上的自由，共产主义高度发达的生产力只是使人获得自由和发展的条件和手段。马克思认为，社会关系决定人的自由程度和发展状况，共产主义对私有制和资本逻辑的扬弃，使人作为一个完整的人，占有自己的全面的

---

① 《马克思恩格斯全集》第 46 卷（上），北京：人民出版社，1979，第 393 页。
② 《马克思恩格斯全集》第 46 卷（上），北京：人民出版社，1979，第 393 ~ 394 页。

本质。在实现了对自身本质的真正占有之后，人的实践活动（包括劳动）只服从于人自身的目的，成为真正自由的创造性的活动。这不仅使个人实现了自身的发展，而且让"作为社会性的、科学性的存在的人，最终成为占有和支配一切自然力的真正主体"。① 劳动因此摆脱了异化形式，实现了物质活动和自主活动的统一。

三　解放的现实路径：阶级斗争

在对资本的批判中，马克思不仅找到了异化存在的社会根源，还发现了实现人类解放的现实力量。在马克思看来，资本主义社会存在一个内在的矛盾：资本与劳动的辩证关系。二者既对立又相互依存。"私有财产是外化劳动即工人对自然界和对自身的外在的产物、结果和必然后果。……私有财产一方面是外化劳动的产物，另一方面又是劳动借以外化的手段，是这一外化的实现。"② 私有制是资本主义社会矛盾的根源，造成了资本和劳动的对立。资本的存在是建立在对雇佣劳动的剥削基础上的，但是二者又互为前提。"资本以雇佣劳动为前提，而雇佣劳动以资本为前提。……资本只有同劳动交换，只有引起雇佣劳动的产生，才能增加起来。雇佣劳动只有在它增加资本，使奴役它的那种权力加强时，才能和资本交换。"③ 从工人的劳动过程来看，生产的物质条件作为资本与工人是相分离的，工人只有把自己的劳动力转让给资本家，才能够解决生产资料和劳动力相分离的状况，从而进行生产活动。在这个过程中，"雇佣劳动生产着对它起支配作用的他人财富，也就是说生产着同它敌对的力量——资本，而它从资本那里取得就业手段，即取得生活资料，是以雇佣劳动又

① 郗戈：《"新现代性"：马克思现代性理论的建设性维度》，《马克思主义研究》2013 年第 4 期。
② 《马克思恩格斯全集》第 1 卷，北京：人民出版社，2009，第 166 页。
③ 《马克思恩格斯全集》第 6 卷，北京：人民出版社，1961，第 490 页。

会变成资本的一部分，又会变成使资本加速增殖的杠杆为条件的"①。在这里，资本和雇佣劳动表现出一种矛盾关系，是从资本主义私有制中产生出来的内在矛盾。资本主义的生产实现过程是劳动向资本的转化过程。这一过程使劳动从属于资本，工人的劳动力成为资本的要素，"它被投入资本，使资本发酵。"② 就这样，劳动成为资本政治的手段，成为外在于工人自身的东西。"不是工人使用劳动条件，而是劳动条件使用工人。"③ 正是在这种矛盾运动中，资本主义生产出摧毁自身的社会力量。

劳动向资本的转化过程不仅实现了资本主义生产活动，还完成了资本家和工人关系的生产与再生产。"工人把他本身作为劳动能力生产出来，也生产出同他相对立的资本，同样另一方面，资本家把他本身作为资本生产出来。也生产出同它相对立的活劳动能力。"④ 资本与劳动的矛盾关系发展出资本家与工人阶级的对立关系，而且随着资本主义再生产的进行，这种相对立的生产关系也不断地再生产出来。无论资本如何组织其生产，其本质都是劳动向资本的转化。劳动向资本的转化是一种不断扩张的辩证运动，在让资本成为统治一切的社会力量的同时也加剧了资本同劳动的对立。生产过程从属于资本是资本主义生产方式的本质特征，劳动的任何发展都可能成为资本加强自身统治的力量，这意味着劳动的任何发展都将作为某种异己的力量支配工人。机器的推广使工人变成了机器的附属品，分工的进行让工人的工作变成了单调的重复操作。"科学及其应用，事实上同单个工人的技能和知识分离了，……以社会劳动为基础的所有这些对科学、自然力和大量劳动产品的应用本身，只表现为剥削劳动的手段，表现

① 《马克思恩格斯全集》第 6 卷，北京：人民出版社，1961，第 490～500 页。
② 《马克思恩格斯全集》第 46 卷（上），北京：人民出版社，1979，第 256 页。
③ 《马克思恩格斯全集》第 47 卷，北京：人民出版社，1979，第 514 页。
④ 《马克思恩格斯全集》第 46 卷（上），北京：人民出版社，1979，第 455 页。

为占有剩余劳动的手段。"① 资本越积累、越扩张、越把劳动力量转化为自身的力量，就越加剧资本家和工人阶级之间的对立和分化。随着资本主义的扩张，与资本累积带来的不可计量的物质财富和日益增加的产品过剩相对的是，社会上绝大多数人口的无产阶级化和对获得这些过剩产品的无力。当这种对立到达顶点，"资本转化成的普遍社会力量同单个资本家控制这些社会生产条件的私人权力之间的矛盾越来越触目惊心，并预示着这种关系的消灭。"② 它不仅为把生产方式改造成普遍的、公有的社会生产方式提供了生产力条件，还为这种变革提供了现实的改造力量——工人阶级。

资本和劳动的对立辩证关系让资本家和工人阶级在呈现对立面的同时，也构成了一个统一的整体关系。虽然是一种辩证的对立关系，但是在私有制环境下，对于资产家而言，为了保持自身的存在就必须保持自己的对立面，即工人阶级的存在。这是二者对立的肯定方面。而对工人阶级来说，"不能不消灭自身，因而也不能不消灭制约着它而使它成为无产阶级的那个对立面——私有制。……这是对立的否定方面"。③ 工人阶级作为资本的否定方面，蕴含着消灭私有制的社会力量。他们也只有消灭私有制，才能实现自身的解放。马克思认为工人阶级的贫困和他们所遭受到的剥削并不仅仅是这一个阶级的贫困和剥削，而是资本主义社会非人化的生活条件最直接、最集中的体现。资本和劳动对立的最尖锐化的冲突在工人阶级身上体现出来，他们是一个"被戴上彻底的锁链"的阶级。这个阶级在资本主义条件下"形成一个由于自己遭受普遍苦难而具有普遍性质的领域"④，这是"一个若不从其他一切社会领域解放出来从而解放其他一切社会领域就不能解

---

① 《马克思恩格斯全集》第 48 卷，北京：人民出版社，1982，第 39 页。
② 《马克思恩格斯全集》第 48 卷，北京：人民出版社，1982，第 339 页。
③ 《马克思恩格斯全集》第 2 卷，北京：人民出版社，1957，第 43 页。
④ 《马克思恩格斯选集》第 1 卷，北京：人民出版社，2012，第 15 页。

放自己的领域"①，使工人阶级只有通过人的完全的复归才能实现自身。这意味着工人阶级将担负其人类解放的历史使命，因为他们是唯一彻底革命的阶级，如果不同时把整个社会从私有制和压迫者中解放出来，那么就不能获得自身的解放。同时，在资本主义生产过程中，工人阶级也经受着大工业生产的磨炼，储备了解放自身的力量。当阶级对立到达顶峰时，工人阶级不仅在理论上意识到"人失去了自己……而且还直接由于不可避免的、无法掩饰的、绝对不可抗拒的贫困——必然性的这种实际表现——的逼迫"②，反抗并消灭导致自身处境的社会制度就成为必然的选择，阶级斗争将为实现生产关系的变革提供现实可能。

第二节　福柯生存美学以自由实践为基础的人与自身相统一的解放逻辑

从表面上看，福柯的生存美学和马克思的解放理论风马牛不相及：马克思的阶级斗争为实现人类解放提供了现实的解放方案，而福柯的生存美学只是一种虚幻的审美解放幻想。但是，在马克思的解放理论中，阶级斗争只是实现人类解放的第一步，自由人的联合体才是人类解放的最终目的。人的本质的复归、人的自由发展是实现人的解放的重要条件。福柯的生存美学指向的是审美化的生存，强调的是个体如何不受外在权力的干涉实现自身的主体化，实现对自身的全面占有。他的生存美学在更多的意义上是强调反对标准化的主体塑造，实现主体化的风格化和多样化。从对人的本质的复归和自由发展的追求来说，福柯和马克思的想法是一致的。只是在把现代性的根源视为权力的基础上，福柯跳过了阶级斗争这一步，直接探讨人的本质回归和对自身的全

① 《马克思恩格斯选集》第 1 卷，北京：人民出版社，2012，第 15 页。
② 《马克思恩格斯全集》第 2 卷，北京：人民出版社，1957，第 45 页。

面占有。令人深思的是，马克思因为把生产关系视为异化存在的根源，认为只要消灭产生异化的生产关系，就能够实现人类的解放。他是通过对问题域存在根源的解决来彻底终结对人的压迫和剥削的社会制度。而福柯则关注具体的个体，强调个体如何实现自身的自由发展，成就生存的风格化和审美化。从某个层面看，我们可以认为福柯的生存美学是从个体层面对马克思的人的自由发展和本质回归理论的铺展。

一 基于人的本质力量的自身真理的回归

马克思认为资本逻辑是现代性症结的根源，它根植于资本主义生产方式中。因此，要实现人的自由解放，只有彻底扬弃资本逻辑，对生产关系和社会关系进行彻底的变革。在马克思看来，消灭了私有制的共产主义能够为真正意义上的人的自由发展提供前提。它不仅意味着人们对于异己力量的重新占有，使之服务于人自身的发展，而且使人迈进了自由实践阶段。对以往的异己力量的占有和支配在马克思那里是通过对联合的生产者的合理调节，扬弃了社会关系的异己性质，使整个社会生活走向了自主性，表现为人的自主活动。实践活动在服从人的自我发展的基础上，成为人的自我实现。在福柯的生存美学中，自由实践一直是审美化生存的基本立足点。他的生存美学不是把艺术作为解放的中介，而是直接把关注点放置到人身上，寄希望于一种个体的自由实践来实现人与自身的统一。这种统一是在扬弃了异化的基础上人的本质力量的回归。对于自由实践如何实现人自身方面，马克思在把对象的现实性和人的本质力量的对象化联系起来的基础上，把对象视为确证和实现人的个性对象，即对象的现实化是人的本质力量的实现。这使人的本质力量的对象化具有了某种存在论取向上的意义：对自身和世界存在形态的改变。也就是说，在人的自由实践基础上，人赋予了对象世界以现实的品格，也使对世界"是什么"（真理维度）的思考成为与人自身直接相关的因素。福柯也有类似的观点。他从主体和真理的关系入手，认为只有通过人的自由实践，作为主体的人才能真正达至真理。因为自由实践表现为人的自主性和创造性活动，所以这种真理不再是权力关系的产物，而是人的本质力量的体现，是人与自身的统一。

在生存美学理论中，福柯提出了一种新的真理信条：主体对真理的获得只有通过"转向自身"，经由"自我技术"对自身的改变才能实现。在"转向自身"的过程中，认识并不重要，重要的是训练、实践、修行等实践活动。至于知识，正当的知识必定不会是那种把自身当作认识对象的知识，而是对宇宙、世界、他人与自身的关系的知识，因为只有这种知识才能影响主体自身的生存，促使主体发生改变。必须认识的是主体与周遭的关系，一旦获得这种知识就可以把它落实到自身的行动中，改变自身的存在状态。福柯在这方面借用了希腊人的观点，在把希腊哲学的"自我技术"和"关注自我"放置到他的生存美学理论的基础上发展出主体真理观。福柯认为，希腊人的"自我技术"通过修行实践把主体和真理联系起来，使其在本质上成为一种真理实践活动，因为影响到修行实践的自身是主体与世界的关系层面的。具体来说，相比现代人理解的"主体在认识领域里的可能的或不可能的对象化"问题，希腊人关心的是"把有关的认识构成为主体的精神体验"；相对现代人理解的"主体对法律秩序的服从"，希腊人关心的是"通过真理的训练把主体塑造为其自身的终极目的"。① 可是，从笛卡尔开始的西方文明，把真理看作认识活动的产物，而在古希腊时代，真理跟认识之间并无必要的联结，真理的获得同主体化的形成是一体的，也就是说，是同个体的自由实践联系在一起的。古希腊"自我技术"的种种修行实践都是为了实现主体化，真理的获得也只有通过对自身的改变才能完成，这

---

① 米歇尔·福柯：《主体解释学》，佘碧平译，上海：上海人民出版社，2005，第334页。

种改变是建立在自由实践基础上的自我构建。在这个意义上，"自我技术"成为一种真理实践，把主体和真理联系起来。当古希腊人提及主体与认识的关系时，绝对不涉及主体是否可以对象化、是否可以把认识事物的方式应用到主体上。"希腊人和罗马人在主体与实践的关系方面提出的问题就是要了解在多大程度上，认识真理、说出真理和实践真理，真理的实施可以让主体不仅举止适当，而且是其所当是和是其所愿是。"① 与真理的关系是把个体确认为伦理化主体的重要条件，这可能涉及本体论层面，但与真理关系的实现绝不是在认识层面可以解决的。

因此，通过"自我技术"达成的主体与真理的关系开启了一种生存美学，一种伦理化的生活方式。因为与真理的关系，这种生活被纳入一种对本体论秩序的维护中。这种通过对自身的完全把握才能达到的存在方式本质上是一种积极的自由，"与一种结构的、工具的和本体论的关系密不可分"。② 所以，福柯认为"自我的技术"是有关真理的实践，通过自由的实践达成主体自身与自身之间某种圆满的、自足的关系。从真理与主体的角度看，实践构建了主体，主体正是通过真理实践活动实现了自身的主体性。从主体真理实践中，我们能得出的不是所谓的主体本质论，主体反而是通过实践才能显示自身。从这一点出发，福柯向我们表明了主体与真理、自由实践之间的某种关联。

从这个意义上讲，福柯的生存美学不接受一般意义上统一的固定的规则，主体的生存活动就像艺术创作一样，决不拘泥于逻辑形式和道德框架。就主体与真理的关系而言，它使自身无论面对何种社会文化环境都能够反思现存真理，对真理和权力运作之间的关系提出质疑，使之"成问题化"（problematisation），让自

---

① 米歇尔·福柯：《主体解释学》，佘碧平译，上海：上海人民出版社，2005，第333页。

② 米歇尔·福柯：《性经验史》，佘碧平译，上海：上海人民出版社，2005，第169页。

己能够摆脱现存真理的论述体系的约束。在此基础上，主体在自身的生活范围内通过一系列的对自身的实践活动，寻找能够体现自身生活风格的生活方式，从而改变、完善自身，使自己的生活在以实现自身的最高自由的宗旨下变成一种具有自身特质的艺术品。要达到这种生存美学的境界就要对自身的生存条件提出质疑，要善于发现使自己发生变化并不断更新自身生活环境的具体社会条件。"成问题化"不是指知识论述层面的"提出问题"，而是与一系列行动方式、策略、文化机制、权力运作紧密联系的复杂的实践活动。这种实践"既要同颠覆环绕着旧有生活条件的社会文化制度相联系，又要同促使自身生活艺术化、导致自身的自我反思及自我熏陶相结合"。① 这不仅仅在颠覆原有的真理论述的基础上建立起新的真理论述，真理论述反而不是最重要的，而且要揭露原有的真理论述过程中对自身身处的社会文化环境和权力运作保持清醒的认识，从而了解如何践行一种关怀自身的生存方式，达到一种自由实践上的关于自身的真理。

福柯关于真理、主体和自由实践的关联的描述带有一定程度上的审美蕴含，这使读者往往只注意到他审美的一面，对他所说的建立在主体自由实践上的真理不甚明了。其实，在真理观上，福柯是反对笛卡尔的认识真理观的。他把那种真理称为"以认识形式出现的，带有各种规则和标准的真理概念"，认为这说到底只是对对象世界的认识，笛卡尔实质上是以对象认识代替了真理之路。而且这种真理观在把人视为认识对象后往往会导致对人的现实生活的扭曲。至于生存美学所说的真理，即"达到真理就是达到存在本身，这就好像所达到的存在同时又是改变达到它的人的因素。而这就是柏拉图的循环，或是新柏拉图主义的循环：我通过认识我自己，达到一个作为真理的存在，而且，这一真理改

_____

① 高宣扬：《福柯的生存美学》，北京：中国人民大学出版社，2005，第74页。

变了我所是的存在"。① 这里所说的存在是真实的、现实的人的生活存在，反映在主体与真理的关系上，是主体以实现自身为目的的自由实践。福柯认为，在主体以自身实现为目的的自由实践中，一切实践活动都呈现主体自身的真理维度。他以语言和写作为例对此进行了解析。福柯对语言的解读既不像传统的语言学，也有别于维特根斯坦以来的语言哲学。他的语言并不是一些人批判的那种"无主体的结构"，这不是他关心的，他在乎的还是如何从语言中、从语言的言说中找到和我们生存相关的东西，只是权力的存在让语言成为权力的载体。但如果是在生存美学的自由实践中，语言将呈现完全不同的样态。福柯一直认为语言、死亡和斗争之间存在某种本质上的贴近："朝着死亡出发，语言背对自己；它所遭遇的好似镜子：要制止这意图制止自己的死亡，它只能拥有一种能力，那就是在多重镜子的无限游戏中生出自己的形象。"② 语言的无限指向的是"镜中"生成的形象，并不是语言自身的无限，语言也不是出于对死亡恐惧而编织出的符号之躯。语言在镜子般反射死亡的过程中虚构了一个空间，在这个空间中它发现了自身的影像，可以让后来的存在物通过无限地再现自己，从而实现自身的超越。正是在这再现中找到其原初折叠，语言作品才得以可能。"语言的自我再现，一方面不断地重复它对死亡的表白，另一方面又背离死亡而展示自己，并以作品的形式昂然树立。"③ 写作要求我们自身置身于这种自我再现与复制的虚拟空间中，在不知不觉中超越原有的设想形成另一个自身，不断地蜕变，进入一个新的境界，写作的过程就成为自我分裂的过程。在写作中所实现的、所感受到的就是一种进行中的审美化生

① 米歇尔·福柯：《主体解释学》，佘碧平译，上海：上海人民出版社，2005，第206页。
② 米歇尔·福柯：《声名狼藉者的生活：福柯文选Ⅰ》，汪民安编，北京：北京大学出版社，2016，第20页。
③ 高宣扬：《福柯的生存美学》，北京：中国人民大学出版社，2005，第76页。

存活动，所以福柯才把自己的写作过程视为生存美学的实践过程，才说出那句"作品不是留在我们身后的遗产，而是我们的生活和我们自己本身"。语言的这种审美价值是生存审美的结果，同样也是把语言和生存审美联系起来。海德格尔认为，要使生存变成富有创造性的生命审美活动，就要让语言自身说话，要运用诗歌语言，因为它是纯粹的存在语言。诗性生存就是一种审美化的生存，不断逾越各种界限和约束，让自己从自身中突破出来，实现自身与自身、自身与他人、自身与自然的恰当关系。艺术、语言、文字、符号都具有某种不断更新的生命力，通过把生命中的精神因素转换为可理解的、可破译的意义，使各种生命活动互相交流、渗透，相互穿越交错，在其中流动的是人与生命、人与死亡、人与自然、人与世界的对话。所以，福柯直接说他对主体与真理关系的解读是从海德格尔的角度来分析的。这就意味着，如果从海德格尔的角度来分析，那么我们可以更清楚福柯所指的真理到底是什么。从海德格尔的"此在""人诗意地栖居"等观点可以看出他的"人"是本真状态的存在意义上的人，这一点也反映在福柯的真理观上。因为在关于真理的问题上，福柯有太多的分析都是基于真理的"虚假性"的，这在某种程度上会导致对他生存美学理论中所说的"真理"概念的某种含混不清的认识。福柯已经通过主体与真理的关系告知，只有通过主体自身的改变才能达至真理，如果不改变自身的生活方式，那么就无法达至真理。从这个层面上我们可以认为，真理实质上是通过主体自身的结构向主体敞开的。当主体自身成为自由实践的目的时，人本身的自由维度才会显现，对人而言，首当其冲的无疑是感性的自由。

二　建立在感性自由之上的生命审美实存

感性自由的回归在马克思那里是同去资本逻辑的同一化遮蔽联系在一起的。他认为资本的同一化遮蔽了现实生活，不仅造成了人与物的关系的颠倒，还造就了形而上学的抽象统治。感性自由就是回归现实的人，如果说形而上学是把人的本质抽象为某种"超感性的""超自然的"实体的话，那么马克思的感性解放就是把人从这种抽象中解放出来，还原现实的人的生活。当人不再被抽象所奴役，不再被资本所宰制的时候，人的感觉——真正属于人的自然的而不是被制造的感觉，才会出现。在这种情况下，人才能克服那种主体性的思维方式，以全部的感觉在对象世界中完成自己，实现人与自身、人与世界、人与自然的和谐。福柯的生存美学也蕴含着这种审美的感性自由思想。在福柯看来，近代以来理性和非理性的划分把一些具体的、真实的经验归入"非理性"的范畴，遮蔽了个体的实存经验，其中最关键的就是感性经验。生存美学的转向自身就包含着重建个体经验，这种经验不是传统审美理论中那种偏向主观审美态度和审美对象的经验，而是倾向于一种表现为主客体融为一体的、内在的超越状态的"体验"。当以人的生命本身为审美对象时，这种内在的超越状态就越发以一种生命的自然展开状态呈现出来。对福柯而言，经验并不是过往经历的历史性累积，而是现实生活实践的内在组成部分。经验不只是某种肯定层面上的东西，这种肯定层面常被人认为是限制自身的某种"界限"；还具有否定层面上的含义，这种否定把自我从自身中拔出来，不断否定自身，把生命的过程当成艺术品的创作活动，寻找一种流动中的审美生存。所以福柯的生存美学表现为一种建立在感性自由上的审美实存。感性的自由回归在福柯的生存美学理论中也是超越现代性的重要表现。他从身体体验出发，强调生存美学的感性解放维度。

身体在福柯的生存美学中一直都是重要议题。福柯认为，作为身体存在的人首先且最重要的经验必然是身体经验，在身体的经验中以某种方式实现个体自身的伦理主体化是生存美学的主要内容，生存美学对自我技术的强调就是让个体通过对自己身体的运作使自身得以改变，直至达到一种自然的、圆满的状态。基于对身体的有效管理，通过自我技术让自己真正成为自身的主人，生存美学才成为一种生活的艺术。比马克思更细微的分析视野让他在如何实现感性自由的分析上直接把身体经验的真实回归视为重点。

人能够把握到什么样的真实？尼采说身体是我们唯一能够把握的真实，遗憾的是，身体长久以来在西方文化中是一个"沉默的存在"，对灵魂的崇拜让身体彻底沦为从属。他在《查拉图斯特拉如是说》说道："从前灵魂对肉体投以轻蔑的眼光：这种轻蔑在当时是最崇高的思想。"① 灵魂以为可以逃避肉体，但在逃避肉体的同时它也避开了大地，所以要从身体出发来寻找生存的线索。但当肉体从灵魂的压制中解脱出来之后马上又落入了政治权力的管控中，身体成为权力统治的最有力的工具，接受前所未有的管制和规训。无论是以往的把身体和灵魂分离开来的身心二元论，还是现代政治权力通过科学知识或意识形态对身体的规训，都陷入了自我与身体的分离中。关于"自我"，这是一个非常复杂的哲学问题，很多理论在谈及自我的时候往往不会深入探讨"自我"的确切含义，而是把它视为某种自明的指称。但在一般理解上，自我总归是与"精神""心灵""灵魂"相关的存在。从这个层面上说，自我往往与身体没有太大的关联。这么说也许过于绝对，即使我们不能否认"精神""心灵""灵魂"是在身体中，"自我"也必定不在身体之外，但是又得承认它在身体之外。那种把"自我"视为身体的只是纯粹生物学的观点。传统理论把"自我"视为"精神""灵魂"，实质上是否认自我的纯粹物质性。从关系维度和超越维度来解释"自我"，人的整个活动都可以被认为是自我的扩张，所以才说它又在身体之外。这种传统理论带有典型的身心二元论的特点。"传统哲学没有从身体的角度，而是从我思的角度关注意志和情感，'从笛卡尔到海德格

---

① 尼采：《查拉图斯特拉如是说》，钱春琦译，北京：生活·读书·新知三联书店，2007，第 8 页。

尔，意志和情感正是在我思的视角中被考虑的'。"① 在意识哲学中，身体因其从属的地位几乎丧失了话语权，直到胡塞尔的现象学出现才得以出场。虽然很多人认为胡塞尔的现象学是一种纯粹意识理论，在很大程度上确实如此，他的理论常被认为是"意识现象学"，但他晚年把身体引入了现象学，即使他在身体和意识之间进行了严格的区分，让身体从属于意识。因为胡塞尔的纯粹意识是"单子"层面上的，最终陷入"唯我论"的困境，所以他在晚年提出了"主体性即主体间性"，强调纯粹意识之间的关系，这也为意识哲学打开了一个缺口。再经过海德格尔的那个既不是身体又不是意识、借以避开身心问题的"此在"概念对意识哲学的重创，梅洛－庞蒂创造性地提出了"活"身体的概念，以身体的意向性代替了意识的意向性，纯粹意识几乎丧失了原有的优势。20世纪的西方哲学模糊了身体和意识的界限，以一种精神化的身体代替了原来对身体的理解。以往对身体的理解把身体看作各种器官的组合，低估了身体的复杂性。身体不只是一种物质性质的肉体单位，同时也是社会生活和精神塑造的生命单位。无论是"心灵的身体化"还是"身体的精神化"，都承认了意识与身体的一体化。萨特的"本己身体"论述了身体本体论的三个维度："我是我的身体，我以我的身体而存在，这就是它的存在的第一维度。我的身体被他人利用并被认识，这就是它的第二维度。……我显然是从身体的这一方面被他人确认它是为我本人而存在的。这是我身体的本体论的第三维度。"② 身体始终是人的生命活动的基点，也是人与世界的交接点。作为内在生命与外在世界的接触领域，身体既是通往外在世界的桥梁，又是与外界相通的限制。它使人在与外在世界交往、联系的同时也同外在世界区别开来。这种既是交集点又是区分点的特性使身体成为个体自我

---

① 杨大春：《身体的神秘——20世纪法国哲学论丛》，北京：人民出版社，2013，第59页。

② 高宣扬：《福柯的生存美学》，北京：中国人民大学出版社，2005，第478页。

确认和自我区别的依据，具备了限制和超越的功能。

福柯认为，个体的生命活动一直都以身体为基础进行着某种双向运动：一方面，个体通过各种创造、生产活动不断对外扩张，同他人和世界发生各种各样的联系，在通达自由的路程中逃出生物性躯体的时空限制，朝着无限的领域推进，自我的自由意识也随之发展和扩大；另一方面，在外向化的同时也存在内向性的一面，个体通过自身的实践活动来塑造自我的完整性。作为一个自然的存在，人以其活动参与自然的运动过程，在顺应生命历程的同时不断充实个体的生命本身，通过把实践活动所得重新纳入身体，以一种内向性的情感渗透到思想中，在身体内部形成深邃、美好的精神境界。所以，作为物质性的身体有可能超越时空的界限，指向意识性和象征性的可能空间。正因如此，身体在社会中才成为某种符号象征，才会被政治权力视为统治的目标。这一点在福柯的理论中得到了详细的分析。由于身体的这种精神性意向，全景敞视对身体的监视最终造成了心灵的压制和规训。因为身体是在一定的社会关系网络中运动的，一定会受到社会文化环境的影响，所以它的活动方式和效果也会在社会文化环境中呈现出来。"各个时代的身体状况及其活动方式，同时也是个人同社会整体相互关系的一个缩影，而且反过来牵动着社会和文化的维持和再生产过程。"① 因此，身体经验由于其对个体生命意识的重要建构作用受到不同时期社会文化的干扰，无论是基督教时期对肉体欲望的轻蔑，还是现代社会以知识为手段的对身体经验的规范化塑造。而在福柯的生存美学中，对身体的审美蕴含着自然与文化、欲望与节制、快感与情感的统一。他把人的本能的冲动欲望、社会文化环境背景和以自身为目的的生命尊严和某种生命本身的自由结合起来，达至精神和肉体的愉悦。这个过程没有规范性的存在，有的只是以"关怀自身"为指向的人对自身的创作

---

① 高宣扬：《福柯的生存美学》，北京：中国人民大学出版社，2005，第481页。

活动。身体经验在生存美学中具有非常重要的作用，身体的实践活动和操练不仅是"自我技术"的重要内容，还是实现幸福的重要手段。身体快感的满足可以带来自身的愉悦和幸福的生活。这种快感不只与性相关，如同古希腊人把性和饮食、家政学（经济管理方面）联系起来一样，所以生存美学对身体的审美是从人的生存经验出发的，把它放到人的整个生命活动中考量，建构起某种完整性。因为古希腊人把身体和精神当成一个整体，所以他们把身体快感的满足和心灵的陶冶训练联系起来，强调快感满足的艺术性，这一点在"自我的技术"中表现得尤为明显。

在《主体解释学》中论及审美化生存的感性自由实践时，福柯借用了大量古希腊人的观点。因为古希腊人认为身体在一定程度上映射出内在的灵魂状态。在他们的文化中，我们很难找到有关"肉体""性经验"之类的词，对于我们所说的"性"，他们是从快感、欲望、节制、伦理等角度来分析的，虽然是很熟悉的字眼，但绝不是现代意义上所理解的对欲望的克制、伦理的规范、快感的摒弃等层面的。从快感和欲望出发，古希腊人后来发展出养生学和家政学，这些都是基于身体和性活动的。所以，在他们的思想中，快感和欲望不带有现代的含义。快感（aphrodisia）是爱与美之神维纳斯的作品，是自然的秩序。我们找不到任何现代意义上的对性活动的道德规范和对欲望的警惕的描述。Aphrodisia 是引起快感的某种活动或接触，这是属人的自由。什么是欲望？借用柏拉图在《斐列布斯篇》中所说的，欲望（epithumia）只可能存在于灵魂中，是在对产生快感的东西的回忆和意象化中激发出来的，是灵魂通过回忆形成对欲求对象的意象而产生的。在这种快感和欲望的联结方式上，古希腊人形成了特有的对性活动的道德反思，不是针对行为的反思，也不是把欲望视为罪恶的根源，更不是对快感保持沉默。他们认为，在性活动中，行为、欲望与快感的紧密联系构成了性活动的整体（欲望引发行为，行为获得快感，快感引发欲望）。他们关心的是在快感和欲望中到底存在什么样的力量？"它不是制定性行为规范的、有关人的本性的本体论，而是有关一种把性行为、快感与性欲联系起来的力量的本体论。正是这种运动关系构成了所谓的有关性活动的伦理经验的基本成分。"① 在有关性活动的伦理中，能够表现出节制是最关键的，他们对放纵的谈论不涉及灵魂，而是直接与身体的健康联系起来。不管是性行为还是性快感，都没有被看作罪恶，相反，它们是实现人的完整性和自然性的必要部分。性活动能够使人产生快感，这本身就验证了肉体与生命的某种联系。它是生命本身的自然属性和存在方式。

福柯的生存美学借用了这种观点，强调审美实践活动对人的感性自由的实现，把性活动视为自然的过程，把快感、欲望和性行为视为一个整体，所以不会把放纵的罪恶归咎于欲望和快感，也不会归咎于某种跟性相关的"本性"。人是否能够真正把握自身才是最为关键的，欲望、快感等都不是重点。能否在享受快感的同时又不被快感所左右才是关切点，道德要面对的是如何把握、控制、管理在性快感和欲望中存在的力量。对快感和欲望的管理以"需求"为尺度，在动态中保持某种平衡。对欲望的满足是一个自然的过程，但如果人为地制造出需求之外的欲望，在身体产生快感需求之前就提供了一切可能的快感，使身体不能产生对快感的欲望，这样反倒压抑了快感的力量。以"需求"为尺度，避免从人为的非自然的欲望中寻找快感，这就是一种生活的艺术。"一种有能力'享用'建立在自我限制的需求的快感的实践。这不是一种普遍的道德行为标准，而是通过一种生活艺术来使自己的行为个性化，把自身塑造成伦理主体。在节制中深藏的是某种斗争关系，不仅是与放纵的欲望和快感的较量，而且在深层次上是与自我的较量。"个体必须与自我建立一种'支配－服

---

① 米歇尔·福柯：《性经验史》，佘碧平译，上海：上海人民出版社，2005，第134~135页。

从'、'指使－屈从'、'控制－驯服'的关系（而不是像在基督教的神修中那种'澄清－否弃'、'解释－净化'的关系）。这就是快感的道德实践中主体的'自觉'结构。"① 为了在斗争中取得胜利，训练是必要的，无论是对身体的训练还是对灵魂的训练，都是如此。这种训练是对自我的管理，属于"自我关注"原则的实践活动。因为是导向生活艺术，所以这种训练贯穿于个体的整个生命过程。训练在管理自我的同时也指向了一种回归自然的生活，一种获得最大快乐的生活的自然节制，是个体把自我塑造成伦理主体必不可少的实践。在生存美学理论中，把自我塑造成伦理主体的节制训练被认为是一种德性生活的艺术，这种德性生活同时也指向个体真正的自由。自由支配自身的欲望和自我的形式，而不只是一种非奴役状态，"是在自己施加于其他人的权力中约束自我的权力"。这种自由涉及某种"逻各斯"：自我对自身的本体论的认识活动。这个角度类似苏格拉底式的思考：为了控制欲望、践行德行必须认识自己，在认识中包含某种以反对欲望为内容的灵魂与自身的斗争。"与真理的关系是把个体确定为有节制的和过一种节制生活的主体的一种结构的、工具的与本体论的条件，但是它并不是让个体根据自己的独特性承认自己是欲望主体和让他能够自我净化已经暴露出来的欲望的一种认识论条件。"② 对自身本体论的认识不是通过认识在精神中实现的，而要通过身体实践，通过"自我技术"达至。

关于身体的自我管理，福柯用了一种很迂回的路径来回答如何消除外界对人的感性的支配，让人的感性活动回归自身，真正变成一种只服从于人的真实的内在体验的感性自由。马克思在论及感性自由时强调了资本逻辑对人的感性体验的遮蔽，所以只有

① 米歇尔·福柯：《性经验史》，佘碧平译，上海：上海人民出版社，2005，第153页。
② 米歇尔·福柯：《性经验史》，佘碧平译，上海：上海人民出版社，2005，第167页。

消灭资本逻辑才能实现感性自由。后来，一些西方马克思主义者从消费主义的视角重新发展了马克思的理论，对资本逻辑是如何人为地制造出快感和欲望来刺激人的消费行为进行了深入的批判。福柯在探讨生存美学对人的感性的解放时也注意到了这一点，所以他才不断强调真正的感性自由涉及对感性的自我管理，要避免人为制造的欲望。而且他还从感性自由的实现是一种人的自然本性回归的角度对人与世界、人与自然、人与自身的统一进行了描述。也就是说，感性自由不仅仅涉及感性方面，还在人回归自身的基础上实现人与世界、人与自然的统一。在这一点上，福柯无疑是倾向于马克思的，只不过在具体论述中他采用了希腊哲学对身体和灵魂的观点来阐述，就如何通过自由实践破除各种外在干涉真正实现一种感性自由，让世界真正成为属人的世界进行了分析。

福柯认为生存美学的"自我技术""通过把自身同时塑造成为真知的主体和正确行为的主体的，人就处于一个作为自身相关物的世界之中，这是一个被感知、被承认和被当作考验的世界"。① 在这个被当作考验的世界中，人的整个生命历程都会被视为考验，"自我技术"就是为自身提供某种生活艺术以面对生活中可能的各种考验。把生存当作考验，世界在与自身相关的层面上也成为生活艺术的相关物，人与世界的关系基于生活考验而更加紧密。世界被认为是与生活（bios）相关的，世界在个体生活中所有的呈现都将被视为考验的一部分，借助世界对我们的呈现方式，我们得以认识自身、发现自身、揭示自身，对呈现方式的体验可以让我们改变自身。就这样，通过生活，世界成为我们体验自身、训练自身、改变自身，成为个体的生存体验、展现的场域。在这场转向自身的生活考验中，虽然存在身体与灵魂的紧张

---

① 米歇尔·福柯：《主体解释学》，佘碧平译，上海：上海人民出版社，2005，第 504 页。

关系，但这绝对不是对立的，反倒是这种紧张关系成就了个体体验之真知。这里的灵魂不是实存的作为实体的灵魂，而是出现在思想中的带有各种意见和判断的由激情导致的表象，关注自身就是要观察、控制、评判在这种表象及其背后的激情。所以灵魂与身体的紧张关系更多地强调如何通过灵魂自身的纠错实现灵魂对身体的引导，"努力去平息他的冲动（hormai），让我们的欲望（prothumimai）不要超越我们自身的力量"。① 福柯认为欲望有两张面孔，身体和灵魂皆具备。灵魂比身体更特别。它可以规避身体的欲望，同时也可能受到想象的引导诱发某种欲望，后一种欲望造成的危险远远大于身体本身产生的纯粹的生理性欲求。所以鲁弗斯说："抑制灵魂，让它服从肉体。"② 这种灵魂服从肉体，"应该被理解成听从一种支配自然秩序和为自身目的安排身体机制的理性。因为各种意见有着让灵魂偏离这一自然理性和引起过度欲望的危险"。③ 古希腊的斯多葛主义甚至强调欲望的动物性，希望人对欲望的需求仅仅从身体的生理性出发，对由意象诱发的欲望持有警惕的态度，提出让灵魂的欲望尽可能地不超出肉体的需要，摒弃一切可能诱发欲望的思想、记忆和意象。从"自我技术"的具体执行上来说，要想实现一种感性自由，对灵魂的训练和对身体的训练同等重要，而且往往是联系在一起的，"自我技术"采取的各种针对身体和灵魂的实践活动都旨在让个体获得一种生活的艺术，摒弃外在的力量因素，完全实现对自身的把握。因为对思想中的表象意识的警惕，"自我技术"中有专门的精神训练对表象进行分析、鉴定和描述。这种精神训练不同于笛卡尔开启的对表象的理智方法，即在表象中人为地界定的某种连续

① 米歇尔·福柯：《性经验史》，佘碧平译，上海：上海人民出版社，2005，第395页。
② 米歇尔·福柯：《性经验史》，佘碧平译，上海：上海人民出版社，2005，第396页。
③ 米歇尔·福柯：《性经验史》，佘碧平译，上海：上海人民出版社，2005，第396页。

律，只有在表象之间显示出一种充足的、必要的联系时才把它们纳入精神之中，必须要界定和描述表象在精神中的呈现状态，然后判断它们的价值（对世界的和对自己的）。表象作为世界在思想中的呈现方式，可能因受到思想的影响而走向某种意象（偏向于错误的判断），所以要对表象进行持续的监督。精神训练法中就有提到要利用世界给予我们的各种不同的表象进行训练："人在这方面训练自己，是为了界定其中的每一个、它们的内容、它们在多大程度上可以影响自己、人是否取决于它们、它们是否取决于我们。"① 分析表象的内涵、了解事物的要素、了解表象在世界中的位置和自己关系，目的不是获得知识，只有把在分析中获得的认知应用于自身，自己发生改变，才能说获得了知识，这种知识被认为还是精神知识，获得精神知识的目的在于让主体的生存方式发生改变。从对意象的分析到获得精神知识的过程中，我们可以清晰地发现在精神训练中对表象进行分析主要是为了让主体从表象中获取某种经验来改变自身，所有对表象的分析和描述都围绕自身，从一开始的观察到思考其价值再到最后的改变自己。作为世界在思想中的呈现方式，表象通过以它为对象的精神训练使主体成就了自身，这在某种程度上是一种自然理性。在这里，福柯的生存美学表现出的对知识的警惕如果从马克思对感性自由的主客体统一的角度来理解，就更为透彻。马克思认为，共产主义要实现的感性自由是从作为主体内容和客体形式相统一的生命感性出发的，它要超越传统的主客二分的思维模式，要从人与自然、人与人的关系中来把握人的存在。也就是说，传统的主客二分的模式实质上是割裂了人的完整性。福柯同样也看到了主客二分带来的分裂，所以他强调传统知识，特别是建立在主客二分基础上的对表象的理性认知是不可靠的。他借鉴了古希腊人对

---

① 米歇尔·福柯：《主体解释学》，佘碧平译，上海：上海人民出版社，2005，第 313 页。

知识的理解，认为知识只有用来改变主体、成就主体才具有真理维度。仅仅靠对表象的理性认知还远远不够，对表象的认识能够成为精神知识很重要的一个部分就是它使主体改变自己的生存方式，这就涉及对身体的训练（如"自我技术"中的修身实践）。通过这种身体层面的训练，自我逐渐把在对表象的分析中所获得的东西转换为自身的行动准则，在这个意义上实现了真理的主体化（the subjectivization of the truth）。正是因为有这两个层面的互动，主体才能够真正把握自身，实现与自身的统一。

三 立足于自由实践活动的审美生存

马克思和福柯虽然生活在不同的时代，但都面临着同一个问题，这个问题在 20 世纪的西方哲学发展中集中爆发出来。马克思早在 19 世纪就已经对这个问题做出了解答，并且影响了 20 世纪的这场哲学革命。那就是传统形而上学的终结。20 世纪西方哲学出现的重大转向标志着自启蒙运动以来以德国古典哲学为顶峰的西方传统哲学开始落幕。这不仅是传统哲学的终结，而且是一个时代所特有的哲学思维模式的结束。马克思以实践哲学的思维模式推动了这场变革，在 20 世纪的西方哲学中，我们看到的不再是对本体论和认识论的探讨，而是对生存的关切、对话语的分析、对阐释的热衷、对情感和意志等非理性因素的解读。不管是马克思的实践观，还是胡塞尔的现象学，或者是海德格尔的存在论，都反对传统形而上学的实体本体论、主客二分的思维模式以及建立在此基础上的认识论，只是选择了不同的途径而已。

传统的主客二分的思维模式不但割裂了现象与本质、感性与理性、经验与超验之间的联系，而且使抽象的理论体系凌驾于具体的现实生活之上，忽略了生活世界的存在，导致了"存在的被遮蔽"。因此，20 世纪的西方哲学主张回到生活世界，将存在理解为生存性的存在，将世界视为人存在的世界。福柯的理论就诞生在这样的背景中，不可避免地被烙上了时代的印记。他称自己的理论深受尼采和海德格尔的影响，而尼采和海德格尔就是这场哲学革命的主要推动者。他们的理论和马克思哲学之间也是具有某种直接的关联。具体到生存问题上，马克思对人的生存境遇的思考始终建立在实践的基础上。他从"现实的感性的对象性活动"出发来解释世界和人的存在，把生产实践活动视为人存在的基本方式，从而揭示出人的存在本质以及异化的根源，找到通往自由解放的道路。"只有当对象对人说来成为人的对象或者说成为对象性的人的时候，人才不致在自己的对象里面丧失自身。……随着对象性的现实在社会中对人说来到处成为人的本质力量的现实，成为人的现实，因而成为人自己的本质力量的现实，一切对象对他说来也就成为他自身的对象化，成为确证和实现他的个性的对象，成为他的对象，而这就是说，对象成了他自身。"① 人的存在本质在于人与世界的对象性关系中，人只有通过实践活动才能达成人与世界、主观与客观的对象性的统一关系，实践活动本质上就是人的本质的对象化。马克思的实践观是建立在生存论层面上的。他把实践看成面向自身、面向自然界、面向社会的总体性的生存活动。在此理解上，人对自然的实践活动就成为人自身实践活动的内在的历史性的展开过程。"异化"不仅是人创造出来的东西反过来成为异己的存在，还让人在自己创造的世界中丧失自身。生产实践活动由自由自觉的创造性的活动转变为外在的强制性手段，"变成维持他的个人生活的手段"，"人同自己的劳动产品、自己的生命活动、自己的类本质相异化这一事实所造成的直接结果就是人同人相异化"。② 在马克思的实践观中的生存主体是具体的、现实的、历史的人，人的异化状态是资本主义的生产方式导致的，要通过无产阶级革命对资产阶级统治秩序的摧毁来消除异化产生的社会根源。在这里，政治解放的目的是让世

---

① 《马克思恩格斯全集》第42卷，北京：人民出版社，1979，第125页。
② 《马克思恩格斯全集》第42卷，北京：人民出版社，1979，第97~98页。

界更加符合人的生存，能够满足人的生存活动的丰富性。他所要实现的"自由人的联合体"，"它是人向自身、向社会的（即人的）人的复归，这种复归是完全的、自觉的而且保存了以往发展的全部财富的。……它是人和自然界之间、人和人之间的矛盾的真正解决，是存在和本质、对象化和自我确证、自由和必然、个体和类之间的斗争的真正解决"。① 马克思的解放理论就是建立在实践基础上的超越人与自然、人与人、人与自身的冲突与分裂的指向自由的实践活动，旨在建立起个人、类与自然通过社会关系而形成生存论的统一体，个体的生存意义是通过现实的社会关系获得的。这种生命的自由实践是具有自我规定性的自由活动，是人自身的创造性活动，也是"美的规律"的之所是。马克思虽并未把实践活动理解为审美活动，但这种以现实的感性的实践活动出发去寻求自由的生存维度，通过祛除生命的异己状态的遮蔽来实现人的全面自由发展，呈现出生命本身的丰富性的通往自由的道路，本身就蕴含着某种审美的特质。

这种审美特质在福柯那里以生存论的形态完整地表现出来，那种超越人与自然、人与人、人与自身分裂的自由也是福柯的生存美学的审美旨趣。在福柯的理论中，生存美学也是建立在自由实践基础上的实现人与人、人与自然、人与自身的统一。而且福柯实质上是在马克思的基础上更进一步从个体的生存来讨论如何实现自由实践的问题。在《论犹太人问题》中，马克思有这样一段论述："任何一种解放都是把人的世界和人的关系还给人自己。……只有当现实的个人同时也是抽象的公民，并且作为个人，在自己的经验生活、自己的个人劳动、自己的个人关系中间，成为类存在物的时候，只有当人认识到自己的'原有力量'并把这种力量组织成为社会力量因而不再把社会力量当做政治

<hr />

① 《马克思恩格斯全集》第42卷，北京：人民出版社，1979，第120页。

力量跟自己分开的时候。只有到了那个时候，人类解放才能完成。"① 福柯的生存美学从个体层面对人的自身回归做出了详细分析，把个体对自身的把握视为解放的力量。作为一种生活艺术，生存美学强调人们要用自己的行动来创造自己的个体生命，"把人当成艺术品一样创造"显示出超越自身、追求圆满的生命状态的强烈生命意向。它以一种指向个体自我的审美训练来表达对自我生命本体意义的自觉理解，这种意义上的生存美学本质上是立足于生活实践的意义建构活动。生存美学本质上强调生存本身的审美意义，把审美提升为生存实践的最高原则和最高目标。它把审美所蕴含的自由取向和个体的生存实践本身结合起来，既能够在现实生活世界的实践层面探讨具体的生活技艺，又能够在终极意义层面上升到生存理性的高度。生存美学把现实生活当成是审美的实践活动，不仅改变了美学的传统范畴，而且在生活实践的基础上实现了生存论、伦理学和审美的结合；不仅使审美成为生活实践的一个方面，呈现生活的风格化和多样化，而且把生活提升到审美层面，把人的生活实践提升为审美创造活动。生存美学这种把生活实践视为审美活动的特质，使"生存""欲望""快感"成为福柯的文本中很重要的概念。同时，在这个过程中，审美依靠生活本身强大的生命力无止境地向更大更远的地方扩张，展现出具有无穷生命力的美的感受和审美能力，让审美"以可能性的理想形态，呈现人的知、情、意在生活中同一切可能的世界的微妙结合模式"。② 这种生活实践的审美活动本质上就是一种"自身的实践"，作为自身生活的主人，通过在生活实践中对自我进行持续的、从身体到精神的操练，实现对自身经验的体会、提升和提炼，从而建立与自身的和谐关系。这就是古希腊时代的"自我技艺"。这种自我实践针对的是主体自身，要求人们通过生

---

① 《马克思恩格斯全集》第 1 卷，北京：人民出版社，1956，第 443 页。
② 高宣扬：《福柯的生存美学》，北京：中国人民大学出版社，2005，第 398 页。

活环境给予的各种挑战来训练自身的意志、情感和能力，在自身的生活经历中，通过对身体、精神、情感、欲望等方面的训练，不断超越自身，不断从自身的原有形态中超脱出来，通过这种不断地"自我拔除"和自我改造，实现生命本身的自我更新。这就是审美化的生存。它把生活当成一种"自身实践活动"，把生活的审美意义建立在自身的自由实践活动中，生活本身就是自身自由实践的结果。审美生存通过自身实践在实际生活中不断实现生命自身的更新，让生命的自由维度在生活实践活动中得到全面的展示。生活本身的复杂和曲折为这种审美"创作"提供了源源不断的生命动力。人的本性本来就蕴含着这种审美超越，并以这种超越实现着自身和世界的更新，因为人的审美存在决定于他与所处世界的互动的审美活动。对人而言，自身的实践要完成的不仅是生命个体的自我更新，还包括人与其所处世界的关系审美实践，这需要人在生活实践中完成对自身和生存环境的双重审美创造。"审美，是对于使人同其生存世界分割倾向的一种抗议和超越，同时又是为了实现这种超越而进行的创造性活动。"① 这种审美生存指向的是人之存在的整体性，是对生存异化的扬弃。

第三节　福柯生存美学指向的审美实存蕴含的生命自由本位

福柯在对现代社会展开全面批判后，最终走向了一条美学解放道路，这在 20 世纪的西方哲学中并不是一个特例。在 20 世纪的西方哲学中，批判哲学占据了非常重要的地位，对现代社会中工具理性导致的现实的人的缺席、物化泛滥、同一性的宰制、大众的盲从、日常生活的异化等一系列现象的反思，开启了对近代启蒙精神和理性主义的重新评估。人们开始怀疑"理性带来进

---

① 　高宣扬：《福柯的生存美学》，北京：中国人民大学出版社，2005，第507页。

步"这一自启蒙时代以来理性主义确立的真理，认为启蒙在把人从宗教信仰中解放出来的同时，又使人陷入启蒙造就的理性神话中。现代文明实质上造成了对现实的人的压抑，这种现象被称为"启蒙的二律背反"。从哲学层面看，现代性就是理性主体在近代的确立，与现代性凸显理性相一致的是，美学在近代逐渐从宗教中脱离出来获得了独立。审美活动本因其自由活动的本质具有社会批判功能，但是由于近代以来经验主义和理性主义的胶着占据着近代哲学的思想空间，审美问题被认为是从属于经验主义和理性化主义认识论范畴内的问题，审美的性质一直不够明晰，直到康德的《判断力批判》才让审美第一次在理论上获得了独立，但仅仅如此而已。所以韦伯认为在现代性的"三驾马车"（知性理性、审美判断力和实践理性）中，知性理性因为其可以量化和形式化的特点获得了主动权，工具理性对价值理性的胜利导致了现代性的种种"异化"现象。美学自现代以来遭受着前所未有的冲击，审美活动不仅未能对现实经验进行有效的言说和批判，还因遭受来自大众文化和消费社会的攻击而日渐失去其社会批判能力，导致美学不是与生活世界脱离走向一种纯粹意义上的丧失任何社会功能的审美，就是沦落成商业气息浓厚的大众艺术。美学的困境并非自身所致，而是对现代性危机的真实镜像。这种美学现代性危机除了现代工具理性等外在因素影响外，在更深层次上是因为近代美学从宗教中脱离出来是在向知性范式转移中实现的。在这个过程中，美与真、善的价值本体分离了，所以近代美学的独立客观上造成了美与存在的疏离。重建美学本体论，"通过更高的艺术（指美的艺术——引者注）来回复被艺术（指技艺——引者注）破坏了的我们天性中的这种完整性"①，不仅能够为美学走出现代性困境提供思考，还能够重建审美的社会批判功

---

① 弗里德里希·席勒：《审美教育书简》，冯至、范大灿译，上海：上海人民出版社，2003，第55页。

能。因为审美的共通性，对现代性的审美批判一直被认为是能够通过审美实践来维系感性与理性之间协调的张力系统，弥合现代性的分裂。但与其赋予审美如此大的责任，不如说审美是以其自身的方式来引导现代性的自我拯救的。美学之所以能担负起拯救人性的功能，关键在于它的自由本质，作为一种无目的的合目的形式，"凭借美的这种无用之用，我们才能摆脱感性与理性的片面强制，才能超越自身的局限，并通过审美重新找回自然最为高贵的赠品——人性，通过审美训练重新把人性归还于人"。① 至于美学如何通过审美形式的建构从批判性层面来破解"启蒙的二律背反"，从尼采开始就把审美上升到本体论的高度，把审美和生存活动联系起来，福柯的生存美学也是如此。在这个层面上，福柯的生存美学作为一种指向人的生命本身的自由审美实践同马克思旨在对回归人的本质的共产主义运动具有某种相似性。

一 对异化的扬弃：生存美学指向的生命本位

马克思的最终目标是实现人的自由全面发展，这条通往共产主义的道路要实现的不仅是生产力极度发达带来的物质丰富性，而且是实现人的完全自由状态。这种自由是一种建立在自由实践基础上的自由、无蔽状态，体现了一种生存论意义上的审美观。这里所说的审美不是某种鉴赏活动，而是解放状态下人的自由本质和创造力的实现，在人的解放和审美之间牵连着一条关于人的存在的隐线。正因如此，20世纪的西方马克思主义才把艺术和审美作为"解蔽异化"的手段，从而把审美和政治联结起来。有关马克思理论中对审美与解放关系渊源的解读不可避免地会涉及《1844年经济学哲学手稿》。作为马克思最重要的著作之一，《1844年经济学哲学手稿》的大量研究中都提及马克思的审美生存思想。马克思把自由定义为人的自由自觉的感性活动，从否定

---

① 陈开晟：《超越审美现代性的困境》，南京：南京大学出版社，2014，第72页。

生存的异化状态出发，对如何扬弃异化，实现人的自由解放做出了分析。异化被解蔽之后，劳动成为人的自由实践活动，人的本质力量得以完全实现，人的生命活动"按照美的规律来建造"，表现为一种审美生存的境界。马克思没有抽象地谈论审美生存问题，而是从人的具体的现实历史活动出发，注重审美生存的历史性和实践性，把实践、审美和人的存在三者联系起来，认为认识是在实践活动中实现自身的，实践作为人的存在的基本方式，是一种"生存实践"，是人的历史的展开过程，对人的生存的审美必然内在于这种实践活动中。就这样，马克思把实践、人的生活、审美生存和人的现实存在联系了起来，基于实践基础上的对人的生存状态的审美活动必定体现为人的感性的、统一的、自由的活动。审美不再外在于生活，而是存在于生活实践中，即生活本身。审美的对象也不再是外在于人的某些客观的存在物，而是在人的实践活动中现实生成，并不断随着时间活动的展开而不断丰富和发展的，同时作为审美主体的人也在这个过程中生成自身，这才是马克思所说的"人也按照美的规律来建造"。"动物只是按照它所属的那个种的尺度和需要来建造，而人却懂得按照任何一个尺度来进行生产，并且懂得怎样处处都把内在的尺度运用到对象上去；因此，人也按照美的规律来建造。"① 对于如何理解"美的规律"的问题，国内学者展开了多年探讨。他们认为，在马克思主义中，实践活动作为人的对象化活动，本质是人的自身的内在尺度的对象化。这个过程完成了主客体的统一，美是审美主客体之间关系的对应物，所以"美的规律"必然不是所谓的"纯粹客观的"东西。在这个基础上，"固有的尺度"应该理解为人自身的"内在尺度"。这种人自身的"内在尺度"是指什么？结合上下文的分析可以知道，马克思的这句话是在谈论人的生产劳动实践，是对劳动作为人的现实的能动的类活动的分析。但在

① 《马克思恩格斯全集》第 42 卷，北京：人民出版社，1979，第 97 页。

资本主义条件下，劳动成为强制性的实践。"它加在我身上仅仅是由于外在的、偶然的需要，而不是由于内在的必然的需要。"①而在人的自由解放阶段，"富有的人同时就是需要有完整的人的生命表现的人，在这样的人的身上，他自己的实现表现为内在的必然性"②，才是来自人的生命本身的需要。人自身的"内在尺度"是由人的生命需要所决定的，劳动作为人的本质活动也应该来自人的生命需要。从这个角度分析，"人也按照美的规律来建造"所指的"美的规律"是和人自身的这种由生命需要所决定的"内在尺度"紧密相连的，表现为生命的自由状态。

马克思在把实践作为人的本质活动的时候，也潜在地把实践审美化了。实践扩展到人类活动的所有领域，当实践批判指向人的对象性活动的自我批判时，就意味着这种对象性的批判实质上是指人的社会化活动，所以人与自然的实践关系是通过人的社会化活动来展开的。于是，实践批判必然表现为一种社会批判。就这样，人与自然的生存层面上的统一既成为实践批判的逻辑前提，又是批判所要达到的目标。这是马克思现代性批判理论的宏大视野和历史维度所在。而福柯则走向了内化的道德领域，道德领域的内省和自律的实践批判方式无法沟通外部的对象性活动领域。其实，在福柯原初的设计中，他反对那种传统的道德准则，认为生存美学把自身建构为自我行为的道德主体的活动是一种伦理活动，不受具体的道德准则的束缚。对个体与自身关系的把握不仅是伦理关系的中心，还可以应对任何道德环境，无论是道德符码相对稳定的情况还是道德符码剧烈变动的情况。其实，问题早就非常明晰了，从福柯的理论建构来看，他的洞见恰恰造成了其理论中的某个盲点，这直接影响了他后来的判断。当他把权力理解为微观权力的时候，他所勾勒的无所不在的权力规训图示深

①　《马克思恩格斯全集》第 42 卷，北京：人民出版社，1979，第 38 页。
②　《马克思恩格斯全集》第 42 卷，北京：人民出版社，1979，第 129 页。

刻地展示了我们从未意识到的权力陷阱。但同时，这个权力规训图示是如此浑然一体、无孔不入，以至于呈现一种避无可避的状况。他认为生存美学诉诸的自我风格化可以通过一种个体的自我塑造来对抗社会的普遍准则，个体作为权力关系网的原点是可以担负起这个职责的。可是，他赋予个体拔除普遍性、否定任何准则的自由塑造活动很有可能使社会趋于原子化。关于这一点，阿多诺和霍克海默曾有过相关的分析："个体的独立性和不可比性具体地抵制了非理性整体盲目的、压抑的力量。但是，从历史上说，这种抵制只能通过每个独立的和不可比的个体的盲目性和非理性才有可能实现。"① 个体的自我培育②提倡的塑造个性的生活风格化有可能走向一种"伪个性"，"不过是普遍权力把偶然的细节牢固地刻印下来，并如此被人接受而已"。③ 福柯的自我培育显然是建立在他认为的自由之上的，这种自由既是抵抗权力的基础，又表现为自我创造的自由，关键是这种自由可能一直都是存在的，因为生存美学所推崇的基于个体反思和实践操练的自我构建可能存在一个悖论：自我对自身的构建不仅是已经存在的，而且一直都存在。费希特的"自我设定自我"就是强调自我必须是自我设定的行为，而且就是自身设定这种行为本身。这里蕴含着一种把自我看作行为的观点，把自我视为行为而非某种物质性的有形的整体，可能导致严重的后果。首先是语言的问题，"为对付客观世界而设计的我们的语言，当承担解释自我意识的结构的任务时，本身就是有问题的"。④ 费希特看到了语言的客观性的基本取向，于是"他才引入了一个新词，即与'事实'相反的'虚

---

① Theodor W. Adorno & Max Horkheimer, *Dialectic of Enlightenment* (London：Stanford University Press, 1979), p. 241.
② 自我培育是指生存美学强调的个体通过自由实践完成自身的主体化这一过程。
③ Theodor W. Adorno & Max Horkheimer, *Dialectic of Enlightenment* (London：Stanford University Press, 1979), p. 154.
④ 汪民安、陈永国、马海良编《福柯的面孔》，北京：文化艺术出版社，2001，第270页。

构'，来描述自我的行为的'特定性'"。① 其次，"自我的这种行为以及自我从所有客观限制的倾向性释放，成了道德原则"。② 针对费希特的"自我设定自我"可能导致某种虚构自我出现的问题，福柯认为自己的伦理自我建构完全可以避免这个问题。但是如何避免实在让人无法理解，因为我们要承认伦理的自我建构肯定是在一定的社会关系（涉及知识、经济、政治等）中运作的。福柯曾在反对认为人文主义的时候提到人文主义固定了有关"人"的观念，因为人文主义需要从政治、宗教和文化那里借鉴有关"人"的观点，使人文主义的"人"的观念实际上证明了那些政治、宗教和文化对"人"的阐释的合理性。如果结合他的《知识考古学》中对知识的批判，我们就不仅不难理解他对人文主义的责难，还可以理解生存美学为什么强调不断地"拔除自我"，将自我培育看成一种不断的创造性活动，"我们自身在自治中的永恒创造"。就如同他反对人文主义对"人"的观念必须依靠政治、宗教和文化对人的理解一样，他认为"人们把内嵌于某一历史时刻的一些主题作为真理、作为证据来接受，而这种所谓的证据是可能受到批判和破坏的"。③ 如果按照福柯的这种理解，那么自我的虚化完全是成立的，自我培育、自我塑造、自己与自身的关系就变得"不知其所以然"了。正如彼得·杜斯所言，"对社会和历史过程的理解，如果不是自我理解的组成部分的话，那至少也促进了我们从自我误解中的解放"。④ 福柯的理论对社会和历史的整体性维度的缺失导致他的个体拯救可能流于一种自我

---

① 汪民安、陈永国、马海良编《福柯的面孔》，北京：文化艺术出版社，2001，第270页。
② 汪民安、陈永国、马海良编《福柯的面孔》，北京：文化艺术出版社，2001，第270页。
③ "Truth, Power, Self: an Interview with Michel Foucault," in Luther H. Martin, Huck Gutman, and Patrick H. Hutton（eds.），*Technologies of the Self*, Amherst: the University of Massachusetts Press, 1988, p. 10.
④ 汪民安、陈永国、马海良编《福柯的面孔》，北京：文化艺术出版社，2001，第271页。

的虚构。一方面，从根本上说，这是因为他缺乏一种总体的视域，微观权力分析和微观政治学可以让他的批判更为深入，但同时也限制了他的思想。而且在福柯的现代性批判中辩证性思维不太明显，所以他常被视为一个彻底的"反叛者"。而马克思的现代性批判，因为其辩证性立场，所以最后不仅走向了一个历史的"否定之否定"逻辑，而且认为如果不经过劳动异化，人性就无法在更高的物质财富基础上得到真正的复归，异化也就成为通往人的自由的必然道路。另一方面，福柯也带来了新的思考。

　　福柯的生存美学是一种以消除异化为目的的对生存实践的审美，完全不同于传统认识论范畴中的美学，而是以实现个体的审美化生存为目标，把个体生命本身当作审美对象。传统认识层面的美学忽略了人类自身的生命活动和个体的生命体验，同时也遮蔽了审美的存在意义，让审美丧失了本体价值。生存美学意义上的审美把人类生活当作审美对象，把审美活动视为生命世界的敞开，把审美能力当成是人类生存的基础。这是一种生存本体论层面的审美活动。这样的审美活动不是对美的认识把握，而是一种充分显示生命自由的存在方式。在这个意义上，美学与生命哲学合二为一，一种生存论意义上的对生命的审美活动形成了。这种审美化生存所要实现的生命实存状态，我们可以借鉴康德对审美判断的理解。审美活动一直都被认为是实现感性和理性共通的途径，所以把审美判断看作单纯的感性活动是一种偏见。不同于知识判断通常以概念为目的，审美判断是以情感为依据的，这种情感指向的是一种共通的可普遍传达的快乐，所谓"美"并不涉及概念，只是呈现某种普遍存在的愉悦感。这种共通的、普遍的愉悦当然也脱离不了人的认识能力，它正是人的认识能力自由活动的表达，因此不能把审美判断视为纯粹感性活动。但同时，它又具有知识判断所没有的愉悦感，因为以概念为目的的自身判断受制于概念，人的认识能力的发挥自然没有审美判断那么自由、充分。最为关键的是，这时判断以概念为目的，这意味着整个知识判断活动是运用认识能力达到"概念"这一目的的某种手段而已，而审美判断如果是以"愉悦"这一非概念性的情感为目的的，那么这种愉悦情感推动了"认识能力的活动"，而这认识能力活动又维系着愉悦，使认识能力活动以愉悦为目的变成了实质上的以自身为目的。所以在这个层面上，我们可以说审美活动作为"认识能力活动"是以自身为目的的。康德对审美判断的分析在一定程度上把审美活动和纯粹的认识活动进行了区分。而且他从审美活动以愉悦为目的的分析出发，得出了"愉悦作为审美判断力的关键因素并不具备任何利益"的结论。他不把美视为实现任何目的的手段，而是展示出美的这种以自身为目的的"无目的的合目的性"形式。最后，康德把愉悦的"共通感、普遍感"视为某种模态形式的必然性。这种必然性不是来自经验，而是归结于先验，一种"先验的共通感"。审美判断就是这种"共通感"的一种形式。康德的审美论在一百多年间不断遭遇批判，但其对审美的分析、对现代审美理论的影响无疑是至关重要的。生存美学虽然极力反对康德把审美与先验联系起来，但对审美活动是以自身为目的的"无目的的合目的性"活动的判断极为赞同。生存美学把审美活动放置到生存视域中，把愉悦的"共通性"同个体的生命体验结合起来，主张在体验中达到审美的愉悦，实现审美化的生存。这种通过体验才能获得的情感愉悦，是引导人实现生存完整性的关键因素。正是在体验层面上，我们才能了解生存美学的那种"转向自身"的真理获取途径：生存美学层面上的真理和人的价值本身具有某种同维性，人的价值和意义不在于对真理的占有和信仰，而在于在追求真理过程中展现出的人永无止境地追求真、善、美的能力，以及在这个过程中不断发展、丰富的人自身的生命力。审美具有的这种超越性，使生存美学要把审美能力当成人的生存基础，如此才能把人的整个生命活动变成审美活动，让审美成为贯穿于人的整个生命活动的生活实践本身，只有这样才能实现现代性的个体拯救，也只有审美才具有不受制于任何知识、道德、习俗的自由本性，使其能够逾越人本身的局限性。"唯独审美状态是自我一体，因为它把它的起源以及得以延续的一切条件都统一在自身之中。只有在审美状态中，我们才觉得我们像是脱开了时间，我们的人性纯洁地、完整地表现了出来，仿佛它还没有由于外在的影响而受到任何损害。"①

人的生命本应是自由的高阶运动，在现代社会却因受外力压制而成为"异化"的存在。在"异化"状态中，人们不仅遗忘了生命本身，而且在社会交往中，个体往往只有通过对自身个性的否定才能达到对社会的认同，个体生命必须通过把物质化为自身本质才能与社会达成统一。竞争在某种程度上不仅促进了物化的深入、具体化，而且使这种物化意识已然深入个体生命的集中体现。人不再在自身中寻找自己的本质存在，反而把对外在事物的追求当成自己的本质。审美天性中蕴含的"绝对自由"让越来越多的哲学家把审美视为解决人的"异化"状态的方案。审美拯救不是某种抽象的虚幻的拯救，而是具有严格意义上的此岸性，甚至表现为人的确立的一种方式。这种方式不是现代才有的，而是从一开始就持续存在的，并随着发展过程中不断强化的需要而日渐显示其重要性。这种以此岸拯救为目标的实现人的确立的方式即使在宗教占据主导地位的基督教时代也未消磨其特性。虽然宗教的彼岸拯救使人能够不依赖于生命本身的活动而体验到某种终极的实现，但这种寄托于彼岸的宗教拯救把人从现实的自然环境中抽取出来，"使之在他的个性中失去在相互关系中与之相连的精神反应"，用纯粹的宗教形式维持的"人"必定削弱了人本身的丰富性和具体性，使之成为完全孤单的人：每个人都是孤立地出现在审判者面前。在基督教时代，艺术因其具有对现实的模仿功能常被用来为宗教服务：为来世提供某种映像。但这个过程实

① 弗里德里希·席勒：《审美教育书简》，冯至、范大灿译，上海：上海人民出版社，2003，第172页。

质存在着某种分离："艺术作品如此充分地表达了宗教内容，以致这种内容在完整性上完全融合成像融于空气中不可把握的东西那样，而形成的形象作为来世意向的手段和媒介，获得了一种完整的此岸性，变成不依赖于最初的动机，而是自身完整的、通过其形式完整性而与一切彼岸的东西相隔绝。"① 审美的此岸性是与人的现实生活直接相关的，不涉及任何超验的体验，试图唤起包含人的整体性的现实世界的纯粹有序的丰富性。只有当人周围的空间对他而言不再是异己的、敌对的力量，真正成为他自身的世界，甚至在某种意义上成为他扩大了的自我的组成部分的时候，现实世界的这种有序的丰富性才能得以展现，人与自身、人与其所处的世界、人与他自身的活动就不会处于分裂状态。人可以通过对自身内在世界和周围环境的反映来表达、阐明自身，在由人所反映的世界中创造他自身的世界，并使这个世界真正成为他自己的，从而使人真正成为人。这属于人的、让人真正成为人的"自身世界"，是"人为他自己、为人类进步在他自己本身创造出来的"。"在这个世界中，世界的特性、客观现实的特性表现在反映的图像中，将构成图像直接内容的一个断面提高到具有决定性规定的整体，并将各种对象可能是偶然的结合提高到必然的世界。"② 这就是福柯生存美学的"转向自身"所要达到的审美境界。在此过程中，审美反映的是以个体和个体命运的形式来表现的人类整体，这种反映以人类的命运为目标，绝不是某种与人类无关的存在实体。在这个基础上，审美超越被认为是一切超越的灵魂，人才能领悟到自然界的必然性和审美自由之间的统一性，显示出审美的最高人性价值和生存意义。生存论审美的这种对必然性的把握使其能够正视死亡和老年状态，并赋予它们极为重要

① 卢卡奇：《审美特性》（上），徐恒醇译，北京：社会科学文献出版社，2013，第 356 页。
② 卢卡奇：《审美特性》（上），徐恒醇译，北京：社会科学文献出版社，2013，第 309 页。

的审美意义。在福柯的生存美学思想中，死亡是比生存更能深入实现自身的审美方式。它把生命从有限的存在引向了无限的时空，通过把死亡实现自身生命的历史总体化，使有限的生命转化为看不见的象征性的存在形式。从这一点出发，我们就能够理解他为什么把死亡同语言联系起来。因为赋予死亡此种审美价值，老年也就变得从容起来，生存美学认为老年是生命中最丰富、最美好、最成熟的时刻。这种对死亡和老年的审美态度反映的是一种对生命本身的整体性的态度，在对生命的体验中感受自然、尊重自然、回归自然，这也是真正意义上的审美化生存所应拥有的状态。

二　审美与道德的同一性：人自身完整性的建立

审美因其具有的与绝对自由的关系而具有超越性，这种指向绝对自由的超越性表现在它不满足于对自然规律的认识，而是指向无限的审美超越领域。由于生存美学把审美当成生存的最高目标，把生存活动和对审美、对绝对自由的追求结合起来，人才得以在生活实践中不断超越自身，也就是说，在审美化生存和人的生活实践中是存在某种张力系统的。有趣的是，与大部分其他生命美学理论都针对这个审美化生存的理想层面进行大量的描述不同，福柯从来没有对"生存美学"做某种抽象的分析，或者对理想的"生存美"状态进行描述。他的生存美学更多的是强调与具体的生活实践相联系，论述最多的是在具体的生活实践中如何通过审美训练获得自身的生命力，实现审美化生存。他把审美的超越意识和自由意志同生活实践本身结合起来，以一种生活艺术的方式来推动对现实生活的审美活动，用审美的超越维度来整合被异化的个体生活实践，同时完成审美本身的回归：不是作为现代美学认识论的审美，不是局限在艺术和认识范畴内的审美，而是一种生存层面上的与真理、伦理结合起来的审美。生存美学通过立足于生活实践的各种审美训练，实现生活本身的审美化，也就在生活实践的基础上实现了本体论、存在论、认识论、伦理学和美学本身的结合。这种把现实生活当成美学实践的审美化生存，不仅使审美活动从抽象的理论中释放出来，还推动了生活的审美化活动，把人的生存实践提升为对人之生存本身的审美创造活动。在这个层面上，生存美学才会"关注自身"，把"生存"、"身体"、"快感"和"愉悦"等当成审美活动的重要范畴。

在马克思那里，人本身就是一种自我生成、自我超越的生物，人实现自己的过程就是通过自己的对象性活动使人和世界相互确证、相互创造的主体性过程，人的解放就是对人和世界的关系的总体把握，人的自由发展就是在对世界的创造中的主体生成过程。共产主义所要实现的人的回归，是指作为一个完整的人，占有自己的全面本质。这不仅涉及之前提到的感性自由，还包括人与自身、人与他人、人与世界、人与自然的关系维度的回归。在扬弃异化之后，外在世界对人而言就不再是敌对的存在，人的完整性就是人的关系的丰富性。首先，这种完整性关涉人与自身关系的重新建立，当人不再为资本逻辑所奴役，人本身的属人的感觉才会回归。"也就是说，为了人并且通过人而对人的本质和人的生命、对象性的人和人的产品的感性的占有。"① 其次，人与自然实现了真正意义上的和解。马克思认为，在资本主义时代，人与自然的和解是不可能实现的，除了缘于资本逻辑对自然的掠夺之外，还因为理性形而上学制造的主客体对立割裂了人和世界的关系。在共产主义社会中，人与自然恢复到原本的一体关系，自然作为人的对象性存在是人的本质力量的确证物。人与人的关系也在此基础上实现了和解，"人如何生产人——他自己和别人；直接体现他的个性的对象如何是他自己为别人的存在，同时是这个别人的存在，而且也会是这个别人为他的存在"。② 正如社会生

---

① 《马克思恩格斯全集》第 42 卷，北京：人民出版社，1979，第 123 页。
② 《马克思恩格斯全集》第 42 卷，北京：人民出版社，1979，第 121 页。

产人一样，人也在生产社会，在人与自然、人与人实现和解的基础上，人才有可能真正感受到自身作为社会性存在的完整性。"只有当对象对人说来成为社会的对象，人本身对自己说来成为社会的存在物，而社会在这个对象中对人说来成为本质的时候，这种情况才是可能的。"① 正因为此，马克思才认为共产主义是人道主义和自然主义的统一。这种基于人道主义和自然主义的人的完整性在福柯的生存美学中也有论述。在这一方面，福柯也认为人的自由说到底是人与自身、人与他人、人与自然的超越了主客二分的统一。他从伦理与审美相统一的角度分析了这个问题，认为人的自由在其本质上也表现为人与自然、人与自身的统一。

　　由于推崇一种立足于生活实践的审美化生存，福柯的生存美学中有大量关于"生活艺术"、形成独特的"生活风格"之类的言说，在某种程度上这可能会导致人们对他的误解，是不是福柯本人也无法真正回答什么是生存美学？他所说的生活艺术是否就是一种日常生活的审美实践？如何理解美学的大众化和庸俗化？"把人当成艺术品"到底蕴含的意义是什么？福柯晚年对自己的工作总结的是，大多关于福柯生存美学的理论都是从伦理主体的角度讲述的。那么，福柯实际上想要完成的和现在的美学伦理学所研究的是否一样呢？客观地说，从伦理主体的角度分析福柯的生存美学是尊重福柯本人对自己的评价的，也可以完成福柯前后期研究的一致性，但同时从伦理主体角度进行分析无法对福柯的生活美学形成总体上的认识。福柯推崇的审美化生存不同于一些理论所说的日常生活的审美，即便他也是立足于现实生活实践，提倡一种对生活的审美，提倡要形成个体独特的生活风格。对这个理解不能停留在美学艺术论的角度，生活艺术化的立足点是人的生存活动，"把人当成艺术品"来塑造也是一样的。他试图利用在审美世界和现实生活（现实生活中的人）之间的某种张力

---

① 《马克思恩格斯全集》第 42 卷，北京：人民出版社，1979，第 125 页。

来促进生活（个体）本身的某种超越。审美活动本身就体现了一种生活真理：审美能够解释出来的是生活本身的完整性，而这种完整性始终包含着多样的特殊性，无论它是美的、丑的还是恶的，这种完整性就是实存，就是我们现实生活的这个世界的此岸性、丰富性和多样性。这种生活真理在审美活动的各种产物（艺术作品、文学作品）中都有显示，而生存美学的审美活动要揭示的就是生活本身的这种完整性，反映在生存层面的真理就是人本身的局限性和世界、事物的自然性。这种生活本身当然是人的实践活动，也就揭示了人的现实性。这种现实性表现在生活世界中的种种冲突绝不是外在的偶然事件，而是展开了的生活整体的种种内在可能性，也展示了这种必然性同人本身、人自身发展的丰富性和自身之间的关系。重要的还不是揭示真相，而是反思，对生活本身和人本身的反思，未被割裂的人的自然性，人对其本身应有的态度。生活的审美化给现实生活世界带来的张力让人可以把握个体独特性中蕴含的某种自然的普遍性、持久性①，从而了解自身所处的世界，了解人自身，把世界与生活作为自身的事物来体验。这种张力始于人，也只能终于人。在由审美引发的张力系统中，人不仅可以实现与自身、与自然的共通，而且在"共通"中也将"人类发展中的过去的本质事物"转化为可以体验的现在。"它同时是人的这样一种自觉性，即人是在他自己的世界中生活，这个世界是他自己，作为人类的一分子，所创造了的并不停顿地创造者。过去的审美的情感激发是对这种连续性的体验，并不是对任何超越时间的所谓'一般人'的东西的体验。"②所以斯多葛主义说要了解自然之后才能了解人，从自然的层面才能正视人的生存、正视现实的生活，才能"安然地置身于"这个

---

① 很多作品把这看成人与命运之间的关系。
② 卢卡奇：《审美特性》（上），徐恒醇译，北京：社会科学文献出版社，2015，第346页。

世界。生活就不再只是一堆零碎的杂乱的偶然的碎片，"生活只是作为艰辛和持续努力的代价所赋予的，在一定程度上说就是艺术作品的体验，……对时间空间限制——所谓个性原理——将被削弱，所有人性体验的无限能力——至少在原理上——将被唤起。在这里审美也实现了在生活中发挥作用的趋向"。① 生存美学层面上的生活的艺术化本质就是在对现实生活扬弃的基础上产生了一种审美的生活状态。这种生活状态必定也脱离不了某种伦理取向。美学与伦理本就具有关联，生存本体论意义上的审美更是如此。

　　生存美学"转向自身"的各种伦理主体化实践，因为其"转向个体自身"的基调，加上"自我技术"中针对个体自身的精神训练，很容易让人产生某种错觉：似乎在这种"转向自身"的过程中太过于强调个体自身而忽略了个体存在的方式必定不是原子式的。在福柯的生存美学理论中，"认识自身"与"认识自然"并不是一个非此即彼的选择，"转向自身"是"认识自然"的一种方式，同时"认识自然"也是"认识自身"的必经过程。生存美学要实现人的真正自由，但自由是什么？福柯认为自由就是避免奴役，把自身从一切奴役它的东西中解放出来，而其中最沉重的奴役是权力对自身的奴役，实现自由要摆脱的就是这种建立在奴役基础上的人与自身的关系。福柯非常欣赏斯多葛主义的那种通过对自然的研究来发现自身的存在，在对自然的研究中审查事物的本性，从而发现人自身在世界中的位置的观点。"让自己处于与上帝共呈自然性和共同作用之中（in consortium Dei）……当我们被带出这个世界之外、这个我们置身其中的宇宙之外时（或者，当我们被带出我们所处的这个世界的外物之外时），我们就可以渗透到自然最内在的秘密中：'灵魂把握了自然最内在、最

---

① 卢卡奇：《审美特性》（下），徐恒醇译，北京：社会科学文献出版社，2015，第823页。

秘密的胸脯和肋下'。"① 这不是柏拉图意义上的从现象世界向理念世界的回归，也不是宗教意义上的从此岸世界向彼岸世界的飞跃，而是通过此岸世界中的主体运动达至神的理性。在这一过程中，人与宇宙、与自然同在，在自然和宇宙中感受生命的本真存在，通过分有神②的理性来把握自然的秘密，在自然的秘密中以一种更深邃的视野来观察自身所处的世界。这是一种倒退，是从我们自身所在的倒退。这种倒退不但没有让我们自己和所处的世界溢出视野之外，而且让我们可以站在某种神性高度俯瞰我们所处的世界和在这世界中的自身。所有的财富、快感、荣誉在这一倒退运动中显示了自己真正的向度，我们可以评判我们生活的这个世界，评判我们在世间的生活，评判我们的生存，这不过是无限时空的某个点罢了。这种主体运动在奥勒留那里表现为精神训练，通过自上而下的观看③来了解事物的本质，把这种观看方式放置于我们的生活中和我们自己身上，从而实现主体的自由。

三　对人本身的审美思考：一种历史维度的沉思

在马克思那里，人的生命的自然属性只是前提。他更多强调人的自由的、有意识的活动，这种活动才是人的特性所在。生命的自由性就表现为这种自由的、有意识的活动的展开，因此人才得以"使自己的生命活动本身变成自己的意志和意识的对象……他自己的生活对他是对象。仅仅由于这一点，他的活动才是自由的活动"。④ 因为人的生产活动是人自觉地、有意识地改造自然的活动，在这个过程中实现了人的生产活动和精神活动的统一，因此生产活动才是自由的活动。这种带有精神意义的生产活动满足

---

① 米歇尔·福柯：《主体解释学》，佘碧平译，上海：上海人民出版社，2005，第291页。
② 这里的"神"是指自然。
③ 这种"观看"应该是指塞涅卡论述的"神性高度"。
④ 《马克思恩格斯全集》第42卷，北京：人民出版社，1975，第96页。

的是人的基本生存需要，同时也是能动的创造性活动，人的生命的自由性就是通过这种能动的创造性活动表现出来的。异化劳动把人的自觉的、能动的创造性活动贬低为生存的手段，忽视了生产活动作为人的类本质的自由维度。"这种生产方式不仅应当从它是个人肉体存在的再生产这方面加以考察。它在更大程度上是这些个人的一定的活动方式、表现他们生活的一定形式、他们的一定的生活方式。"① 这就是生产活动的超越意义所在，实现人自身的生产，不是肉体层面的生产，而是精神的超越活动。这种生产是人的自我生成过程。人通过这种自由的、能动的生产活动在对世界、对自然进行改造的同时，还实现了对人自身的改造。在这个基础上，生产活动才成为人的基本存在方式，劳动才被视为人的自我确证、自我发展的生命活动。只有在这个意义上，它才是自由的、满足人的"内在尺度"的、符合人的本质的活动。从这个层面分析，作为人的基本存在方式的生产活动的自由特性和生存审美活动的自由维度显然有许多契合点，所以符合人的本质的活动必定是符合人的生命活动的自由本性的"规律"，是人的自由本质的完整呈现，而不是客观存在的尺度。人的本质的复归是指人按照自身的自由本性来构造自己的生命活动、构造自己的生活，实现生命的自由发展。对人的生存活动的审美则是以人的生命自由作为衡量的尺度。异化劳动之所以是异化，是因为它不仅把劳动作为符合人的本质需要的属性降低为谋生手段，而且把这种满足生命本性的自由活动变成了妨碍人的自由实现、束缚人的全面发展的强制性工具。

马克思所说的自由不是黑格尔意义上的自我设定的观念上的自由，而是从人的现实的、具体的、历史的生命活动出发，在人的现实的生产活动中表现出来的，通过现实的生命活动实现的自由。这种自由是生存层面的，是一种审美的生存状态，由此人的

---

① 《马克思恩格斯全集》第 3 卷，北京：人民出版社，1965，第 24 页。

生存才能成为审美的生存。他把这种审美生存同人的历史存在形态和人的生命活动的表现形式结合起来。人的生存是历史性的，人在生存实践中创造历史、实践并发展自身，整个人类社会的发展和人自身的发展都是人在具体的实践活动中通过不断否定自身的现存而日趋理想的状态，在这个过程中实现的不仅是历史的前行，还包括人的自我实现和自我本质的认证过程。异化劳动就是人的自我异化，对异化劳动的扬弃实现的不仅是劳动的自由自觉的本性和人的自由的"内在尺度"的本质复归，而且还是人的审美生存状态的实现。"因此，它是人向自身、向社会（即人的）人性的人的复归，这种复归是完全的、自觉的而且保存了以往发展的全部财富的。"① 这种人性的复归是从存在论层面对人的审美生存境界的具体描述。在马克思那里，这种审美生存指向的、合乎人的本性的生活是通过"解放政治"来实现一种对现实世界的审美化，在这个过程中完成的不仅是对外部世界的变革，同时也有对人自身的改造。只有这样，人才能真正达到人与自然、人与人的和谐，才能实现审美化的生存。

当福柯把生存美学定义为生存本体论层面的审美活动时，他明确的不只是把审美从认识论层面解放出来，所以他强调生活的艺术化和风格化。可是，如果我们只把生存美学理解为福柯对绝对自由的向往，那么不仅会把生存美学看作某种"无拘束的放肆的自由"而可能对此加以不负责任的批判，而且也会忽视这个理论本身的完整性和影响力以及引发的某些政治变革。或许福柯放荡不羁的生活让人产生了此种误解。但是从他生前就被视为某些少数、边缘人群的精神向导，参加各种运动为他们争取权力，到今天仍有更多的群体以他的思想为武器继续奋战，福柯似乎和一种被称为"生活政治"的政治活动之间有着重要关联，这是20世纪下半叶兴起的一种倾向个体生活世界的政治理论。任何一种

---

① 《马克思恩格斯全集》第42卷，北京：人民出版社，1979年，第120页。

哲学都是当时代的哲学，福柯最后走向了一种旨向个体本身的生存美学，在很大程度上和时代背景有关。当人类进入 20 世纪下半叶，物质的丰富、生产力的发展似乎并未给人带来真正的自由，现代人在看似拥有越来越多的"自由"的同时越发感受到自身的"不自由"，孤独、迷茫、彷徨、恐惧似乎成了世间常态，发达的科技、奢靡的消费也无法填补人内心的空虚。相反，越是追逐外在，内心就越发迷失。"我们生活在这样一个时代，个人认同的找寻及个人命运定向的私人体验本身，都变成是一种主要的颠覆性政治力量。"① 生活政治是建立在个体的自我体验、自我实现、自我认同的基础上的，是一种生活方式的政治，是在反思性的秩序环境中以自我实现为目的的政治活动。在生活政治中，权力是一种生产性的而不是等级性的。"我们应该怎样生活"是生活政治的基本问题。它涉及的是在复杂的现代生活中反思自我、寻求自我确证，同时也是个体如何以一种连贯的方式把过去的经验和对未来生活的设想联结起来，为有限的生活历程提供某种建构一致性的手段。无论是妇女运动还是学生运动，想要表明的不仅是对政治权力机构的反抗，而且是这种表达本身，一种自我生活的展示，用生活方式作为反抗的手段。在现代社会，人们清晰地认识到政治、文化等外在参照系统的权威意识对个体自由的压制。生活的多样性选择成为已然事实，人们更多地把目光放到自身身上，寻求一种相对适合自己的比较圆满的生活，个体的感受和经验开始成为重要的决定力量。"生活政治关注的是生活决定（life decisions）。这是一种如何选择身份及相互关系的政治。"② 在开始拥有更多的选择、面临自我决定的时候，人们开始反思自己，"成为自己"到底是怎么样的？如何定义自身？作为

① Theodore Roszak, Person-Planet: the Creative Disintergration of Industrial Society, Garden City (NY: Anchor Press, London: Gollancz, 1979), xxviii.

② 安东尼·吉登斯：《现代性与自我认同》，赵旭东、方文、王铭铭译，北京：生活·读书·新知三联书店，1998，第 47 页。

幸福的生活究竟是何种状态？这些在传统社会中似乎有着固定答案以至于不需要思考的问题在现代社会却成为个人生活中的头等大事。当人们开始关注自己的现实生活时，目光往往会聚焦于一些传统的政治活动而绝不会关注"细节"：身体、性。还有一些新兴的问题，比如生态。身体观念在现代社会发生了很大变化，以往的"给定的存在"，在现今和自我一样成为一个"互动、占有与再占有以及将反思性的组织过程与系统化的有序的专家知识联结起来的场所。"① 身体开始成为解放的场所，个体对身体的重新掌握和回归使身体不再受社会规则的界定的束缚，真正成为个体自我界定的东西。与之相联系的是对性的解放，这种解放不是一般理解中的性自由层面上的某种带有放纵性质的事情，而是和繁衍、种姓有关。福柯曾经在生命政治中对性的问题进行了详细的论述。性与繁殖的相关性使性活动无法脱离政治领域的干涉，性压抑、性奴役、性歧视不可避免。而在当代社会中，性与繁殖在某种程度上的分离让性活动能够在一定程度上摆脱压迫，这对于女性的解放运动无疑是一大发展。身体、性这些微观领域的解放在传统的政治活动中并未受到重视，似乎只是个体私人生活的组成部分，但福柯揭露了其中隐藏的权力逻辑。在生活政治中，身体和性的抗争成为推动人的解放的政治活动。

生活政治的兴起在某种程度上表明，在现代社会的解放历程中，个体已然成为重要的政治力量，个体对自身现实生活的体验、对政治实践的认同、对理想状态的设想已经直接反映在其政治行动中。但同时问题也凸显出来，对自我的确证成为个体自身的主动选择后，在给自我的塑造带来更高风险的同时，又陷入标准的任意性当中，个体因此很可能会走向一种虚无化，如道德的虚无、价值的虚无等，或者被某些"自由选择"的形式化所俘

---

① 安东尼·吉登斯：《现代性与自我认同》，赵旭东、方文、王铭铭译，北京：生活·读书·新知三联书店，1998，第256页。

虏，比如，艺术大众化、庸俗化后与商业结合，以一种消费主义的方式介入个体的自我确认。这里面蕴含着一种不间断的运动：对生活方式的变革作为个体逃脱社会构建的途径，是个体实现自我建构的条件。这里面含有对权力的反抗，是通往审美生存的前行道路。但当生活方式、自我塑造呈现为多样化的自由选择时，同样面临来自权力的"制造"，那就意味着需要进一步的抵抗，需要践行生存美学。当福柯把权力视为微观的、具有生产性的时候，这种局面的出现是注定的。总之，福柯寄希望于个体通过对自我的自由实践来实现自身的解放，就现实处境和实现解放的条件而言，也许是对当时社会发展富有先见性的思考。生存美学作为对生存本身的审美活动，把审美视为人的一种确立方式，强调生命本身的自由维度，是突破权力的"同质性"压迫的最具有现实性的地方。它不停留在对审美和生命本身的抽象言说层面，而是主张在生活中以生活的审美化和艺术化形成个体独特的生活风格，这涉及现实生活实践中审美活动的展开。拒绝外在权力的"制造"，实现个体生命自身的完整性和自由生成的意图在福柯的生存美学中表露无遗。

当我们把目光聚集在人的现实生活世界时，就会发现生存美学想要实现的那种完整的人在现实生活中的活动是日渐专门化的，而且随着文明的发展，这种专门化的趋势就越加明显。这种专门化的活动一方面形成了人的个性的某一方面，从身体到精神都是如此，另一方面导致的直接后果是其他方面的长期被压抑。虽然存在压抑，但是压抑只是一个层面，因为这种专门化的活动在现代社会表现为劳动分工，所以那种简单得出劳动分工压制人的其他方面发展的结论未免带有某种浪漫主义的批判色彩。因为我们不能把劳动理解为单纯的肉体的物质力量的运用，劳动在某些方面跟艺术一样是发挥人的本质力量的现实的创造性活动，人的这种本质力量是物质力量和精神智力的结合。这种劳动观在马克思那里也可以得到证明。从这个角度来说，劳动分工对人的其他方面的发展存在的压抑只是一个层面，这一点在资本主义社会得到了确切的证明。同时，它也在人身上发展着某种特性和能力，扩大了人的完整性的概念，即便它压抑着人走向一种彻底的完整性。从文明发展的角度来说，它似乎是人类高度发展不可避免的一个阶段。这是现代性悖论的某一方面的呈现，关于现代性悖论有太多类似的阐释：对自由的追寻导致"牢笼"般的现代社会，对理性的追逐造成了另一种非理性。那么，关于劳动分工、文明、人的整体性方面呈现的是哪一方面的悖论呢？克罗普斯托克曾说存在着人的一种根本性的需要，这种需要以日常生活中各种不同的方式产生的对象化活动展现出来，它在某种程度上就是日常生活本身。"只有当生产力的发展及其在生产关系中的实现为人的个性的整体性和完整性提供了最大的可能，并且在主观上表现出对人的发展的明显威胁时，才产生出这种需求意识。……但是显而易见，这种需求早就存在，但却往往没有客观化的表现，就自觉程度而言完全自转向别的目标。这里有它的社会原因，及我们所强调的劳动分工产生的利益突出的各种矛盾。"① 这种需求在克罗普斯托克看来常以对艺术追求的形式表现出来，是人内心深处对自身完整性的审美情感。现实世界造成的分裂越严重，这种需求就越强烈。更奇妙的是，这种对人的自身完整性的分裂是随着文明的发展而扩大，还是随着文明的发展人就更加了解这种分裂？也许二者都有。正如卢卡奇所说，当生产力的发展为人的完整性提供最大可能的时候，在某种程度上对这种完整性实现的威胁也就表现得更加明显，而往往这个时候人们对自身完整性的需求也更加强烈。

面对现实世界的冲突，对人的完整性的需求通常以艺术的形式表达出来，也在更深层面上把审美活动和人的整体性的某种潜

① 卢卡奇：《审美特性》（上），徐恒醇译，北京：社会科学文献出版社，2015，第351页。

在的联系表达出来。艺术在其本质上是人在对自身完整性的追问中对人自身的一种精神性表达。无论是叔本华、海德格尔还是席勒、康德，都认为艺术中包含另一个"世界"。这个"世界"中人的存在方式将以其审美效应引发对现实生活的思考和批判，由此引发的精神力量将对现实的超越活动产生影响。由此就不难理解自现代以来各种现代性批判理论都以艺术为手段。不能把这种现象仅仅理解为以某种虚构的无意义的艺术世界为指向的一种无奈的病弱的反抗，他们想要表达的是某种对人的生存状态的审美态度，在此基础上寄托了对人自身状态的完善的某种期待。这种审美针对的是人的生存本身，指向的是人的更高、更完善的生存状态。这种关于人本身的，对人的整体性的追求在人类文明史上一直都占据着重要的位置，仅仅从生存美学的发展历程来看，福柯的这种生存本体论意义上的审美活动本身就是对人的完整性的追求。他把生存美学追溯到了古希腊罗马时期，无论是基督教时代对生存美学的篡改，还是描绘文艺复兴时期生存美学短暂的局部的复兴，抑或是批判现代人的生存状态，福柯似乎是以生存美学为主线来论述人的生存状态的。他曾说自己只是通过系谱学来回答"我们的历史存在论"，我们是如何成为今天的状态的。所以与其说他以生存美学为主线，不如说他从存在层面对人的生存状态的审美活动就是对"我们自身的历史存在论"的反思。这是人类永恒的主题，在人类文明的发展进程中变得尤为明显。在人类文明的发展进程中，人的存在总是表现为一种社会存在，也在与社会相关联的基础上不断生产出新的东西，这涉及人与人的相互关系、人与自然的关系，还有每个人的内在特性。人是通过对象化活动来完成自己的，在活动过程中形成和累积了各种科学的、宗教的和伦理的知识，同时也存在人自身主观性的一种本质的和非本质事物的分离。由于人的对象化活动，人一开始是通过外部世界来完成这种分离的，反映在一个很重要的方面就是现象和本质的分裂，对这种分裂的认知在科学、宗教、伦理学等对人本身有关现象和本质之间关系的问题中产生对立时，往往"致力于在呈现出的现象中去寻求和发现内在的本质的东西"。① 这种意图后来还达到了一种精神独立性，我们所知道的哲学都是这种意图的产物。不可否认，在这个过程中，人类的认识在不断发展，人的内在特性在不断丰富，同时对这种分裂的思考也一直贯穿在人类文明中。宗教反对现象和本质之间的这种分裂，虽然有人认为宗教之所以反对对二者的区分是因为这是科学知识的认知方式，但不能忽视宗教哲学家们的努力。这种努力产生了重大的影响，以至于有些研究认为在西方文明史上主要的路线争议与其说是超验与经验的争议，不如说是希腊精神的理性主义与犹太精神的精神哲学之间的争议。也许这个说法还没有被广泛接受，而西方哲学也一直存在两个方向的不同思考。它们的思考、争斗、交织贯穿于整个哲学史。除了宗教，审美也被认为是对现象和本质的相关性的表达形式，至于是对现象和本质的相关性的思考产生了审美意识，还是审美意识发现了这种关联，这就是另一个复杂的问题了。整个文明史中一直都蕴含着一种对生存本身、对人本身的审美思考。当文明发展到现代时期，类似生存美学这样的对人生存本身的审美思想的大量涌现绝对不是偶然的现象，也许正如上文所说，当生产力发展到资本主义现代化阶段时，随着对人本身的完整性的压抑越来越明显，某种力量正在酝酿中。

① 卢卡奇：《审美特性》（上），徐恒醇译，北京：社会科学文献出版社，2015，第353页。

第六章　马克思和福柯现代性批判理论的逻辑及异同

马克思和福柯是生活在不同时代的理论家，面临的历史环境决定了二者要解决的理论问题和研究视域上的差异，但即便如此，对现代人的生存状况的反思、对现代性危机的根源的揭示、对实现人的自由解放路径的探索仍然是他们共同的研究主题。虽然福柯长久以来被视为一个后现代主义者，人们津津乐道于他对"解构"、"断裂"和"非连续"的阐释，但从未忽略过他思想中所继承的马克思的"遗产"。在福柯对现代性的批判中，这种"遗产"总是让其理论呈现某种马克思式的判断。但同时，福柯的研究方法和理论呈现方式又表现出浓重的"后现代风格"。这种奇妙的融合让其理论具有奇特的魅力，以至于无论是马克思主义者还是非马克思主义者都会从福柯的现代性批判理论中寻求借鉴。这也为探究马克思和福柯的思想关联增添了诸多困难。为了更深层次地解释马克思和福柯的现代性批判的异同，本章从二者现代性批判的理论特征入手揭示其研究路径、联系和区别。

第一节　马克思现代性批判理论的逻辑

对形而上学的批判几乎是所有现代性批判的逻辑起点，马克思的现代性批判与其他现代性批判相比，最大的区别在于脱离了纯粹的理性批判，通过对现代形而上学得以存在的现实社会基础的探析，将对形而上学的批判转向了一种社会历史批判，建构起历史唯物主义理论。在这一过程中，马克思揭示了资本和形而上学的同构性，认为资本主义生产才是造成现代性危机的根源，指出了一条以消灭形而上学存在的社会基础（资本主义生产方式）来实现人的解放的现实之路，实现了对形而上学批判的革命性变革。

一　马克思现代性批判理论的发展历程

马克思的现代性批判思想有一个演变过程。随着思想的发展，他的现代性批判也呈现不同的发展时期。从马克思的思想发展历程来看，早期他深受黑格尔的影响，认为理性是世界的本质，理性能够通过人们的舆论和精神体现出来，批判束缚理性和自由的封建制度和普鲁士书报检查制度。他这一时期的思想主要集中在他的博士论文和《莱茵报》时期发表的文章中。这时候的马克思把现代制度看成是与封建制度相对立的，坚决反对封建制度的种种不合理性。这个时期的马克思虽然在基本观点上和黑格尔保持一致，但在一些问题上与黑格尔也存在分歧。比如，黑格尔不认为人民知道理性，而马克思则认为理性存在于人民之中；黑格尔认为宗教和哲学都是对理性的把握，国家是理性的表现，而马克思则认为宗教是反理性的，哲学才是理性的。《莱茵报》时期通过对社会生活的广泛接触，马克思发现在书报检查制度和林木盗窃案中本应体现理性的法律原则本质上只是在维护特权。这使他开始关注现实问题，而不是从抽象的、统一的实体理性来说明现实，"对莱茵省议会辩论的批评，迫使马克思着手研究有关物质利益的问题"。① 在这之后，马克思展开了对黑格尔的批判，揭示了市民社会所隐藏的秘密。

马克思对现代性的批判是从对黑格尔的批判开始的。在《黑

_____

① 《马克思恩格斯全集》第 16 卷，北京：人民出版社，1964，第 409 页。

格尔法哲学批判》中，马克思通过对黑格尔的国家观进行批判发现了市民社会和国家分离的状况，认为黑格尔在把国家理解为理性的集中体现的基础上，颠倒了市民社会和国家的关系，导致他即使看到了市民社会的各种特殊利益之间的矛盾，也选择用绝对理性的神秘力量来消解现实的矛盾。马克思指出黑格尔思想中存在一个显著的缺陷：他用抽象的逻辑来代替现实的问题。黑格尔所说的"合乎理性"并不是指现实的人的理性，而是强调抽象的概念的各个环节达到现实性。"国家制度是合乎理性的，只要它的各个环节都能消融在抽象逻辑的环节中。……国家制度的理性是抽象的逻辑，而不是国家的概念。我们得到的不是国家制度的概念，而是概念的制度。"① 马克思把黑格尔的这种观点比喻成主谓颠倒，认为黑格尔用观念的逻辑来消解现实的矛盾。在把被黑格尔颠倒了的国家和市民社会的关系颠倒过来的基础上，马克思指出市民社会决定国家，这让他在摆脱黑格尔理论的同时也将其理论出发点转向现实的社会生活。如果说在《黑格尔法哲学批判》时期马克思虽然已经确立了市民社会的地位，但是并未对市民社会做出具体分析，那么《德法年鉴》时期的马克思进一步深化了"市民社会决定国家"的观点。他不再抽象地把市民社会视为国家的基础，而是明确了现代社会的物质关系，认为工业以至于整个财富领域对政治领域的关系，是现代性的主要问题之一。之后马克思开始从社会物质关系来分析现代国家的局限性，这让他走出了费尔巴哈的人本主义视域，注意到社会生产关系对现代性矛盾的重要作用。在对社会生产关系的分析中，马克思揭示了现代性的矛盾根源和人的异化问题。

从 1844 年开始，马克思对现代性的批判从哲学思辨开始转入政治领域，同时也展开了对旧哲学的清算。在《1844 年经济学哲学手稿》中，马克思以劳动为出发点来解释人的本质，以劳动

---

① 《马克思恩格斯全集》第 1 卷，北京：人民出版社，1956，第 267 页。

实践为基础，从社会属性上来规定人的本质，认为自由自觉的劳动是人的类本质。人类社会的历史归根结底是人的劳动发展的历史。人类对自然的改造不仅实现了自身的生存，而且加深了彼此之间的交往和联系，实现了社会的发展和历史的生成，但是在资本条件下劳动表现为一种异化劳动。在马克思看来，生产资料的资本主义私有制使资本主义社会把劳动从自觉自愿的行为变成了被迫的强制劳动，造成了劳动的异化，导致工人生产得越多就越丧失自身的价值和自由。"通过异化劳动，人不仅生产出他同作为异己的、敌对的力量的生产对象和生产行为的关系，而且还生产出其他人同他的生产和他的产品的关系，以及他同这些人的关系。"① 整个社会也呈现某种异化状态，商品化蔓延到社会生活，出现了货币拜物教现象。在对异化现象的分析中，马克思指出异化和扬弃异化走的是同一条道路，私有制虽然是异化劳动的产物，但也为消灭私有制和实现人类解放准备了条件。但是这个时期的马克思对劳动是人的类本质的判断仍然带有某种抽象的理论预设。在《神圣家族》中，马克思开始明确人不是抽象的人，而是现实的人，是由他的经济状况和工业状况决定的，必须从"粗糙的物质生产"中来理解人。在此基础上，马克思开始清算自己同旧哲学的联系，于是就有了《关于费尔巴哈的提纲》。

从《关于费尔巴哈的提纲》开始，马克思开始立足于科学的实践观，展开对资本主义物质生产过程的剖析。他以资本批判为核心，揭示了现代性的动力、逻辑及其超越现代性的现实路径。在《关于费尔巴哈的提纲》中，马克思批判了启蒙现代性的两大哲学根基：理性主义和抽象人性论。马克思认为它们用大写的理性、大写的人代替了现实的人，"对事物、现实、感性，只是从客体的或者直观的形式去理解，而不是把它们当作感性的人的活

---

① 《马克思恩格斯全集》第 42 卷，北京：人民出版社，1979，第 99 页。

动，当作实践去理解，不是从主观方面去理解"。① 在这基础上，马克思也表明了自己现代性批判的鲜明立场：新唯物主义的立足点则是人类社会或社会的人类。在《德意志意识形态》中，马克思进一步指出了迄今为止的历史观都忽略了历史的物质基础，把历史当成是观念发展的历史。他认为"不管是人们的'内在本性'，或者是人们对这种本性的'意识'，'即'他们的'理性'，向来都是历史的产物"。② 从现实的物质生产入手，马克思通过对生产力和生产关系的矛盾运动揭示了资本主义国家的历史性和内在本质，认为私有制是生产力发展到一定阶段的产物，资本主义国家是阶级矛盾的产物。对于资本主义的局限性和它导致的现代性危机，马克思在《共产党宣言》中进行了详细的阐释。在《共产党宣言》中，马克思描绘了一幅现代性的世俗化场景，资本把一切都世俗化、功利化了，"一切等级制的和停滞的东西都消散了，一切神圣的东西都被亵渎了"。③ 马克思在肯定资本主义现代性带来的生产力发展的同时，也深刻地揭示了现代性的巨大破坏性，从物质生产的矛盾运动论证了资本主义的历史性和超越现代性的现实路径。可以说《共产党宣言》是马克思现代性批判理论的全面成熟，在后来的《资本论》写作中，马克思进一步推进了他对资本主义生产方式的批判，提炼出"资本"概念，以资本为核心范畴揭示了资本主义现代性的逻辑，认为资本主义的现代性就是资本的现代性，资本逻辑决定了现代性的本质逻辑。通过对资本的矛盾运动的分析，马克思揭示出资本内在扩张性及其矛盾。随着资本的扩张，"生产资料的集中和劳动的社会化"将会"达到同它们的资本主义外壳不能相容的地步，这个外壳就要炸毁了"。④

---

① 《马克思恩格斯全集》第 3 卷，北京：人民出版社，1960，第 3 页。
② 《马克思恩格斯全集》第 3 卷，北京：人民出版社，1960，第 567 页。
③ 《马克思恩格斯全集》第 4 卷，北京：人民出版社，1958，第 469 页。
④ 《马克思恩格斯全集》第 23 卷，北京：人民出版社，1972，第 831 页。

二　马克思现代性批判理论的逻辑起点：现实的人

马克思的现代性批判理论是通过对抽象的人进行批判来揭示理性形而上学对人的现实生活的消解。他从现实的人的生产生活出发，把人的存在还原为历史的存在，指出人的本质是一切社会关系的总和。现实的人是马克思现代性批判理论的逻辑起点，正是从现实的人出发，马克思对形而上学的批判并不限于哲学批判，而是通过对社会生产关系和人的存在方式的关系揭示出社会实践对人的生成与发展，从而找到异化的社会根源，为走向一种建立在历史唯物主义基础上的人类解放道路奠定了坚实的基础。

马克思之前的哲学通常是通过确证人之为人的最根本的特性来认识和理解人，这就导致对人的理解往往会陷入抽象化的理解。一些唯物主义哲学家虽然极力想要还原人的现实性，即使他们注意到人的自然性的一面，但仍限于对人的抽象理解，不能形成对人的全面的、总体的认知。爱尔维修虽然发现了人的情感、意志根源于人的某种"肉体感受性"，但只谈论肉体感受性仍然无法呈现现实生活中的人的整体特征。费尔巴哈在恢复了对人的自然主义的理解上确立了他的自然主义人学，但他把人自然化了，把人变成没有本质区别的纯粹生物学意义上的人。只有马克思在真正意义上超越了对人的抽象化、自然主义的理解，他通过对人的现实存在基础——实践——的确立，在对德国古典哲学和资本主义政治经济学的批判中建立起对现实的人的总体性认知。同时，因为对现实的人的强调，他的现代性批判得以深入现实的生产活动，这使马克思全面展开了对资本主义的政治经济学批判。这是一个双向的互动运作过程。

现实的人作为自然存在物具有自发性，作为社会存在物具有自觉性，是自发性和自觉性的统一。马克思认为"现实的人"是在一定历史条件下并通过一定的历史活动生成的，社会历史性才是人的本质基础。通过对人的生命活动特征的把握，马克思非常重视实践在人的生产和发展中的作用。他指出实践是人的能动的对象性的活动，是人类生活的基本内容，人在实践过程中建立起同自然和社会的关系。人的实践活动中最重要的是人的生产实践。"人们在生产中不仅仅同自然界发生关系。他们如果不以一定方式结合起来共同活动和互相交换其活动，便不能进行生产。为了进行生产、人们便发生一定的联系和关系。"① 生产活动的展开过程就是人建立各种社会关系的过程，随着生产活动的发展，人的社会关系也日渐复杂化。由于人的本质在现实性上是一切社会关系的总和，随着社会关系的变化，人也会呈现不同的发展状态。在资本主义条件下，人摆脱了封建主义时代的人身依附关系，拥有了个体的人身独立，但交换关系的普遍化和资本的抽象化统治，导致社会关系以一种异己的方式来支配人。在资本主义生产过程中，人们的劳动变成了异己的活动，造成人与自身的分离。劳动过程和劳动产品、劳动中的社会关系日渐成为不受人支配的异己力量，分工造成了人的片面发展，机器的使用反而使人成为机器的附庸，生产实践的异化导致社会生活和人本身的异化。在这种情况下，生产实践活动作为人本身的活动反而成为一种同人对立的力量。"这种力量驱使着人，而不是人驾驭着这种力量……每个人就有了自己的一定的特殊的活动范围，这个范围是强加于他的，他不能超出这个范围……只要他不想失去生活资料，他就始终应该是这样的人。"② 这种异化的生产导致人的畸形和片面化发展，同时也使人本身的价值从属于物的价值。在社会关系中，这种生产不仅造成了人与人的关系被颠倒为物与物的关系，而且使人与人相异化。工人阶级的劳动对他而言不是自由的实践活动，而是异化劳动。这种活动还生产他的对立面："他也生产出不生产的人对生产和产品的支配。……正象他使他自己的

---

① 《马克思恩格斯全集》第 6 卷，北京：人民出版社，1962，第 486 页。
② 《马克思恩格斯全集》第 3 卷，北京：人民出版社，1960，第 37 页。

活动同自身相异化一样，他也使他人占有非自身的活动。"① 在资本主义阶段，这种异化以资产阶级和无产阶级的阶级对立的形式表现出来。因此，在马克思看来，只有扬弃异化，才能使人的实践活动变成自由的有意识的活动。而异化的扬弃只能通过现实的实践活动，改变造成异化的现实生活中的生产关系才能实现。就这样，从"现实的人"出发，马克思以实践的思维方式来理解人的本质及其自由，实现了对人及其自由的全面理解。在马克思那里，人的自由和解放不是一个哲学观念上的问题，而是一种消灭现存状况的现实运动。它是在继承人类以往的实践活动取得的一切成果的基础上推翻一切旧生产关系的现实运动，是现实的人通过自身的实践活动加以实现的具体运动。通过对实践作为人的现实存在方式的确立，马克思得以把握人的生命活动及其特征，抓住人之为人的根本点，为实现一种以现实的人及其活动为依据的现代性批判理论提供了可能。只有在实践的基础上，"现实的人"才能够摆脱那种被抽象理解为"理性动物"的思维，真正实现与实际生活的人的统一。

三 马克思现代性批判理论的基石：历史唯物主义和资本批判

马克思的现代性批判具有一种批判和建构相统一的总体性的特质，这使他的现代性批判在立足于历史整体发展的基础上兼具辩证的立场。他在对现代性进行批判的同时也肯定了现代性的成就，把对现代性的超越建立在对资本主义内部矛盾的逻辑分析上。历史唯物主义和资本批判使马克思能够在充分且彻底把握现代性特征的基础上描绘人类整体的历史发展，从历史进程中解读现代性的各种情境，将之放置到整个人类历史发展的脉络中，并内在地用一种基于历史规律的逻辑分析现代性的各种特征。

---

① 《马克思恩格斯全集》第 42 卷，北京：人民出版社，1979，第 100 页。

历史唯物主义带有某种总体性的特质。作为一种方法论，它是从社会实践和社会关系为出发点来解读现象的，而社会实践和社会关系在很大程度上是其所处的特定的社会总体生产的一个组成部分。这种解读方式让马克思对现代性的判断得以进入一个更为宏大的视野，也让历史唯物主义根植于现代资本主义情境，从资本主义生产方式的运行中揭示现代性的各种内在矛盾及其根源，进而为思考人类自身的命运和人与社会的关系提供方向。现代性问题是一个总体性的问题。作为现代社会的根本特性，它涉及社会的方方面面：现代性的危机深嵌于现代性的矛盾裂变中，现代性的病症可能出现在任何一个细小的、局部的环节中。如果缺乏一种总体性的视野则难以窥视其全貌。马克思对现代性的批判拥有一种总体性的视野，不局限于某个社会问题、某个单一的社会层面。他认为以资本主义为特征，现代社会制度是一个统摄整个社会的总体性结构。在从总体上把握现代性的矛盾的基础上，马克思把现代性危机的存在根源追溯到资本逻辑的内在矛盾。资本批判是历史唯物主义建构的现实指向，从资本逻辑本身来看，它是一种总体性的逻辑，现代社会的政治、经济和文化都受控于资本逻辑。无论在政治、经济、市场方面，还是在商品、文化等方面，如果从资本和商品生产入手，就会发现现代社会中那些看似局部的、毫不相关的问题其实都可以用资本逻辑来解释。在这个过程中，马克思发现了各种貌似分离的现象和具体问题之间的联系，找到了它们背后共同的社会根源，使他的现代性批判上升到总体性批判的高度。

马克思的历史唯物主义立场让他对资本的批判始终保持一种辩证的态度。他是从历史分析和价值评价两个维度展开对资本的批判的。正因如此，在马克思的批判视野中，资本拥有了二重性。从价值评价层面来看，马克思从现代社会的具体情境入手，批判了资本主义条件下人的异化状态。他认为资本逻辑以同一性消解了现实社会的丰富性，使人陷入对物的依赖。它摧毁了传统的社会伦理价值，导致了社会关系的物化，使人的一切活动都从属于资本逻辑的增殖。它颠倒了人与物的关系，用资本的抽象逻辑取代了人们的现实生活，导致整个社会都陷入资本逻辑的抽象统治中。但是从历史分析层面来看，资本创造出前所未有的生产力，为社会走向共产主义阶段奠定了充分的物质基础。资本的无限扩张在把资本逻辑带到世界各个角落的同时，也建立了世界范围的普遍交往和联系，为实现自由人的联合体提供了基础。但是资本本身也蕴含着内在矛盾。它创造了巨大的生产力，但同时它又是生产力进一步发展的内在障碍，而且随着生产力的发展，这种障碍表现得越来越明显。资本的世界扩张虽然为实现自由人的联合体提供了某种可能性条件，但是在具体生产过程中，它导致了人的片面化发展。资本在无限制地提高生产力的同时，"使主要生产力，即人本身片面化，受到限制"。① 也就是说，马克思的历史唯物主义立场使他对资本主义的分析从资本导致的异化和资本蕴含的解放潜能两个方面展开了辩证的探讨，这使他得以深入资本的内在矛盾中。因此，在马克思的批判中，资本主义呈现了一个充满分裂、矛盾和冲突的有机整体。其内部不仅充斥着张力和矛盾，而且还蕴含着新社会的萌芽，而共产主义正是这种萌芽的可能性未来。在这个意义上，马克思对共产主义的设想决不同于其他哲学的思辨逻辑的抽象理想，而是一种现实的历史的可能存在，是对历史发展客观趋势的合理的构想。它是对资本主义内在矛盾的批判、克服的必然结果。

从马克思现代性批判的发展来看，历史唯物主义的这种总体性视野使马克思的现代性批判从对现代性的社会存在根源中来阐发现代性问题。这使他对现代性的批判没有停留在纯粹的哲学批判层面，而是同时通过对资本的批判揭示了形而上学抽象统治得以产生的社会根基，阐发形而上学抽象统治同资本之间的内在关

---

① 《马克思恩格斯全集》第 30 卷，北京：人民出版社，1995，第 406 页。

联，在建构起他的现代性批判的整体性的基础上找到了通往超越现代性的现实道路，同时也让他的现代性批判带上了一种形而上学批判和资本逻辑批判的双重批判特色。

四　马克思现代性批判的核心线索：对资本和形而上学同构性的揭示

不同于以往的理论批判，马克思没有把理性形而上学视为一种独立的、自足的观念体系，而是从社会存在入手揭示出现实社会和理性形而上学之间的同构关系。他"把这种对理论的自我永恒化的分析，对抽象过程倾向于用自身来代替现实课题的那种内在力量的分析，转移到对我们身处其中的社会文化世界的日常理解的领域"。[①] 马克思对形而上学的批判没有像人本主义、后现代主义那样仅仅停留在从理论上批判形而上学的抽象性，而是揭示其得以存在的社会根基。在此基础上，马克思展开了对资本逻辑的批判，同时也揭示了意识形态的本质。因此，在马克思的现代性批判理论中，对理性形而上学、资本逻辑和意识形态的批判是杂糅在一起的，这也使马克思的现代性批判呈现一种多重批判的特性。理性形而上学是资本逻辑的观念领域，同时也是其最深层次的意识形态；资本逻辑是理性形而上学和意识形态的社会基础和现实根源。三者彼此支撑，共同建构了资本主义时代的内部逻辑。马克思对资本逻辑作为理性形而上学和意识形态的现实根基的揭示，也为其找到超越现代性的方式提供了现实可能。

马克思的现代性批判是一种哲学批判，同时也是一种社会理论批判。他对现代性的批判，是通过对商品、货币、资本、异化、形而上学等一系列因素的内在逻辑的阐释来实现的。在马克思的理论中，人的生存问题既是他理论的逻辑起点，又是他现代

---

① 弗雷德里克·詹姆逊：《语言的牢笼：马克思主义与形式》，钱佼汝、李自修译，南昌：百花洲文艺出版社，1995，第314页。

性批判的核心内容。马克思之所以反对形而上学，原因在于它用抽象的思维遮蔽感性的现实，用观念的逻辑来剪裁、消融现实本身的逻辑。在马克思的论述中，自然界对人来说是人的生成过程。人对人来说作为自然界的存在和自然界对人来说作为人的存在，是可以通过感觉直观的实在性。任何凌驾于自然界和人之上的异己的存在物，本质都是对人和自然界的实在性的否认。也就是说，由于人的实践活动，世界因此成为人的世界，而不是异己的、超验的世界。这不仅意味着人不能超越自身所在的存在境遇去理解这个世界，而且还意味着如果离开了人自身的存在，对世界的认知就难逃片面性和抽象性。形而上学则直接脱离了人的现实存在，在遮蔽人自身与世界的统一性的同时，也遮蔽了人与自身的关系。

马克思认为资本主义时代形而上学的抽象统治的存在根源在于使现代社会陷入抽象化的社会关系，资本逻辑就是这种抽象化的社会关系。马克思是从对形而上学产生的社会根源的探究中展开对资本的批判的。他认为形而上学的抽象统治是资本逻辑的抽象统治的必然结果。在马克思的政治经济学批判中，他描绘出资本逻辑是如何通过自我增殖从生产领域扩展到社会领域，从而成为整个社会的主导逻辑的。因为资本逻辑的主导作用，现代性的其他部分都要为资本增殖提供技术服务、观念支撑和政治保障，这在一定程度上使现代性的其他部分的自我发展受到资本逻辑的干扰。资本也在这一过程中把它的"颠倒性"和抽象性带到了社会生活，造成了人与物的关系的颠倒，使整个社会呈现一种异化的状态。

在马克思看来，异化是资本主义的普遍性质。异化劳动不仅使劳动及其产品成为同工人相对立的、异己的力量，使人同自己的劳动产品和本质活动相分离，而且还颠倒了人与物的关系，把人与人的社会关系颠倒为物与物的关系，造成物的世界的增殖和人的世界的贬值。这种颠倒性的关系在马克思对三大拜物教的批判中展现得淋漓尽致。马克思揭示了拜物教的本质，认为"商品形式在人们面前把人们本身劳动的社会性质反映成产品本身的物的性质，反映成这些物的天然的社会属性，从而把生产者同总劳动的社会关系反映成存在于生产者之外的物与物之间的社会关系"。① 它在本质上是一种价值抽象，目的在于用一种等价交换的自由表征来遮蔽现实的社会关系，是"用物的形式掩盖了私人劳动的社会性质以及私人劳动者的社会关系"。② 这蕴含着资本的同一性控制逻辑。它用一种抽象的等价交换逻辑对所有的事物和社会关系进行了再编码，以一种资本理性取代了事物本身的性质逻辑，把定性的、特殊的社会关系转变为定量的、普遍的关系。这与形而上学的抽象性完全一致，或者说资本的同一性逻辑恰恰是形而上学抽象性的现实运作。

对资本逻辑和形而上学的同构性的揭示让马克思对现代性的批判得以深入到现代性顽疾的病灶里。在马克思看来，现代形而上学和资本逻辑的同构性也是异化逻辑能够蔓延的决定因素，是资本主义统治的重要条件。资本逻辑统治下的抽象的货币形式，"恰好形成资产阶级经济学的各种范畴。对于这个历史上一定的社会生产方式即商品生产的生产关系来说，这些范畴是有社会效力的、因而是客观的思维形式"。③ 在货币关系中，"资产阶级社会的一切内在的对立在表面上看不见了"。④ 这种"幻象"使统治本身被置换为事物之间的关系，遮蔽了现实的生产关系。此外，通过对资本逻辑同形而上学的本质联系的阐释，马克思为彻底颠覆形而上学指明了方向。既然资本是形而上学的社会根基，那么只要推翻其现实根源，形而上学就会被彻底消灭。马克思通过对形而上学现实根源的探究找到了一条彻底颠覆形而上学、消

① 《马克思恩格斯全集》第 23 卷，北京：人民出版社，1972，第 88~89 页。
② 《马克思恩格斯全集》第 23 卷，北京：人民出版社，1972，第 92 页。
③ 《马克思恩格斯全集》第 23 卷，北京：人民出版社，1972，第 93 页。
④ 《马克思恩格斯全集》第 46 卷（上），北京：人民出版社，1979，第 192 页。

除现代性危机的现实之路。

第二节　福柯现代性批判理论的逻辑

　　关于我们自身的历史存在论是福柯现代性批判理论的中心议题，在这个过程中他揭示了主体、知识和权力之间的关系。福柯认为知识和权力的共谋关系在形塑主体的过程中构成了管理和控制的两位一体，形成了一个密不可分的"对子"。我们可以认为知识考古学是研究知识是如何塑造人的，在这个过程中人成为知识的主体和客体，从而产生了人文科学知识。权力系谱学则是讨论人怎样被权力生产、制造出来的，在这个过程中人的身体被规训、行为被规范，被制造成权力所需的"式样"。在福柯看来，今天的主体经验并不仅仅是现代社会的产物，而是更为久远的历史的产物。于是他从现在往前追溯，一直追溯到古希腊时期，发现了一种新的主体模式——生存美学化的伦理主体。至此，福柯的主体理论构成了一条完整的历史脉络，他的现代性批判也因此形成了完整的体系。他不仅从知识和权力的角度批判人的被生产、被制造的现状，而且还从系谱学出发，揭示了现代性危机的根源：知识主体对伦理主体的取代。最后也由此提出了超越现代性的可能路径：伦理主体的回归。

一　福柯现代性批判理论的发展历程

　　福柯对现代性的批判主要有两个阶段：对知识的考古学分析和对权力的系谱学解读。而且他的现代性批判始终围绕一个问题：考察现代人是如何被塑造成主体的。在最初的批判中，福柯直指启蒙理性，认为启蒙理性用大写的理性、大写的主体遮蔽了现实的人。但是在具体的批判过程中，福柯并未直接陈述理性的霸权，而是从理性的"他者"——疯癫——入手，对理性秩序的建构进行了分析。福柯把他对疯癫史的研究称为"沉默的考古学"，他所说的考古学不是指历史学的那种时间性的研究，而是指一种更深层次的研究，探究历史上的深层知识结构，而且这种探究必须建立在对某一时期的所有档案的获取上。在《疯癫与文明》中，福柯引用了大量的档案文献，认为疯癫不是一种自然疾病，而是知识和文化的构建。在西方文化中，理性和疯癫一直保持着某种程度的联系，这种联系在 18 世纪末被彻底斩断了，这个进程与理性秩序的整体性建构是同步的。在这个时期，西方文明建立起理性至上的文化秩序，疯癫成为被现代性医学和现代社会分离出来的"他者"。福柯认为理性排斥疯癫的过程是与整个社会秩序结构联系在一起的。因此，疯癫史是"一项关于俘获疯癫并使其万劫不复的历史整体——观念、制度、治安和司法制度、科学概念——的机构研究"。①

在随后的《词与物》和《知识考古学》的研究中，福柯进一步发展了他的考古学研究，探究客观性面纱下知识参与权力秩序建构的现实。在《词与物》中，福柯指出"人"是一种历史性的知识概念，是现代人文科学的知识建构的结果。从历史性的知识建构对人的认识的制约作用出发，福柯认为知识的"科学性"和"真理性"实质上是一种结构性认知，决定于当时的"认知型"。而现代意义上的"人"则是现代人文科学的知识塑造。人文科学意义上的人是从生物学、语言学、经济学层面上的"人"，这种"人"受制于生命、语言、生产的规律。对"人"的理解只能通过上述学科的论述来理解，也就是说，要想知道"人"的真相，只能通过他们的语言、生物机体和参照的产物来了解。"对于人类知识来说，人既不是最古老的问题也不是最常见的问题。……人是其中一个较近的发明。知识在黑夜中很长时间并不是围绕着

---

① 详见《疯癫与非理智——古典时期的疯癫史》的法文版前言，转引自刘北成编著《福柯思想肖像》，北京：北京师范大学出版社，1995，第 69 页。

他及其秘密徘徊。……（人的出现）是基本知识格局的一次变化的结果。……人是一个近期发明。而且他或许正在接近其终结。如果说（以前）那些（知识）格局既然会出现也会必然会消失。"① 福柯认为，随着现代人文科学的消失，"人"也将被抹去。他的这个论断否定了启蒙以来现代文明从人本主义出发对人的主体性的设定。

《词与物》出版之后，福柯开始进一步思考知识背后的某些"影响因素"。福柯越来越多地思考话语问题："我感兴趣的是话语形式，不是造成一系列言语的语言结构。……我们生活的这个世界完全是被话语所标示、与话语相交织。话语是被说出的言语，是关于被说出的事物的话语、关于确认、质疑的话语、关于已经发生的话语的话语。"② 这些对话语的思考集中体现在《知识考古学》中。福柯在书中认为话语实践受制于一种"匿名的历史规则"。这些规则在一定时空中通常是确定的，而且对于一定的社会、经济、地理和语言环境来说，这些规则是陈述功能得以运行的基本条件。但是福柯对这些规则并没有进行详细论述，虽然他在考古学中对话语构成与制度习俗、政治、经济活动等非话语领域的关系进行了揭示，但是对非话语关系的研究在考古学中论述不多，而且对二者关系的忽视也让他所说的这些规则在某种程度上被认为是独立于外部事物的"真空"的语言内部的游戏。但是福柯很快意识到这一点，他开始转向系谱学研究，并且在系谱学研究中，他把权力放置进来。

福柯的系谱学不关注事件和历史的连续性，认为事件是力量关系的冲撞，关心的是"最贴近的事物，如肉体、神经系统、消化和精力"，认为"知识不是为了理解而是为了区分而被制造

---

① 刘北成编著《福柯思想肖像》，北京：北京师范大学出版社，1995，第135页。
② Michel Foucault, *Death and the Labyrinth*, trans. by Charles Ruas（New York：Continuum, 2004），p.177.

出来"。① 福柯认为西方文化危机的根源在于回避差异。西方文化用一种人类中心主义来思考问题，对差异的排斥不仅导致其把现实的人简化为现代人的形象，而且也使其思想局限于对同一性的探索。不但话语是一种实践，而且知识也不是纯粹的理论建构，而是各种历史条件耦合的产物，与权力和意识形态相关。在 1972年《理论与刑罚制度》的演讲中，福柯明确提出了"知识－权力"观，认为二者的关系如同利益和意识形态的关系，否认知识或真理的"客观性"的存在。在此，权力正式进入福柯的研究视野，虽然早在对疯癫的研究中就涉及权力因素，但福柯一直没有明确提出。从《规训与惩罚》开始，福柯从权力视角对规训技术展开了深入的分析。在福柯看来，权力关系是由身体、知识和权力构成的三角关系，身体既是权力的对象也是知识的对象，在知识和权力的运作下身体被规训成温顺的、具有生产性的身体。通过对知识－权力规训技术的分析，福柯揭示了现代性的"合理性"实质是工具理性的扩张。在后期对生命政治的分析中，福柯又从性知识生产的权力维度揭示了知识在现代治理术中的重要作用。

面对知识－权力对现代人的控制，福柯并不反对进行权力抵抗，只是他否认存在一个权力中心，所以难以找到具体的策略。但是后来福柯还是找到了解放方案。因为反对抽象地谈论权力问题，福柯在对权力进行系谱学研究时认为，17 世纪涌现出的众多权力机制一定有其源头，后来他溯源到基督教时代的牧领权力，接着又往前追溯到古希腊时期。在这个过程中，福柯发现了权力关系的变化。福柯认为，他在《知识考古学》中提到的关于众多人的科学在文艺复兴后的两个多世纪里才逐渐完成，在权力系谱学的研究中提到的众多权力机制（学校、工厂、医院、监狱等）是现代社会的配置，所以古希腊时代的主体建构模式是一种完全

① Foucault, *Language*, *Counter-Memory*, *Practice*：*Selected Essays and Interviews*, edited by D. F. Bouchard Ithaca（Cornell Universiy Press），1977，p. 154.

不同于知识－权力模式的道德主体。这种模式的基础是自我技术，没有太多外来权力的干涉，使自我技术表现为"个体能够通过自己的力量，或者他人的帮助，进行一系列对他们自身的身体及灵魂、思想、行为、存在方式的操控，以此达成自我的转变，以求得某种幸福、纯洁、智慧、完美或不朽的状态"。① 所以这种形态的自我技术主要涉及的是主体自我的管理，不受外在权力的强制性干涉，虽说城邦也有自己的法律，但是这种以"关怀自我"为核心的自我技术本身就是城邦精神的体现。在这个层面上，"自我技术"表现为一种主体实现自身的自由实践，是一种生存美学。于是，福柯就把这种生存美学视为从现代权力关系网络中逃脱出来的解放方案，认为这种以主体化方式生成的伦理主体能够摆脱知识和权力的塑造，用一种"自我技术"来抵抗知识和权力的支配技术。

从福柯现代性批判理论的发展历程来看，他一直关注现代人的主体化方式。从对疯癫和理性关系的历史考察中，福柯揭示了理性秩序建构过程中对非理性的排斥和压抑，认为疯癫是一种文化构建。他开始意识到现代人主体化过程中存在某些社会因素。后来通过知识考古学对知识的建构规则和系谱学对知识和权力关系的研究，福柯描绘出现代人被知识和权力关系塑造成主体的历史事实。对知识和权力的共谋关系的探究是福柯现代性批判理论的中心线索和逻辑路径。

二 福柯现代性批判理论的逻辑起点：主体问题

对人的生存的思考始终蕴含在福柯的现代性批判理论中。在福柯的思想中，这种思考以对主体问题的追问的形式体现出来。主体到底有多少种模式？主体是如何形成的？在对主体的追问

---

① 米歇尔·福柯：《自我技术》，汪民安编，北京：北京大学出版社，2016，第54页。

中，福柯揭示了现代人是如何被塑造成形的，并在此基础上揭露了知识和权力对人的建构。主体不仅是福柯思想的重要议题，而且是福柯的现代性批判理论的逻辑起点。

主体是一个复杂的概念，作为一个与人相关的范畴，在现代哲学范围内常被认为是对人的本质的抽象。因此，主体问题必然牵涉到人。但在福柯的理论中，"主体这个词有两种意义：控制和依赖使之隶属于他人；良知或自我认识使之束缚于自身的个性。两种意义都表明了一种使之隶属、从属的权力形式"。① 福柯是从权力关系层面来分析主体问题的，对主体问题的探讨集中在对"如何塑造主体"的思考上。无论是早期对知识和权力是如何塑造主体的分析，还是晚年对古希腊的生存美学的个体具有自我生存风格的伦理主体的养成，都是福柯围绕"我们是如何成为现在的样子"进行的主体系谱学的研究。如果说他对疯癫和惩罚的系谱学研究，以及对现代自由主义作为一种治理术对个体生命权力的研究是从知识和权力运作的层面揭示现代人是如何被塑造成社会所需要的主体的话，那么他的生存美学就是从个体层面的自我治理术出发讲述如何建构一种个体与自身相统一的伦理主体。由社会层面的治理术到个体层面的自我治理，福柯在对主体的思考中不仅回答了在主体塑造过程中，社会机制是如何运作的，在这个运作过程中知识和权力是如何联系起来的，还回应了这种主体塑造如何造成了现代人的生存处境，对我们的身体、行为的规则、生存的方式产生了怎样的影响。

如果说《词与物》是探究知识是如何塑造人的，那么《规训与权力》则是从权力的角度分析人是如何被生产的，《疯癫与文明》则是把权力是如何制造出关于疯癫的知识，这种知识又如何正当化对疯癫的禁闭和管制的运作过程描述出来。在《疯癫与文

---

① 德赖弗斯、P. 拉比诺：《超越结构主义与解释学》，张建超、张静译，北京：光明日报出版社，1992，第 276 页。

明》中，福柯虽然提到了知识和权力在主体塑造过程中的联合运作，但并未深入分析二者之间的关联。在《词与物》中，他通过对知识史的考察指出现代"认知型"开始把人视为知识的对象，生物学、语言学和政治经济学形成的人文科学界定了"人"的形象，人开始被知识所捕获。在获得一种关于人的新观念的同时，权力的运作也开启了新篇章。福柯认为现代社会的权力运作采取的不是压制，而是矫正和改造。在福柯这里，一种新的权力模式出现了，权力不再只呈现统治和压抑的形式，而是产出、矫正和改造，它在制造主体。在福柯看来，现代的主体塑造不仅受到传统的政治和法律的干涉，个体被塑造成法律主体，而且受制于社会生活中各类遍布在细微处的权力。现代人不仅被传统的政治制度形塑，而且他们还被各种微观权力铸造。与国家政治制度相比，福柯更加关注各种具体的充斥着权力的社会机制。在他对权力如何塑造主体的解析中，我们看到的大多是规训和治理，是遍布在社会中的不间断的权力矫正。在这个新的权力解读方式的基础上，福柯对现代性的批判得以深入到细微之处。

福柯的生存美学不仅是他的权力抵抗策略，而且也是一种不同于知识和权力塑造的伦理主体模式。在对现代性的批判中，福柯一直强调权力对现代人的规训，甚至认为权力充斥在整个社会中。当他超出传统权力观，把权力推向微观领域，再把真理理解为权力游戏的时候，无处不在的权力使与知识相关的真理似乎也只能是某种权力技术，人与人之间的关系都有可能被视为权力的斗争。这种权力的泛化使任何抵抗的方案都可能导致另一种权力的压迫。在这个时候，福柯开始追溯权力的历史发展，认为现代的权力模式必有其历史源头。在把权力追溯到基督教的时候，福柯发现基督教的苦修是从古希腊时期的道德实践发展而来的。在古希腊时期，他发现了生存美学——一种完全不同于现代的、由权力和知识塑造的主体形式，这是完全的个体自我塑造的伦理主体。福柯发现在古代并没有"道德是作为规范法则来服从的"，虽然存在某种集体性的准则，但个体自我的自由塑造才是常态。福柯在《主体解释学》中介绍了古希腊的这种基于生存美学的伦理主体的建构方式，认为生存美学的伦理主体生成不是为了达成一种理性的生活，而是为了达至与自身的最好的关系。"人是靠作为生存的根本规划的本体论支柱生活的，这种本体论的支柱必须证实、奠定和支配一切生存技术：与自身的关系。"[①] 生存美学的各种自由实践就是通过对主体的塑造把自身确立为生存的目的，在回归自身的意义上以自身为目标。因此，他把生存美学视为一种有效的权力抵抗方案。在这个意义上，我们认为福柯的解放思想可以被看作从知识－权力主体向伦理主体的回归。

三　福柯现代性批判理论的基石：知识考古学和权力系谱学

在福柯的现代性批判理论中，知识考古学和权力系谱学决定了福柯对知识和权力的解读，同时也为其揭示知识和权力的内在关联提供了方法。通过知识考古学和权力系谱学，福柯完整地描绘出知识和权力在现代社会的主体建构过程中发挥的作用，同时也让他超越传统意义上的知识观和权力观，使其对现代性的批判得以全面和深化。

考古学（Archaeology）在一般意义上常被认为是一个历史概念。但在福柯那里，考古学被赋予了特殊的含义。福柯通常把它与知识联系在一起。知识考古学最初可以理解为对知识的考古学，但在形成特性后拥有了一种独特的方法论意义。用福柯的话说，考古学就是对思想史的摒弃，对它的假定和程序的系统拒斥。福柯非常反感那种认为思想史是根植于连续性、因果性和目的性的观念，认为这是近代理性主义导致的思想误区，这种对思

---

① 米歇尔·福柯：《主体解释学》，佘碧平译，上海：上海人民出版社，2005，第466页。

想史的观念本身在一定意义上是同质性的表现。按照福柯的理解，所谓的普遍的历史常常试图建构某一文明的整体形态。它假设在一定时空范围内的全部事件之间可以建立起某种同质的关系，以说明各部分、各事件之间的内在联系。福柯认为要反思这种假设。他开始关注非连续性，认为历史、主体、世界都是非连续性的。福柯所说的非连续性强调断裂，但是他所说的断裂不是指突然的迸发或彻底的否定，而是在既有的运作原则上出现的断裂。这种断裂往往导致对事物的认识和理解与以往不同。福柯认为秩序和连续性可能并不存在，但身处现有的观念体系和解释框架中的人一般是不会怀疑和意识到这一点的。在这个意义上，福柯的考古学对非连续性和断裂的解读不是针对历史，而是针对现在。在《知识考古学》中，他通过对知识的考察得出了"认知型"这一概念。"认知型"并不是知识的某种形式，而是影响、支配各个时代的话语和学科的形成规则，是决定各个时代的知识系统的特定的配置。它规定着每个时代的知识的可能性条件。需要注意的是，福柯的"认知型"并不是康德的"逻辑先天性"，而是随着历史的发展而发生变化。他对不同时代的认知型的分析是要揭示知识形式在发展过程中的"非连续性"。在揭示断裂和非连续性的基础上，他进一步指出某个时代的某种认知只有符合该时代的"认知型"才能获得意义。某类知识能够被认为是"真理"，不在于其认识正确与否，而在于其是否符合该时代的"认知型"。福柯通过知识考古学告诉我们，如果将话语的真理和意义悬置起来，那么在我们这个时代看来是不可理解的事物未必没有自身系统的秩序，而被我们视为有意义的真理性的东西可能未必是一种纯粹的、自然的、客观的知识体系。

福柯的知识考古学虽然给人们带来了巨大的冲击，但是也招来了不小的争议，对于"认知型"的过分强调容易让人产生"话语的无意识自主"之类的印象。后来福柯走向了系谱学，开始探究知识规则背后的物质性因素。对于考古学和系谱学的关系，福柯曾说："我所谓的考古学是一种为我的分析所准备的方法论的框架。我所谓的系谱学既是分析那些作为事件的话语的理由也是目标，我所试图显示的是那些论述事件如何以一种特定的方式规定了构成我们现在的东西，规定了构成我们自己（包括我们的知识，我们的实践，我们的理性类型，我们与我们自己、与他人的关系）。"① 系谱学是对现代人何以成为自身的条件分析。如果说考古学是针对话语进行考察的，那么系谱学则是将话语和权力联系起来，分析话语背后的物质条件。福柯的系谱学一开始就否定了所谓的本质的存在，而那种永恒真理的存在更是系谱学所拒斥的。他认为对事物的解释理所当然存在多样化的解释，那种所谓的"唯一正确的真理性的解释"只是某些思想家的杜撰。那种执着于寻找绝对真理的哲学在福柯看来完全是没有依据的。在把权力和系谱学联系起来的基础上，福柯开始探究话语与非话语的社会实践之间的关系，从而揭示知识在现代的巨大力量。福柯最初引进系谱学是为了修正考古学，但最后他的权力系谱学通过对监狱、规训社会、性经验的社会控制分析走向了一种微观政治分析。福柯不仅关注现代的各种权力形式，而且还追溯其历史源头。他提到我们现代社会中的种种纪律制度，现代社会中的一切配置都离不开这种纪律组织，无论是国家行政机构还是各种企业、工厂或学校。福柯指出，这种纪律是从 19 世纪的工厂纪律蔓延开来的，或者更早可以追溯到 17 世纪的禁闭制度。如果说17 世纪的禁闭制度是为了惩戒违反秩序和理性道德的人，以纪律的形式组织其劳动以克服懒惰，19 世纪的工厂纪律是为了最大可能地发挥个体的劳动效能，那么，今天的这种蔓延整个社会领域的甚至已经成为个人自觉行动的纪律秩序实现的则是一个整齐有序、界限分明的制度化的规范社会。身处这之中的现代人并未觉得怪异，而福柯却从权力系谱学中把这种权力技术是如何一步步

---

① 王治河：《福柯》，长沙：湖南教育出版社，1999，第 72 页。

深化、一步步掩藏其不自然的程序、一步步赋予其合理外观的、一步步深入个体意识的过程描述了出来。在这个过程中，他揭示了知识和权力的共谋关系，这也是他现代性批判理论的重要内容。

四 福柯现代性批判理论的核心线索：对知识和权力共谋关系的揭示

知识在现代社会被认为是对真理的探索活动，而福柯则认为认识活动不仅仅是为了达到客观事物的真理而进行的纯粹的认识活动，知识的形构过程更是一种区分和限定的过程，所以知识在一定程度上不仅是统治者的权力运作的结果，而且为这种权力的运作提供服务。福柯通过对知识生产过程的分析揭示了知识是如何参与权力运作，为统治关系制定规则、标准和规范的活动过程。福柯认为，知识在提供有关事物的一般性认识和评价标准的同时也直接参与社会分化过程，决定社会规范体系的基本评判标准和运作规则。知识对客观对象的界定过程，"实际上具有双重社会功能：一方面为所谓的正确或善的活动制订判断标准，另一方面又为各种排除和否定性的行为进行正当化论证。自文艺复兴和启蒙运动之后，由于西方社会的理性化和法制化过程，知识更加成为社会区分和社会统治的正当论证基础，也成为各种社会排除和社会分割的依据"。① 现代知识一直是资本主义社会实现正当化和合理化的重要依据。知识的这种社会功能不仅取决于知识内部的论述语言结构及其逻辑，而且取决于他与论述的社会力量的结合状况，取决于它在近代获得的唯一通往客观真理之路的合法性地位，即知识是蕴含着权力维度的。它是权力的产物，是各种社会力量较量的结果，同时知识的传播也直接影响到各种社会力量的对比情况。这是一个双向的运作过程，在福柯对疯癫、性倒

————————

① 高宣扬：《后现代论》，北京：中国人民大学出版社，2016，第290页。

错等权力系谱学分析中，我们总能发现知识在权力的支持下以正当化的外观完成对社会的区隔化活动，同时也经由对社会的区隔化活动实现自身的合法化。

福柯认为，在现代社会的主体化过程中，知识对建构符合社会标准的主体起着关键性作用，现代意义上的主体在本质上是知识主体。知识主体本身就蕴含着权力因素。在福柯的知识考古学研究中，近代以来的两次"认知型"的转变（第一次是在 16 世纪末 17 世纪初，第二次是在 19 世纪）都与资本主义社会对建构符合社会规范的"主体"的需要有关。这种对符合社会标准的主体塑造活动在传统社会中也是存在的。相较于以往的社会制度，资本主义制度最具欺骗性的地方在于，自近现代以来，知识被赋予真理和理性的外观，这就在某种程度上遮蔽了知识论述结构中的权力因素。因此，福柯就直接把现代社会的真理说成是具有政治经济学特点，认为它始终从属于政治和经济学要求。"真理是在少量巨大的政治和经济机器（大学、军队、书写和媒体等）的控制和统治之下被生产和传播的。……是整个政治论证和社会对抗的争论焦点。"①

在此基础上，福柯揭示了知识和权力之间的共谋关系，认为知识本身就是权力，权力产生知识，二者相互蕴含。对于认识活动而言，发现真理并不是首要任务，甚至真理也可能是权力构造的产物。在现代知识话语结构中，人类的各种经验都被置于各类知识系统的框架内进行严密分析，以便管理和控制。各种话语、知识、技术、社会机制对人的管控到了这样的地步，以至于个人的身体和灵魂都成为理性主义的载体。这里的灵魂在福柯看来就是个人的意识，由于知识蕴含的权力效应和各种"理性主义"框架内的道德灌输，人如果有灵魂的话，那也变成了这种"被限定"的"框架内"的知识的载体，实质上就是权力的载体。

---

① 高宣扬：《后现代论》，北京：中国人民大学出版社，2016，第 306 页。

关于这一点，福柯用"人的诞生"对现代人被知识和权力建构的过程进行了详细分析。众所周知，福柯在《词与物》中的论断是"人死了"，很多人把他的这个论断和尼采的"上帝死了"相提并论，甚至有人认为"人死了"的提出表现了福柯对"现代人"的生存状态的一种深刻的、近乎悲壮的反思。其实，"人死了"这个论断还有前半部分，那就是"人的诞生"。福柯是从知识的角度来提出人的诞生和死亡的，他揭示的是"人"的真相。"人是一个现代的发明。"人在福柯看来只是19世纪人文科学探讨的东西，在这之前"人"并不存在。当然，他所说的"人"并不是我们在生活中看到的现实世界的人，而是指19世纪人文科学所创造的人的形象，当时的人文科学把人视为言说、工作、生物的主体，一种总体、抽象意义上的人。也就是说，从19世纪开始人成为知识的对象，如果仅此而已，那么福柯对人的分析也许还只是停留在学理层面上，但福柯远远不止如此。"人的诞生"在最根本的层面上意味着对人的统治的"科学化"、专业化。在《安全、领土与人口》中，福柯明确指出19世纪科学研究的人实质是人口概念上的人，但是从人口意义上来了解人就说明人不仅成为知识的对象，而且还成为权力的关联物。在人口意义上，这种权力的关联是直截了当的。君主时代不存在现代意义上的人，存在的只是法律主体而已，只有到了不再面对君主权力的国家治理时期，人口才出现。所以福柯才说，人不是什么别的东西，它就是人口形象。"人对于人口的关系如同法律主体对于君主的关系。"① 人口是一个整体上的概念。人作为人口的形象还意味着人从整体上接受政治权力的塑造，不是传统意义上的法律统治，而是知识和权力结合下的新的治理艺术，个体的区别已不再重要，作为人口整体的种族的繁衍、优化、净化才是关键，人就如同流

---

① 米歇尔·福柯：《安全、领土与人口》，钱翰、陈晓径译，上海：上海人民出版社，2010，第9页。

水线上按模具生产出来的一个个产品那样被生产了出来。在政治权力的引导下，已存的知识开始向人口领域转变，"自然史学家转变成生物学家，语言学家转变成语文学家，而财政学家则转变成经济学家"。① 关于人口的知识不断地被生产出来。它们在解释人口及其现象的同时又不断地勾画出新的对象，使人口作为权力的关联物在被建构起来之后还可以自我构建和自我维持。这种知识论述中的人不是生活在现实生活中的人，而是生物学、语言学、经济学意义上的按照它们的规则生活的、言说的、创造财富的人。在这种知识权力系统的支撑下，人成了被生产出来的东西，以"安全"为导向的系统运行会把"危险"的差异品排斥在这个系统之外，利用建立的各种支撑的知识理论对不合格的"产品"进行改造、对单品整体进行塑造。个体的差异和特殊性在统计学下都可以被视为偏差忽略掉，整个社会就像一台永不停止的大机器一样不断地运行，权力和知识是设置的程序，而现代人则是产品。

第三节　马克思和福柯现代性批判理论的联系

从整个现代性批判理论的发展来看，马克思和福柯都在很大程度上影响了后来的现代性批判理论的发展方向。如果说马克思是通过对现代性及其得以存在的现实根源的关系解析使他对现代性的批判走出了思辨哲学的抽象批判，走向了社会批判领域，从而实现了批判方式的革新，那么，福柯则从微观权力入手现代性批判，使之后对现代性视域下的权力问题的分析都绕不开福柯的权力理论。就二者的现代性批判理论而言，虽然在具体的批判路径和对现代性症结的诊断上存在差异，但马克思和福柯都立足现

---

① 米歇尔·福柯：《安全、领土与人口》，钱翰、陈晓径译，上海：上海人民出版社，2010，第64页。

代社会的历史进程描绘现代人被压抑、被剥削的异化状态，他们放弃了纯粹的思辨哲学批判，从当时代人的现实境遇出发揭示了权力制度对人的"制造"和压迫。

一 反思辨哲学的社会批判视角和历史分析方法

从马克思和福柯现代性批判理论的逻辑起点来看，二者都具有实践立场。马克思的现代性批判理论致力于"现实的人"的回归。在此基础上，他极力反对形而上学的抽象性，反对用观念逻辑来剪裁现实生活。从一开始确立市民社会的地位到最后关注资本主义的生产过程，马克思在不断地推进他对现代性的批判的同时，更深刻地揭示了人的本质关系。福柯也是如此。他对现代社会把人塑造成主体的社会实践的探索是他的现代性批判的逻辑起点，也是在这个过程中他揭示了知识和权力的共谋关系以及这种关系对现代人的生产。在对现代人的生存状况的分析中，二者都找到了现代性症结的根源。

马克思和福柯对现代性的批判都没有停留在形而上学的思辨层面，而是从社会现实出发，研究具体现象。马克思对形而上学的抽象性的批判从一开始就是同现实生活联系在一起的。在对黑格尔法哲学的批评中，马克思从批判形而上学用观念剪裁现实入手，论证市民社会和国家的关系，把被黑格尔颠倒了的市民社会和国家的关系重新"颠倒"了过来。在这个过程中，马克思明确了对法的关系和国家形式的研究不能从它们本身和概念的发展去理解，而是要从它们所根源的物质生活关系入手，从市民社会中去寻找。从《神圣家族》中的对"粗糙物质生产"的重视到《德意志意识形态》中生产力与生产关系关系问题的阐释，马克思一步步揭示了物质生产方式在社会生活中的决定性地位和作用。在此基础上，他指出在资本主义生产方式占统治地位的现代社会，任何解放都只是形式上的解放，不是真正意义上的"人类解放"。对现代形而上学的批判必须要揭示其存在的现实根源，描绘资本运行规则在政治、文化等领域中的统治形式。马克思的资本批判揭示了那些诸如流动性、抽象性、虚无主义之类的被思辨哲学家视为现代性特征的东西都只是资本逻辑在经济、政治、文化和日常生活中的运作导致的，资本是这些现代性特征的历史唯物主义基础，是导致现代性问题的根本动因。因此，对资本的批判就成了对现代性的社会存在基础的批判。这种历史唯物主义立场让马克思的现代性批判跳出了纯粹的思辨批判，走向了社会领域，同时也获得了一种辩证的思维，在指出资本统治的抽象性及其历史进步性的同时也揭示了其历史限度。在马克思看来，由于以抽象劳动为基础的交换价值把不同形式的存在变成了可通约性的同一性存在，商品和货币拜物教化了，各种价值、社会关系都可以被抽象为具体的可计量的货币。这种人类存在的抽象化随着资本的扩张成为普遍现象。资本逻辑也因此成为现代社会建制的基础，现代性危机就根源于资本的结构性危机中。就这样，马克思对资本的批判深入现代性的内部原则中，为他的现代性批判找到了现实的社会根源，同时也由于对资本的内在矛盾的分析使其揭示了资本的历史必然性和历史限度，为他的人类解放理论指明了方向。

　　福柯也反对做无谓的形而上学的抽象思辨。他对马克思的历史分析方法极为推崇，认为对马克思思想的"学术化"解释将会造成对马克思的误解。[①]福柯的现代性批判理论始终带有一种历史分析方法，从早期的知识考古学到后来的权力系谱学，福柯一直在寻找一种发生维度历史分析。因此，虽然同样是反对启蒙理性，相比其他的思想家对理性的批判，福柯不仅具有一种现实的社会批判的视角，而且还兼有具体的历史分析方法。他对理性的批判是从现代关于疯癫的知识的形成出发揭示理性统治秩序的历

　　①　米歇尔·福柯：《权力的眼睛——福柯访谈录》，严锋译，上海：上海人民出版社，1997，第212页。

史建构的，对知识的历史建构性和权力维度的揭示是从临床医学、精神病学、性等具体领域知识的历史变化入手来分析的，对权力技术的规训情况的分析是将目光聚集到具体的身体领域进行论述的。福柯从一些具体现象的历史发展为切入点，从中挖掘出资本主义发展历程中政治权力对现代人的自由的剥夺和掌控。他对现代社会中一些不被人关注的微观领域的系谱学进行考察，从它们发展过程的"断裂"中寻找到权力加以干涉的印记，以论证现代人认为的某些理所当然的、自然的"客观准则"和概念认知的历史构建性和虚假性。虽然福柯所关注的历史事件在一些人看来并非是社会历史发展中的重大政治事件，而是无关历史重大发展进程的小事，甚至是比较冷门的"怪事"，但他总能从中展示出某种一体化进程或权力对人们的社会认知和知识史的塑造。由于这种微观的历史分析，他把资本主义时代权力是如何"制造"出知识的客观真理维度，又是如何以这种"客观"的真理"生产"、规训出符合统治秩序的现代人的进程剖析得淋漓尽致。同时，他也深刻地描绘出资本主义时代的各种权力规训技术的蔓延和日渐隐蔽化。通过这种方式，福柯对启蒙运动以来西方社会主流的政治、文化和价值观进行了批判，分析其所谓的自由、理性背后蕴藏的非理性和对人的自由的奴役，揭露其扼制个体自我创造和自由发展的种种方式。在此基础上，福柯把对现代人的异化状况的分析推向了更为微观的层面。

二 对现代社会的异化现象的深度剖析

异化现象是现代性批判的重要议题。马克思和福柯对现代社会的异化现象都进行了深入的分析。从他们对现代性的批判来看，马克思主要通过对异化劳动和资本逻辑的分析对现代社会的异化现象进行了全面批判，揭示出现代性在经济、政治等宏观层面的异化。而福柯则是从权力的角度揭示出现代性在微观政治层面的异化，强调规训权力对人的自由的奴役，对现代人被"生产"的过程进行了详细的分析。

在马克思的现代性批判理论中，实践概念是一个基本范畴。在把实践理解为人的对象性关系的基础上，马克思建立起人与自身、人与世界、人与自然关系的一致性。"整个所谓世界历史不外是人通过人的劳动而诞生的过程，是自然界对人说来的生成过程，所以，关于他通过自身而诞生、关于他的产生过程，他有直观的、无可辩驳的证明。"[①] 人的实践活动蕴含着人与自然的关系、人与人的关系以及人与自身的关系的形构。劳动作为人的生产实践活动，是人的本质活动。人们通过自己的劳动创造生活是人类特有的生存方式。但在资本主义时代，由于资本逻辑的抽象化运作和对剩余价值的追逐，生产过程按照其本身的性质被分解成具体的局部的生产环节，劳动被分解为一些抽象的局部操作，生产环节的连续性和划一性成为主导的因素，死劳动开始支配活劳动。对人而言，劳动也就成为异己的存在，不仅不再是人的自由自觉的本质活动，反而成为外在于人的存在开始奴役人，劳动产品也成为与人相背离的东西。资本对利润的追逐使劳动者被束缚在局部的单调的生产活动中，走向了一种片面的发展。劳动成为贬低人的存在力量的东西，人与人、人与自身的关系也发生了异化。其中，最关键的是人与物的关系的颠倒。在马克思看来，这种颠倒是资本逻辑的必然结果和普遍表现，实质上是一种抽象的同质化进程。这种同质化进程在把一切具体的、丰富的、各异的事物和价值都通约为可计算的商品和货币的基础上，建立了资本的抽象统治。资本不是物，而是作为特定的生产关系存在于物之中，赋予物以特有的社会性质。在现代社会中，资本作为存在的普遍的抽象形式，一切物和人都必须参与资本的运行才能获得自己的普遍规定性。在此基础上，拜物教成为现代社会的特有现象，人的一切价值、关系都被物化了、商品化了。各种现代性危

[①] 《马克思恩格斯全集》第42卷，北京：人民出版社，1979，第131页。

机，无论是生态危机、道德沦丧还是意义丧失，都是资本抽象统治导致的必然结果。人的异化也是如此。

如果说马克思是通过揭示现代性在经济、社会等宏观层面的异化来分析人的异化的话，那么福柯则是直接从被异化、"他者"化的人出发，强调现代社会的规训权力对人的自由的奴役。他把马克思关于生产领域的异化阐述往微观层面推进了，关注在理性化的过程中各种压迫形式是如何采取一种更为精妙的统治技巧来实现对人的奴役的，在这个过程中，个体如何一步步被纳入资本主义统治的规范化进程，成为"合格"的社会成员。以身体为立足点，福柯着重对身体在现代社会中的被规训、被"生产"的过程进行了分析，追问身体是如何被标识、被定位、被世俗化的。在福柯看来，自17世纪以来，一种关于身体的规训技术开始在社会中蔓延。早期是在工厂、学校、监狱等场所中进行，现代已延伸到整个社会领域。这种规训技术以对身体各部位的精确计算和强化训练为特征，旨在生产出符合社会标准的规范化的"温顺身体"。它通过不间断的训练和严格作息表，加以科学的管理，在采取最有效率的方式的同时让个体的身体能最大可能地发挥其运动效能，最大限度地满足社会生产的需要。福柯认为这种日渐蔓延到社会生活领域的规训技术使一个全景敞视的规训社会开始形成，而这是与一系列广泛的历史过程联系起来的，其中就包括资本主义的发展。规训权力的发展契合了资本主义发展的需要，随着"生产成本的愈益增大，利润率也必须提高。规训方法的发展适应了这两个进程，或者说无疑是适应了调节它们相互关系的新需要"。① 在规训权力的发展过程中，它日益与知识的生产联系在一起。这让规训权力不仅仅形成了对现代人的全面监控，而且更加深入人们的日常生活领域，同时也导致了人的自我规训。知

① 米歇尔·福柯：《规训与惩罚》，刘北成、杨远婴译，北京：生活·读书·新知三联书店，1999，第245页。

识在现代社会的真理性地位，导致知识的权力维度往往被其客观形式所掩盖。而现代知识在生产过程中也参与了对现代人的规训活动，不仅形成了一系列关于人的客观的知识，而且因为其权力维度导致知识的学习过程在某种程度上成为对人自身的规训活动。现代人就这样被"制造"和"生产"着。福柯从身体入手的规训权力理论不仅揭示了现代人被异化的现状，而且把这种异化的运作模式描绘了出来。

三　对权力问题的揭露和批判

马克思对现代性问题的解读不仅揭示了现代性的社会根源，而且直指资产阶级统治权力的合法性本身。他的现代性批判在揭露了资产阶级统治权力的根源及其压迫性的基础上，把扬弃现代人所处的社会关系视为达到人的解放的必由之路。在马克思看来，基于资本逻辑的资本主义生产方式是资产阶级统治的根基，只有变革现存的生产关系才能实现人的自由解放。和马克思一样，福柯也同样关注权力问题，权力是其现代性批判理论的核心命题。福柯始终关注在现代人的历史性生成过程中各种权力技术对人的形塑和影响。他选择从微观的权力观出发，通过对知识和权力的共谋关系来揭示现代人被建构、被奴役的真相。生存美学作为福柯解放人类的方案在反抗社会异化的同时也指出现实中的人存在状态的多元性和反抗形式的多样性，使人在社会历史运动中具有更加立体、更加丰满的形象。福柯对权力的解析将现代性批判推进到一种更为微观的社会领域，同时也为现代性批判理论的发展提供了新的思考方向。

在一般意义上，人们总是把权力同国家权力和政治权力联系起来，侧重权力的政治性的一面。在马克思之前，一些理论家把国家权力视为现代社会的主宰权力。但在马克思看来，资本是资本主义社会支配一切的经济权力，资本逻辑是现代性的主导逻辑。资本逻辑的扩张过程就是把周围的一切事物，无论是土地、资源还是科学技术，都按照有利于资本增殖的方式来组织和运行。资本由此成为一种总体性的权力。不管是资产阶级的政治统治，还是法律制度，抑或是微观的社会权力，都服从和服务于资本逻辑。在各种权力中，国家和法律是权力的中心，它们在维护资本主义秩序方面起着关键作用。资产阶级作为资本人格化占据着统治者的地位，维护统治阶级的利益和统治是国家权力的重要使命，法律关系本质上是统治阶级利益的体现，国家也只是阶级统治的工具。为了获得廉价的劳动力，各种惩治流浪汉和禁止救济有劳动能力的人及其家属的法律开始执行，这种法规强迫有劳动能力的人进行劳动。① 为了获取剩余价值，各种力图使工资限制在有限范围内的法规也陆续颁布。为了攫取更多的原材料，开拓更广阔的市场，有些国家甚至直接发动战争，抢占海外殖民地。虽然现代资本主义国家也兴办公益工程，但更多的时候资本总是将"开支转嫁到国家肩上"。"它总是只寻求自己价值增殖的特殊条件，而把共同的条件作为全国的需要推给整个国家。"② 国家权力日渐成为资本权力的衍生物。在对资本权力对现代社会的总体性的支配作用的阐释中，马克思揭示了资本权力对现代人的宰制、对工人阶级的压迫和剥削。这种压迫和剥削不仅仅包括经济层面的压榨和剥削，还包括对他们作为自由人的完整性和自由的剥夺，直至将其纳入有利于资本增殖的组织方式中。

福柯也关注到这一点。他不仅关注宏观的政治权力，而且关注微观的生命权力。在关注权力的压抑效能的同时，福柯还提出权力的生产性功能。他把马克思在《资本论》中提到的工厂在监督、管理上体现的微观权力扩展到日常生活的各个领域，看到了

---

① 英国的《济贫法》就有这种规定。《济贫法》是英国为了解决圈地运动后日渐增多的流浪汉、乞讨者以及社会治安问题而颁布的，从 16 世纪开始设立教养院和艺习所，收容流浪人员，强迫其劳动。在《疯癫与文明》中，福柯提到法国的大禁闭也有类似的做法。

② 《马克思恩格斯全集》第 46 卷（下），北京：人民出版社，1980，第 24 页。

这种针对人体的规训技术在现代社会的普遍性。就福柯在《规训与惩罚》中提到的权力通过和科学知识的共谋，形成了一种权力的微观物理学来操控身体，马克思在论述劳动分工时也有相应的描述："整个过程是客观地按其本身的性质分解为几个组成阶段，每个局部过程如何完成和各个局部过程如何结合的问题，由力学、化学等等在技术上的应用来解决。"① 福柯是把马克思的这部分内容充分发展了。福柯的微观权力把权力看成是生产性的，这是他的一大创新。这种生产性可能让人觉得福柯对权力的积极作用有所表达，但这里其实还隐藏着一种反向可能，这一点在他的全景敞视主义中表现得很明显，当权力成为一种单一的强制力量时，他的这种对权力的肯定（生产性）包含着一种退回到否定的权力观。所以福柯的微观权力分析对现代人的生存异化状态的分析极为深刻，他找到了现实的人生活的社会的历史深层机制和现实境遇。异化已经不仅仅是来自外在的压迫性权力机制了，而是与知识共谋下同时针对肉体和灵魂的"标准化"的塑造。各种标准、规范、准则通过现代知识和权力网络的运作内化为个体的自我意识，形成了一张巨大的权力网络，联结着知识、经济、文化、管理等，以一种越来越有效的方式干预人的生活，现代人在每一个细节、每一个层面都被权力裹挟。自由主义不过是一个被现代知识和权力构建的能够更好地实施人的"标准化生产"的治理技艺而已。因此，即使福柯没有从整体性的政治权力和经济权力的角度进行批判，而是把重点放在了话语、身体、性等微观层面，但同样揭示了现代人的异化状态，而且更加全面、更加细微。在福柯的理论中，这种来自微观权力的宰制无处不在且日趋隐蔽化和日常化，这就要求抵抗也必须成为常态，而且成为日常生活中的常态。所以福柯才把解放的目光放到了个体身上，通过个体的"自身实践"来实现一种审美化的生存。

---

① 《马克思恩格斯全集》第23卷，北京：人民出版社，1972，第417页。

第四节　马克思和福柯现代性批判理论的差异

马克思对现代性的批判是全面且深刻的。他直指现代性存在的根源及其历史定位，把对现代性的批判放置到历史唯物主义视域中，以辩证的态度展开了对现代性的批判，找到了超越现代性的现实路径和依靠力量。马克思对现代性的批判是一种总体性的分析，他虽然关注到了根源性的、基础性的问题，但是对于具体的视域则缺少研究。福柯虽然把权力泛化了，但是他却相应地将其发展到具体的研究视域中，研究细微处的权力规训。他对权力的判断既有压制性的一面，又有生产性的一面，在更深入地剖析现代性对人的"建构"的同时，也把个体权力看作解放的可能条件。二者的现代性批判理论也由此呈现不同的特性。

一　连续性和断裂——马克思和福柯历史分析方法的差异

马克思对现代性的批判持有一种辩证的立场。他把现代性置于历史发展的过程中，既肯定了现代性的历史进步性，又批判其对人的自由的剥夺和奴役，对资本主义造成的人与自身、人与人、人与世界之间的扭曲进行了深刻的揭露。资本的内在逻辑既是现代性病症的根源，又为超越资本主义现代性提供了条件，资本的内在矛盾要求资本本身被超越。马克思的思想中存有一种总体性的历史进步观念，因此，他认为资本主义是人类历史的必经阶段，资本的自我扬弃是通往共产主义的前提。福柯虽然也具有一种历史分析方法，但他的关注点在于历史的断裂，这在他的权力系谱学中表现得非常明显。在这方面，福柯还是带有某种典型的后现代主义的特征，对总体性和历史连续性的拒斥使福柯最后走向了一种局部的抵抗。

在马克思看来，社会存在就是人们的现实生活的生产和再生产，任何对观念的批判都离不开对现实生活实践的批判。生产力和社会交往的总和是那些被哲学家们想象为"实体"和"本质"的东西的现实基础。现代性的内在矛盾和症结只是其现实根源的某种表征。在这个层面上，政治经济学批判成为马克思得以揭示现代性存在根源的重要方式。通过政治经济学批判，马克思揭示了私有制和异化劳动之间的关系，描绘出资本逻辑是如何成为统治资本主义社会的总体性逻辑的。在这个过程中，马克思揭示了生产力和生产关系的辩证运动，为历史唯物主义奠定了理论基础，也使他指向共产主义社会的现代性超越方案得以立足在一种科学的历史观之上。通过分析经济运行方式和生产关系之间的关系，马克思确认了资本主义生产方式在社会生活中的基础性地位，认为资本主义社会中的商品拜物教问题、资本与劳动的对立、自然的工具化、价值的抽象化等，不仅体现出资本主义时代人与人之间、人与物之间的存在关系，而且本质上都是资本逻辑的产物。经济关系的异化是社会生活全面异化的原因，以至于人本身也成为片面的、"非人"的存在，不仅失去了自身的独立性和完整性，而且还受到物的奴役。由于对资本主义生产方式的分析，马克思得以深刻揭露那些隐含在自由主义景象背后的历史现象的本质，把资本主义置于历史发展的整体性中进行论述。在此基础上，马克思承认了资本主义的成就，确认其历史进步性，同时也指出其暂时性和被更高形态的生产关系替代的必然性。由于历史唯物主义，马克思的现代性批判带有一种辩证立场，将精神活动从历史领域彻底排除出去，同时也为他的现代性理论找到了坚实的理论基础。

　　福柯的现代性批判中也含有一种历史逻辑。虽然福柯关注的是具体的、局部的历史，但是他的历史分析不同于马克思的历史整体性分析，他的关注点在于历史发展过程中的断裂，是对差异性的重视。从福柯的理论整体来看，这种对断裂的分析使他得以关注断裂产生的原因，从而揭示某些历史建构和社会机制之间的关联。比如，通过对疯癫的认知的断裂分析，福柯揭示了理性统治秩序的建构过程和在这个过程中现代文明是如何通过精神病学来实现对疯癫的合法性管制的。通过对"认知型"断裂的分析，福柯向我们展示出现代知识构建同资本主义发展之间的同步性。但是对差异和断裂的重视使福柯难以形成一种对现代性的整体性思考，或者说整体性本身就是福柯所拒斥的东西。因此，福柯始终同马克思主义保持着某种距离。他反对那种连续的、进步的历史观。在马克思的理论中，历史的整体发展包含在一个进化论的图示中，生产方式是社会其他关系的基础，社会的所有层面在生产方式的支配下发生联系。但在福柯那里，对具体的、特殊的主体形成的历史分析显然不能形成一种总体性的历史逻辑。他的研究只能说是对整个历史大环境下某个局部、特殊领域的分析，即使在这种分析中事件本身总能反映出某种时代印记。这也是他的历史分析有时能够和马克思的历史唯物主义达成某种一致的原因。福柯通过对断裂和差异的分析揭示某种知识、制度的历史性，这与马克思是一致的，揭示那些自称为是永恒的普遍的制度和观念的特殊性和历史性。所以，福柯在方法论上是倾向于马克思主义的。但是福柯的系谱学不是像马克思那样去论证现代性的内在矛盾及其历史走向，仅仅是描述某个特殊领域的现代结构同以往结构的差异，至于这种差异是否是一种进步性的变革，福柯从来没有做出过分析。他不去揭示断裂为何存在，也不像自由主义者那样论证现在的正当性。他只是反对那种强调连续性和本质主义的理性主义立场，反对它们为现代社会的知识和制度建立的合法性伪装。在福柯看来，现代社会是暂时的，那些知识和制度都只是历史的建构，但历史并不是连续的。对于马克思把生产方式视为现代社会的基础性的关系，认为其他统治形式和社会关系都由它决定的观点，福柯表示质疑。他认为权力和统治存在于很多场所，每一个场所、每一种权力都是特殊的，至于权力中心，那是不存在的。非总体性在福柯思想中表现得尤为突出。

二 总体性和非总体性——马克思和福柯现代性批判的视域差异

如果说福柯对权力的分析是谈论权力的具体运作，分析知识和权力对人的规训的话，那么马克思对现代性的批判则直指权力的合法性本身，从对资本的批判中揭示权力存在的根源。这也导致福柯某些对权力的分析需要以马克思的思想为理论前提，或者说在一些对权力的分析中，福柯潜在地把马克思的统治权力作为理论背景，特别是他关于规训权力的分析必须放置到马克思对资本主义生产的分析中才能理解。但是，福柯又反对那种从政治层面的统治权力来分析权力的做法。这在很大程度上与他的非总体性的现代性批判视域相关。

马克思的现代性批判是一种总体性批判。他对现代性的分析既有宏观层面的诊断又有微观层面的分析，在肯定现代性的成就的同时也全面批判了现代性的症结。在马克思看来，现代性是一种总体性的变革，每个方面都有其独特性，但又相互关联、互相影响。它们都受资本逻辑的影响，现代性的各种因素都内在于资本逻辑。生产方式是现代性变革的根本动力，没有生产方式的变革就不会有社会制度和观念的变革。从这个意义上讲，一定的经济关系的生产与再生产决定了社会关系的生产与再生产。对生产方式的历史考察也就成为对政治、文化的历史的分析。"对马克思主义来说，归根结底就没有什么独立的法学、政治经济学、历史科学等，而只有一门唯一的、统一的——历史的和辩证的——关于社会（作为总体）发展的科学。"① 马克思对资本的剖析本质上是对现代社会人类生存状态的本体论解读，是对现代性危机的根源性阐述，但他对现代生产的决定性作用的判断并不否认除

---

① 卢卡奇：《历史与阶级意识》，杜章智译，北京：商务印书馆，1999，第77页。

经济因素之外的其他因素在现代性发展进程中的作用。经济因素和其他社会因素一起促进了现代性的形成和发展，并在此基础上进一步推进了现代性的历史进程。但在这之中，经济因素是基础性的。各种经济制度和经济法规作为经济合理化的产物都是按照资本逻辑来运作的。以往的文化观念都随着资本逻辑的不断扩张而逐渐被消解，被以拜物教为核心的工具理性主义所替代。维护资产阶级利益的法律不断颁布、执行，即使它在内容和形式上都表现出理性化的趋势，科学技术也被深深地烙上了资本的印记。这种基于资本逻辑的社会总体性，使资本逻辑的内在矛盾也通过现代社会的种种矛盾表现出来。更为重要的是，马克思的总体性视域还表现在他的历史总体性范畴。以生产力和生产关系的辩证运动为基础，马克思建立起一种历史的、具体的总体性分析。在这个层面上，现实的人及其生活受生产方式及其社会关系的制约，现代性的各种危机实质上是资本逻辑内在矛盾的外在表现。现代性作为一个历史阶段必然会被更高级的社会形态所替代。

　　相比马克思，福柯则缺少一种总体性的视域，或者说他是反对总体性的。这一点在福柯的权力观上表现得很突出。不同于马克思从整体性、集中性的国家权力的角度来分析，福柯认为从整体性的角度谈权力过于抽象，要具体揭示权力的运作过程和权力的形式，所以他在谈论权力对主体的塑造时总是从具体的主体出发，如他对疯癫、罪犯、疾病的分析。福柯着重从微观层面去分析、批判权力对个体的控制，而且他关注的都是特殊的，具体的领域。他不反对宏观权力，但是认为权力具有多种形式，马克思所说的那种以经济关系为基础的权力建构在福柯看来完全是对权力的简化和误读。福柯一直反对对历史做连续性和进步性的解读，反对用一种核心理念或整体图示来把握社会构型。他认为每一种话语实践、每一种权力形式都有其特殊的层面和意义。在把权力理解为力量关系的基础上，福柯认为"一定社会构型中存在力量的多重性，这是一种散布的、非连续性的、非同步性的多重性"。① 因此，他热衷于做一种微观的、多样化的权力分析。这种分析方法让他能够更深入、细致地探究权力对个体的身体和行为的规训，也让他看到了个体身上蕴藏的反抗潜能。但对权力的微观分析离不开对宏观权力的解析，宏观权力是微观权力和规训社会得以存在的基础。由于缺乏对宏观权力的分析，福柯的权力理论不仅难以找到权力的动力源，而且也不能对权力的结构性变化做出解释。比如，很多人质疑他无法解释一种"认知型"是如何向另一种"认知型"转变的。福柯后来也意识到这一问题，所以在权力系谱学研究中，他也涉及一些宏观的政治层面的权力，但是仍然比较模糊，因为他的焦点还是在于对微观权力的分析，但他又潜在地会把宏观的政治权力视为他微观权力研究的背景。这也是一些学者在研究分析福柯的现代性批判时会感觉他对权力和知识的批判可以融入马克思的现代性批判框架内的原因。比如，他对身体规训和生命权力的批判必须融入马克思的政治经济学批判中去理解，甚至很多研究者认为他的身体规训是把马克思在《资本论》中的一些判断给详细化阐述了。其实，微观的、具体的权力一定会受到宏观权力的影响，个体所遭受的权力技术从根本上说还是受制于国家权力的。这在福柯对权力的分析中也表现出来了。他对身体规训的批判不得不与资本主义的发展联系起来，对"认知型"的断裂分析与资本主义的发展是同步的。

这种区别使马克思和福柯的现代性超越走向了不同的方向。马克思的现代性批判是一种总体性批判，所以其对现代性超越的思考也是一种整体性的走向。这不是因为马克思不关心个体的生存，而是他认为个体的困境是由社会造成的，所以改造社会才是解决个体问题的根本出路。福柯不仅对资本主义条件下个体的生

---

① 马克·波斯特：《福柯、马克思主义与历史：生产方式与信息方式》，张金鹏译，南京：南京大学出版社，2015，第75页。

存做出了深刻的批判，而且还把超越的希望也放到了个体的身上。在这里，福柯完全忽略了一点：在现代社会，不改变国家权力，仅仅依靠个体的权力反抗过于理想化。但是，如果把马克思的现代性批判和超越现代性的思想作为福柯思想的前提，那么即使有些不一致的地方，福柯的现代性批判也会少受非议。福柯似乎就是这么做的。他对现代社会的一些批判似乎默认把马克思的理论作为前提，如他的规训权力和审美解放理论。福柯的审美解放和马克思的阶级斗争看上去风马牛不相及，但是在马克思的理论中，阶级斗争只是为人的自由发展提供了一个先决条件，目的在于实现人的自由解放。只是马克思并未寄希望于具体的、个体的人及其活动，因为在他看来，人是社会关系的产物，个体的生存体验是历史、社会的某种结果，个体自身的解放自由只有通过人类整体的解放才能实现。在共产主义这个以人的自由发展为目的的社会关系中，人才能真正得到解放。而福柯则直接把个体自身的通过一种审美化的自由实践活动实现解放视为解放的路径。他搁置了人类整体命运的问题，把希望寄托在个体的人身上，直接跃过了马克思的社会革命进入下一个阶段。如果我们直接把福柯那种个体的审美解放方案放入马克思的共产主义思想中，就会发现在人的自由实践和人的本质回归等方面二者存在关联。其实，无论是福柯对理性的批判还是他的意识形态批判、政治经济批判，都和他的现代性超越思想一样，如果放入马克思的现代性批判理论中，就会发现他的现代性批判理论是基于马克思的现代性批判理论的。福柯是在马克思的现代性批判所建构的大的理论根基的基础上进行的再批判，这使他的现代性批判呈现一种微观化、个体化的倾向。这在很大程度上与福柯的现代性批判的非总体性视域相关：他只看到了具体领域和具体对象，却忽略了社会的总体性，他分析的具体现象只是现代性的某个局部表现而已。

三　资本与权力——马克思和福柯对现代性症结的不同诊断

从马克思和福柯的理论逻辑来看，二者的逻辑路径直接决定了他们对现代性矛盾根源的判断。马克思在揭示形而上学与资本逻辑的同构性的基础上把资本逻辑视为现代性的动力源泉，福柯则在对知识和权力共谋关系的分析中把权力看作最关键的问题。

马克思承认权力对人的压迫性，认为权力掌握在统治阶级手中，资本逻辑是现代性症结的根源。马克思对启蒙理性所持的态度是辩证的，承认启蒙理性带来的现代化为人类提供了巨大的财富，把资本主义现代性看作历史发展的阶段，同时也承认虽然资本主义现代性提高了生产力却使人陷入被奴役的状态，而且它越往前发展，奴役的程度就越深。启蒙所承诺的自由并未实现，反而使人陷入被物化、被异化的境遇。但马克思并未把这些归结到理性本身，认为启蒙理性总体上是解放性的，问题在于资本逻辑。资本的自我增殖特性决定了它必须不断扩张。这种扩张不仅是把一些资源纳入生产过程中，而且超出生产领域对外在环境进行渗透，将之改造成有利于资本增殖的方式，所以资本逻辑在一定程度上是渗透到社会生活的各个领域的。"资本主义社会中所出现的众多方面的现代性，不仅是资本逻辑的外在表现与结果，同时也是资本逻辑的内在条件和内在机理。""现代性的各种因素并不是外在于资本逻辑的东西，而是内涵于资本逻辑之中。"① 随着资本逻辑的扩张，传统的文化价值观念受到贬损，消费主义和商品拜物教也滋生出来，物成为价值的衡量标准。科技、文化等原本促进人发展的东西也开始在资本逻辑的主导下走向人的对立面，"在机器上实现了的科学，作为资本同工人相对立。而事实上，以社会劳动为基础的所有这些对科学、自然性和大量劳动产

---

① 丰子义：《马克思现代性思想的当代解读》，《中国社会科学》2005 年第 4 期。

品的应用本身，只表现为剥削劳动的手段"。① 当然，不可否认，同样也因为资本逻辑，科学技术才能在现代社会得到飞速的发展，"只有资本主义生产才第一次把物质生产过程变成科学在生产中的应用，——变成运用于实践的科学"。② 由于资本逻辑，在现代社会中，科学、知识的生产已经不再是纯粹的科学、知识本身的发展，而是成为服务于资本增殖的、被"制造"出来的东西。它们的影响也不局限自己的专业领域。在现代社会条件下，科学同社会管理结合起来，为社会管理提供直接的知识和技术支持，科学的意识形态化日益明显。实际上，并不只有科学才受此支配，现代性虽然有多个方面、多个组成部分、多个向度，但这些部分的运转都受控于资本逻辑，是资本逻辑把这些部分和方面整合成一个互动的整体，让它们为资本增殖提供科学服务、观念支撑和法律保障等。所以要克服人的异化状态、实现人的解放就只能通过无产阶级革命推翻资本主义的逻辑和权力才能实现。在马克思的理论中，由于其历史唯物主义的立场，他对资本逻辑与人的发展之间的关系存有一个双向的思维：一方面，他认为因为资本逻辑的扩张，人日益受到不依赖于自己的力量的束缚，这些力量呈现一种异己的方式，威胁到人的自由；但另一方面，人的活动也日益走向更大的范围，成为"世界的历史性的人"，"单个人与一切人发生联系，但同时这种联系又不以单个人为转移，这种情况甚至发展到这样的高度，以至这种联系的形成已经同时包含着突破它自身的条件"。③

从马克思对资本逻辑的分析来看，他对现代性的批判是辩证的。而福柯对现代性的批判则呈现一种对文明的"反叛"，这与他对现代性的诊断密切相关。福柯把权力视为现代性问题的存在根源，对权力的解读有别于传统的权力观。福柯在权力观上最大

① 《马克思恩格斯全集》第46卷（下），北京：人民出版社，1985，第39页。
② 《马克思恩格斯全集》第47卷，北京：人民出版社，1979，第576页。
③ 《马克思恩格斯全集》第46卷（上），北京：人民出版社，1979，第108页。

的特点是，他不是从强力压制型的统治层的权力角度来进行分析的，认为他存在一个权力的中心，所有的权力都是从这个权力中心发展出来的。福柯所说的权力是微观层面上的权力，权力点是分散的、多数的，所以他用网络状来形容权力。这种对权力的解读使他不把权力视为所有物，而是把权力看作关系、策略。于是，福柯认为权力不仅具有传统的压制功能，而且还具有生产性，可以在社会成员中建构起新的联系。虽然有学者指出福柯的权力观存在泛化权力的嫌疑，但是从生产性的角度对权力进行分析不仅可以把权力的运作方式和历史变迁描述得极为清晰，而且还揭示了知识的意识形态功能。

这种权力观影响了福柯对现代性的判断，使他的现代性批判呈现与马克思不同的理论特色。就意识形态批判而言，马克思虽然在意识形态批判中指出资产阶级文化具有意识形态功能，资本逻辑能够影响科学的发展，只有符合资本要求的知识才能生存，有利于资本增殖、赋有应用价值的知识才是资本所需要的，这导致科学技术专家为了探索科学的实际应用而相互竞争，但是马克思并不认为科学本身就是一种意识形态。而福柯在对待科学的态度上则有些模糊。在把知识理解为权力建构的基础上，他似乎把知识权力化了。福柯同意马克思的观点，认为意识形态具有虚假性，但他并不认可科学作为一种纯粹真理的存在的观点。福柯指出科学也无法摆脱意识形态，"意识形态和科学的关系或许在（科学与知识间）相互影响的空间中得以确立。科学话语中的意识形态和科学的意识形态功能不能在科学的观念结构、它们的社会技术使用及建构它们的主体意识等层次上来阐述，而应在知识基础上科学被衔接的地方得到说明"。[1] 从知识考古学来看，福柯认为，通过话语实践，科学可以利用其真理地位阐述、分配、驱

---

① Michel Foucault, *The Archaeology of Knowledge and the Discourse on Language* (New York: Pantheon Books, 1972), p. 185.

逐知识，赋予某类知识以有效性，所以在二者的衔接点上可以看到意识形态，这是科学具有的意识形态功能。因为科学之所以能够确立其对知识的优势是基于其真理性地位的，由于这种真理性，它可以建立起超脱的地位，获得对其他知识的话语掌控权。而且这种意识形态功能也不会随着严密性、科学性的增加而消失。这种观念是与福柯对真理和权力的态度紧密联系在一起的。福柯不赞同普遍真理的存在，认为任何真理都只是话语实践的产物，都是当时代的"认知型"的集中体现，是与权力联系在一起的，是权力运作的结果。

因此，福柯的现代性批判往往给人留下一种对现代文明的反叛的印象。而且这也影响到他对如何超越现代性危机的判断。在否认存在权力中心的基础上，福柯认为权力是一种力量关系，"凡是有权力的地方，人们都行使权力。确切地说，没有人是权力的拥有者"。[①] 所以斗争的对象不是特定的阶层、团体，而是权力技术和权力形式；斗争的主体也不是确定的、给定的，所有的人都在互相反抗。福柯认为存在三种不同类型的斗争：第一种是反对社会或伦理的统治形式，如 15 世纪的宗教斗争；第二种是反剥削的经济斗争，这在 19 世纪表现得很突出；第三种是反对屈从和主体性形式的斗争，这种斗争反对个体对他人的屈从和对自身的束缚。福柯认为马克思所处的时代所面临的斗争是反剥削的经济斗争，所以马克思才选择了无产阶级革命。但是现今面临的斗争是第三种斗争，"如果人们是同权力作斗争，那么所有作为权力实施对象的人，所有无法容忍权力的人都可以从自身的积极性（或被动性）出发投入斗争"。[②] 由于权力形成的网络是没有中心的，针对国家政权的宏观权力的革命并不能改变微观权力

---

① 米歇尔·福柯：《福柯集》，杜小真选编，上海：上海远东出版社，2003，第 210 页。
② 米歇尔·福柯：《福柯集》，杜小真选编，上海：上海远东出版社，2003，第 212 页。

的规训，因为反权力的一方获得胜利后就会进入一种新的权力关系，"应该求助一种新形式的权力，这种权力必须是反规训的，但同时也从主权原则中解放了出来"。① 从福柯的理论逻辑来看，他把超越现代性的希望寄托在个体身上，这在很大程度上与他从微观的角度分析权力的视角有关。这进一步说明福柯的现代性批判是基于其生存美学理论的，因为他的生存美学的实践活动，即"自我技术"，从根本上来说是一种个体的权力技术。

福柯想走出一条不同的道路。他的权力观不强调法律、不强调掌权者，用普兰查斯的话来说，福柯想"砍掉国王的头颅"，但忘了回答"这个无头之身如何才可能像有头之身那样活动如常呢?"②

第五节　福柯现代性批判理论的缺陷

与其他关注个体的现代性批判理论相比，福柯的现代性批判理论关注个体的生存但也不局限于个体的生存本身，始终把个体放置于一定的文化和社会背景中考察，揭示个体的生存处境同社会机制之间的内在联系。但福柯并不认为社会政治和经济制度能够决定个体的生存和解放，因为他不赞成存在权力中心的观念，总体化的分析框架是福柯极为拒斥的。他认为社会系统是一个复杂的结构，各种政治的、非公共性的、家庭的、个人的权力纠缠在一起，它们之间也存在对抗和耦合。这使他走出了一条既不同于马克思的总体性的宏观分析又不拘泥于个体叙事的现代性批判道路，但同时也导致其理论的不足。

---

① Michel Foucault, *Power/Knowledge*: *Selected Interviews and Other Writing* 1972 – 1977 (New York: Pantheon Books, 1980), p. 108.

② 莱姆克等:《马克思与福柯》，陈元等译，上海：华东师范大学出版社，2007，第 4 页。

一　对权力关系的泛化解析

福柯的现代性批判理论无疑是深刻的。他揭示了理性对知识、理性对社会文化、理性对人类生活的僭越。通过对理性秩序建立过程的历史解析，他在消解了理性神话的同时也冲击了理性的合法性地位。他的知识权力理论虽然揭示了知识和权力之间的共谋关系，但是忽略了知识的理性认识维度。虽然福柯强调他只是反对启蒙理性对理性的敲诈，但是在具体的分析中，他对理性的批判走向了另一个反面。理性主义追求客观真理的层面、理性主义带来的历史进步是不能被随意弃置不顾的，但在福柯那里，在消解了理性的合法性地位之后，非理性开始大行其道。即使福柯本人曾强调他并不否认理性和真理的存在，但当他把非理性置于理性的对立面，执着于对知识的权力维度进行分析时，这一切就不可避免了。正如德里达所言，仅仅依靠恢复那些被理性排斥的非理性的历史来反叛理性是不合理的，对理性的批判要从理性的内部去解决。福柯像是彻底站在了理性的对立面。他对理性统治地位的确立的历史分析也存在诸多疑问，虽然他没有明确表示对疯癫的排斥是理性史上的第一次排斥行为，但是在他的论述中这次排斥具有某种构成意义本身的功能，这给人以一种在 17 世纪才出现理性与非理性区分的错觉。即使为了避免这个问题，福柯论证了古希腊时期的理性没有对立面的存在，"希腊的逻各斯没有对立面"，但是这并不是一个无懈可击的回答。在福柯的逻辑中，他通过对柏拉图的《高尔吉亚篇》《国家篇》中苏格拉底的辩论指出，苏格拉底并没有把对立面排斥在辩论之外，他是在更广阔的背景中对这些概念展开了辩论。诡辩和修辞在希腊公共生活中的重要性得益于，在当时的希腊，"无论什么样的言语、意图或者行为，都要被希腊人以理性为尺度来加以衡量"。① 也就

---

① 罗伊·博伊恩：《福柯与德里达》，北京：北京大学出版社，2010，第 63 页。

是说，古希腊的理性同现代的理性大相径庭。但无论如何这都只是福柯的一个假设而已，用福柯的理论分析的话回答可能是：那只是因为理性的对立面已经被放逐或者排斥了，无论当时的理性面对的是什么，它可能已经失去了自己的语言。因此，如果把理性的自身合法性的建立视为对非理性的排斥就会导致这个问题。如果所有的理性形式都必然是与排斥行为捆绑在一起的话，那么，如何理解我们人类的认知发展和社会的进步？对理性的真理维度和认知维度的肯定是不可或缺的。

出现这种情况的原因在于福柯对权力的泛化理解。权力理论是福柯现代性批判思想的重点内容，也是他的理论广为流传的重要原因。不可否认，福柯的权力理论使其对现代性的批判得以深化，延伸到社会日常生活，但同时也导致了其理论本身的内在矛盾。在福柯那里，权力不仅变成了人与人之间的全面战争，而且这场战争是没有终点、永无止境的。权力既不是一种体制又不是一种结构，没有中心，不是单向的，就像一个内在且无限的力场。我们不知道它什么时候进来了，也说不明白在什么地方它遭遇到了抵抗。它充斥在整个社会中，任何的政治解放都有可能会导致新的权力形式。面对无所不在的权力，人们似乎无能为力。但福柯却从中指出了一条抵抗权力的道路：生存美学的伦理主体建构。他认为虽然权力无法逃避，但是可以通过自我技术发展出一种自由的实践能力，依靠个体自身的实践让权力的规训活动失效，通过个体的审美化生存逃避权力的"规范化"塑造。暂且不论福柯所说的个体如何从社会中脱离出来，使自身不受社会的影响，就福柯对这种个体化权力的表述来看，他的权力的两条线索的理论本身就存在问题。福柯似乎认为古希腊时期不存在政治权力对个体化权力的干涉，希腊人的生存状态就是一种生存美学。但这只是他的想象，他所提到的古希腊人的生存美学更像是一种精英政治的理想化描述。更何况，人不是原子化的存在，人是社会关系的产物，无论在古希腊时期还是在现代社会，个人必定会受到社会关系的影响，寄希望于个体自身的自我改造和精神力量是不现实的。

二　审美抵抗方案隐藏的泛美主义审美决定论

从福柯的理论建构来看，由于把焦点放到对权力的微观分析上，忽略了宏观权力对微观权力的影响，福柯悬置了谁使用权力、谁控制权力的问题，这使他的反抗方案难以找到具体的着力点。这与马克思不同，马克思对人的生存境遇的思考始终建立在历史唯物主义的基础上，以此来解释异化的根源，找到通往自由解放的道路。所以在马克思的理论中，个人生存是通过人类社会的过程来实现的，社会和人类的解放是实现个人解放的条件，也是个人自由生存得以真正实现的前提，只有通过无产阶级革命对资产阶级统治秩序的摧毁来消除异化产生的社会根源。在这里，个体的生存意义是通过现实的社会关系来获得的。福柯曾提出一个观点：马克思所处的时代面临的斗争是反剥削的经济斗争，所以马克思才选择了无产阶级革命。而他所处的时代面临的斗争是反对屈从和主体性形式的斗争，这种斗争反对个体对他人的屈从和对自身的束缚，所以只有摒弃造成规训的权力技术才能实现真正意义上的通往解放的变革，这就需要以一种审美化的生存把个体从微观的权力规训中解放出来。

然而，福柯显然忘记了人不是单独的存在，而是社会的产物，在没有改变社会之前想要实现人的生存的根本改变只是一种浪漫主义的空想。而马克思注意到这一点，阶级斗争并不是马克思超越现代性的终点，而是开始，阶级斗争实现的宏观权力的变革为人的自由发展提供了前提条件。马克思曾说，任何一种解放都是把人的世界和人的关系还给人自己。他要实现"自由人的联合体"。"它是人向自身、向社会的即合乎人性的人的复归……它是人和自然界之间、人和人之间的矛盾的真正解决"。① 这种超越人与人、人与自然、人与自身的分裂的自由在福柯那里变成了生存美学的审美旨趣所在，人与人、人与自然、人与自身的统一是通过生存美学的自由实践来实现的。这使很多人指责福柯的生存美学实质上是一种泛美主义审美决定论。这种评论确实有某种合理性。因为福柯从未掩饰过他对唯美主义的推崇，这一点从他对波德莱尔和王尔德的大加赞赏中可见一斑。

在谈到生存美学把人当成艺术品的观点时，福柯多次提到波德莱尔和王尔德。唯美主义在法国一直是极具影响力的思想。它倡导艺术在生活中应该占据首要地位，艺术作为一种使内心世界获得拯救的力量得到广泛推崇。唯美主义最开始强调"为艺术而艺术"，艺术的创造性和对现实的超越性是唯美主义的核心要素。但福柯的生存美学与唯美主义有很大不同，与其说生存美学关注艺术，不如说它关注人的生存，艺术在生存美学中的作用甚至还不如西方马克思主义的艺术拯救的作用大。这涉及一个非常重要的人物，那就是尼采。尼采对唯美主义进行了一番修改，同时也奠定了审美决定论的理论基础。作为尼采的忠实拥护者，福柯的生存美学也带有审美决定论的印记。具体来说，尼采认为唯美主义的"为艺术而艺术"表面上是以一种超然的姿态超越现实生活，实际上是一种对现实的软弱。尼采把唯美主义的审美态度直接放到生活领域中，把那种被动消极的唯美主义转变为一种积极的审美生活论，把艺术和生活实践融为一体，在这个基础上形成了他的伦理学。尼采的伦理学是超越传统道德的那种普遍性的基础的，在这种伦理学中，个体背后的纯粹意志的力量（权力意志）使其行为能够在无须考虑自身具体内容的情况下就已然拥有某种价值。它是绝对的精英主义。福柯和尼采一样，把审美融入生活，反对那种普遍的价值和道德。他对启蒙理性的反对是以反启蒙的浪漫主义为理论依据的，所以非理性在他的理论中一直占

---

① 《马克思恩格斯全集》第42卷，北京：人民出版社，1979，第120页。

据重要的位置，即使其经常被福柯对权力和知识的精彩论述所掩盖。审美一直保留的那种被启蒙理性压制的防守性、表达性、体验性的价值成为他关注的对象，而且他不仅仅是想把这些被压制的东西都凸显出来，还想对现代性进行某种审美改造。福柯不满足于把审美视为生活领域众多价值中的一个，而是把审美视为生活价值的最高标准，这就呈现一种泛美主义逻辑。这种泛美主义逻辑产生的效果并不比福柯所反对的工具理性逻辑更好。这也是福柯的理论给人带来的感觉：精彩的否定式论述，但是没有留下任何建设性的东西，即使是生存美学，在华丽的表述背后缺乏能够起到现实指导作用的可行性建议。在他的分析中，真理的虚无导致其理论的某种虚无主义。"福柯的主要成就在于他揭露了迄今为止尚未探讨过的现代统治权的机制。他的不足之处则在于他耽迷于研究权力的繁复冗杂方面而不能自拔，从而阻碍了他看到统治权（即在经济、政治、文化方面的统治权）的传统形式的延续性。"① 所以他最后走向了个体的自我救赎，而且这种救赎是审美意义上的。福柯并没有希望我们能够回归到古希腊时期的生存美学，而是认为生存美学作为一种积极的自我改变方式，能够通过自我对自身的规定来抵抗权力。福柯就这样把美学和伦理学结合起来，实质上导致了一种审美决定论，美学成为主导性的因素。原本把审美放进生活可能会使生活具有某种审美内涵，但是如果变成一种审美决定论就意味行为被当作形式问题来加以强调，那么行为的具体内容便不再重要了，这样就像尼采说的那样，意志力本身就蕴含了决断能力，而不需要在意这种意识想要达到的目的是什么，审美便成了和工具理性一样的暴虐力量。我们不否认审美是创造世界的不可或缺的力量，审美不仅能够批判

---

① 汪民安、陈永国、马海良编《福柯的面孔》，北京：文化艺术出版社，2001，第232页。

现实世界的否定性力量，而且审美的想象维度使审美具有把批判意识和乌托邦意识结合起来的特点。此外，审美还能够提供一种有效的认识维度，虽然其抽象性是不可避免的，但如果审美变成了生活的唯一决定因素的话，那么不仅会影响到与其他领域的平衡，而且会导致新的危机出现。

参考文献

安东尼·吉登斯:《现代性与自我认同》,赵旭东、方文、王铭铭译,北京:生活·读书·新知三联书店,1998。

阿格尼丝·赫勒:《现代性理论》,李瑞华译,北京:商务出版社,2005。

阿兰·谢里登:《求真意志:密歇尔·福柯的心路历程》,尚志英、许林译,上海:上海人民出版社,1997。

波林·玛丽·罗斯诺:《后现代主义与社会科学》,张国清译,上海:上海译文出版社,1998。

查尔斯·泰勒:《现代性之隐忧》,程炼译,北京:中央编译局,2001。

陈嘉明:《现代性与后现代性》,北京:人民出版社,2001。

陈学明:《辩证地对待现代性》,《求是学刊》2004年第4期,第20~23页。

陈志刚:《现代性批判及其对话:马克思与韦伯、福柯、哈贝马斯等思想的比较》,北京:社会科学文献出版社,2002。

大卫·雷·格里芬:《后现代精神》,王成兵译,北京:中央编译出版社,1998。

戴维·弗里斯比:《现代性的碎片》,卢晖临译,北京:商务印书馆,2003。

丹纳赫、斯奇拉托、韦伯:《理解福柯》,刘瑾译,天津:百花文艺出版社,2002。

德赖弗斯、P. 拉比诺:《超越结构主义与解释学》,张建超、张
　　静译,北京:光明日报出版社,1992。

笛卡尔:《第一哲学沉思录》,庞景仁译,北京:商务印书馆,
　　1998。

丰子义:《马克思现代性思想的当代解读》,《中国社会科学》2005
　　年第 4 期,第 53 ~ 62 页。

丰子义:《现代化进程的矛盾与探索》,北京:北京出版社,1999。

弗里德里希·尼采:《权力意志:重估一切价值的尝试》,张念
　　东、凌素心译,北京:商务印书馆,1991。

福柯:《福柯答复萨特》,莫伟民译,《世界哲学》2002 年第 5 期,
　　第 65 ~ 67 页。

福柯:《宽忍的灰色黎明》,王昶译,《世界电影》1998 年第 5 期,
　　第 249 ~ 256 页。

格鲁内尔:《历史哲学:批判的论文》,隗仁莲译,桂林:广西师
　　范大学出版社,2003。

龚群:《从主体哲学到交互性主体哲学——后形而上学方法论问
　　题》,《社会科学战线》2002 年第 2 期,第 38 ~ 45 页。

哈贝马斯:《作为“意识形态”的技术与科学》,李黎、郭官义
　　译,上海:学林出版社,1999。

赫伯特·马尔库塞:《单向度的人》,刘继译,上海:上海译文出
　　版社,1989。

H. 马尔库塞等:《工业社会和新左派》,任立编译,北京:商务
　　印书馆,1982。

胡刘:《马克思现代性思想的方法论》,《学术研究》2004 年第 11
　　期,第 52 ~ 57 页。

J. G. 梅基奥尔:《福柯》,韩阳红译,北京:昆仑出版社,1999。

吉尔·德勒兹:《福柯褶子》,于奇智、杨洁译,长沙:湖南文艺
　　出版社,2001。

劳伦斯·E. 卡洪:《现代性的困境——哲学、文化和反文化》,

王志宏译，北京：商务印书馆，2008。

李晓林：《福柯的"生存美学"》，《文史哲》2003年第5期，第114~118页。

李晓林：《福柯与法兰克福学派审美功能观比较》，《厦门大学学报》（哲学社会科学版）2003年第3期，第117~122页。

李晓林：《论福柯的考古学与谱系学》，《齐鲁学刊》2001年第2期，第56~60页。

李银河：《福柯与性：解读福柯〈性史〉》，济南：山东人民出版社，2002。

刘郦：《从权力/知识观点看当代西方哲学的一种知识观》，《河南社会科学》1998年第4期，第67~72页。

陆扬：《后现代文本阐释：福柯与德里达》，上海：上海三联出版社，2000。

路易斯·麦克尼：《福柯》，贾湜译，哈尔滨：黑龙江出版社，1999。

罗骞：《论马克思的现代性批判及其当代意义》，上海：上海人民出版社，2007。

罗骞：《马克思与现代性批判》，《江苏社会科学》2005年第1期，第66~71页。

《马克思恩格斯全集》第1卷，北京：人民出版社，1965。

《马克思恩格斯全集》第3卷，北京：人民出版社，1965。

《马克思恩格斯全集》第4卷，北京：人民出版社，1965。

《马克思恩格斯全集》第23卷，北京：人民出版社，1972。

《马克思恩格斯全集》第30卷，北京：人民出版社，1965。

《马克思恩格斯全集》第42卷，北京：人民出版社，1979。

《马克思恩格斯全集》第46卷（上），北京：人民出版社，1979。

《马克思恩格斯全集》第46卷（下），北京：人民出版社，1980。

《马克思恩格斯全集》第48卷，北京：人民出版社，1985。

马泰·卡林内斯库：《现代性的五副面孔》，顾爱彬、李瑞华译，北京：商务印书馆，2002。

马歇尔·伯曼：《一切坚固的东西都烟消云散了》，徐大建译，北京：商务印书馆，2003。

米歇尔·福柯：《权力的眼睛——福柯访谈录》，严锋译，上海：上海人民出版社，1997。

米歇尔·福柯：《必须保卫社会》，钱翰译，上海：世纪出版集团、上海人民出版社，1999。

米歇尔·福柯：《词与物：人文科学考古学》，莫伟民译，上海：上海三联书店，2001。

米歇尔·福柯：《临床医学的诞生》，刘北成译，南京：译林出版社，2001。

米歇尔·福柯：《性经验史》，佘碧平译，上海：上海人民出版社，2002。

米歇尔·福柯：《不正常的人》，钱翰译，上海：世纪出版集团、上海人民出版社，2003。

米歇尔·福柯：《疯癫与文明》，刘北成、杨远婴译，北京：生活·读书·新知三联书店，2003。

米歇尔·福柯：《福柯集》，杜小真编选，上海：上海远东出版社，2003。

米歇尔·福柯：《规训与惩罚》，刘北成、杨远婴译，北京：生活·读书·新知三联书店，2003。

米歇尔·福柯：《知识考古学》，谢强、马月译，北京：生活·读书·新知三联书店，2003。

米歇尔·福柯：《主体解释学》，佘碧平译，上海：上海人民出版社，2005。

米歇尔·福柯：《福柯读本》，汪民安主编，北京：北京大学出版社，2010。

米歇尔·福柯：《声名狼藉者的生活：福柯文选Ⅰ》，汪民安编，北京：北京大学出版社，2016。

米歇尔·福柯：《什么是批判》，汪民安编，北京：北京大学出版社，2016。

米歇尔·福柯：《自我技术》，汪民安编，北京：北京大学出版社，2016。

莫伟民：《从尼采的"上帝之死"到"人之死"》，《哲学研究》1994年第3期，第52～58页。

莫伟民：《福柯与理性批判哲学》，《中国社会科学》1994年第4期，第107～117页。

莫伟民：《福柯与结构主义》，《复旦学报》（社会科学版）1994年第5期，第44～49页。

莫伟民：《主体的命运——福柯哲学思想研究》，上海：上海三联书店，1996。

莫伟民：《论福柯非历史主义的历史观》，《复旦学报》（社会科学版）2001年第3期，第76～82页。

莫伟民：《福柯的反人类学主体主义和哲学的出路》，《哲学研究》2002年第1期，第56～63页。

尼采：《悲剧的诞生》，周国平译，桂林：广西师范大学出版社，2002。

尼采：《查拉斯图拉如是说》，楚图南译，贵阳：贵州人民出版社，2004。

漆思：《论马克思现代性批判的三个基本维度》，《求是学刊》2005年第1期，第48～51页。

齐格蒙·鲍曼：《后现代性及其缺憾》，郇建立、李静韬译，上海：学林出版社，2002。

齐格蒙特·鲍曼：《现代性与矛盾性》，邵迎生译，北京：商务印书馆，2005。

钱翰：《真理：追寻与拒绝——福柯与其真理意志》，《国外文学》2002年第4期，第18～24页。

让－弗朗索瓦·利奥塔：《后现代道德》，莫伟民译，上海：学林出版社，2000。

让－弗朗索瓦·利奥塔：《后现代性与公正游戏——利奥塔访谈、书信录》，谈瀛洲译，上海：上海人民出版社，1997。

让－弗朗索瓦·利奥塔：《后现代状况：关于知识的报告》，岛子译，长沙：湖南美术出版社，1996。

任平：《当代视野中的马克思》，南京：江苏人民出版社，2003。

S. N. 艾森斯塔特：《反思现代性》，旷新年、王爱松译，北京：生活·读书·新知三联书店，2006。

尚杰：《归隐之路——20 世纪法国哲学踪迹》，《中国社会科学》2001 年第 5 期，第 49～58 页。

叔本华：《作为意志和表象的世界》，石冲白译，北京：商务印书馆，1982。

斯宾诺沙：《伦理学》，贺麟译，北京：商务印书馆，1983。

斯蒂芬·贝斯特、凯尔纳：《后现代转向》，吴世雄等译，南京：南京大学出版社，2002。

万俊人：《现代性的伦理话语》，哈尔滨：黑龙江人民出版社，2000。

汪民安：《后现代性的哲学话语：从福柯到赛义德》，杭州：浙江人民出版社，2000。

汪民安：《福柯的界线》，北京：中国社会科学出版社，2002。

汪民安：《福柯与哈贝马斯之争》，《外国文学》2003 年第 1 期，第 3～11 页。

汪民安：《论福柯的"人之死"》，《天津社会科学》2003 年第 5 期，第 21～26 页。

汪民安等编《福柯的面孔》，北京：文化艺术出版社，2001。

汪民安、陈永国、张云鹏：《现代性基本读本》，开封：河南大学出版社，2005。

王星星：《知识的历史：福柯的"知识考古学"浅析》，《理论探索》2002 年第 5 期，第 20～21 页。

王岩：《论福柯后人道主义对尼采人学思想的超越——从"上帝之死"到"人之死"》，《江海学刊》2002年第3期，第43～48页。

王岳川：《后现代主义文化研究》，北京：北京大学出版社，1992。

王治河：《别一种后现代主义》，《求是学刊》1996年第4期，第15～19页。

文兵：《主体的非中心化和历史的非连续性——福柯〈知识考古学的主旨〉》，《哲学研究》2002年第1期，第64～68页。

吴晓明：《马克思对现代性的双重批判》，《学术月刊》2006年第2期，第46～52页。

郗戈：《从哲学革命到资本批判》，广州：世界图书出版广东有限公司，2012。

休谟：《人性论》，关文运译，商务印书馆，1980。

杨大春：《别一种主体——论福柯晚期思想的旨意》，《浙江社会科学》2002年第3期，第169～173页。

杨大春：《反思的现代性与技术理性的解构——海德格尔与福柯论现代技术问题》，《自然辩证法研究》2003年第2期，第48～53页。

杨大春：《身体经验与自我关怀——米歇尔·福柯生存哲学研究》，《浙江大学学报》（人文社会科学版）2000年第4期，第116～123页。

杨大春：《现代性与他者的命运：福柯对理性与非理性关系的批判与分析》，《南京社会科学》2001年第6期，第1～7页。

杨大春：《主体形而上学解体的三个维度——从20世纪法国哲学看》，《文史哲》2002年第6期，第79～86页。

杨艳萍：《徜徉于人文与自然的科学史家与科学哲学家——福柯》，《自然辩证法研究》2002年第7期，第59～62页。

叶秀山：《论福柯的知识考古学》，《中国社会科学》1990年第4期，第13～28页。

衣俊卿：《现代性的维度及其当代命运》，《中国社会科学》2004
　　年第 4 期，第 13 ~ 24 页。

樱井哲夫：《福柯：知识与权力》，姜忠莲译，石家庄：河北教育
　　出版社，2001。

于尔根·哈贝马斯：《现代性的哲学话语》，曹卫东译，南京：译
　　林出版社，2014。

于奇智：《福柯及其生平、著作和思想》，《国外社会科学》1997
　　年第 1 期，第 41 ~ 46 页。

于奇智：《试论福柯的“人文科学考古学”》，《哲学研究》1998
　　年第 3 期，第 62 ~ 68 页。

余章宝：《传统历史话语的颠覆——福柯〈知识考古学〉的后现
　　代历史观》，《厦门大学学报》（哲学社会科学版）2001 年第
　　2 期，第 111 ~ 118 页。

俞吾金：《马克思对现代性的诊断及其启示》，《中国社会科学》
　　2005 年第 1 期，第 4 ~ 10 页。

俞吾金：《现代性现象学》，上海：上海社会科学院出版社，2002。

约翰·多克：《后现代主义与大众文化》，吴松江、张天飞译，沈
　　阳：辽宁教育出版社，2001。

约瑟夫·劳斯：《知识与权力：走向科学的政治哲学》，盛晓明、
　　邱慧、孟强译，北京：北京大学出版社，2004。

詹姆斯·米勒：《福柯的生死爱欲》，高毅译，上海：上海人民出
　　版社，2003。

张国清：《中心与边缘——后现代主义概论》，北京：中国社会科
　　学出版社，1998。

张汝伦：《自我的困境——近代主体性形而上学之反思与批判》，
　　《复旦学报》（社会科学版）1998 年第 1 期，第 101 ~ 108 页。

张文喜：《理性话语霸权的检测和解构——读马克思、福柯和德
　　里达》，《理论探讨》2002 年第 1 期，第 20 ~ 24 页。

张文喜：《现代性的幻象：“同一哲学”和“主体哲学”批判——

从马克思到阿多诺》，《天津社会科学》2001 年第 6 期，第 9 ~ 16 页。

张兴成：《福柯与萨义德：从知识 – 权力到异文化表述》，《天津社会科学》2001 年第 6 期，第 72 ~ 77 页。

张有奎：《现代性的哲学批判——从马克思生存论角度分析》，北京：社会科学文献出版社，2005。

智河：《福柯系谱学探微》，《国外社会科学》1997 年第 1 期，第 47 ~ 53 页。

邹广文：《马克思的现代性视野及其当代启示》，《中国人民大学学报》2004 年 5 期，第 59 ~ 66 页。

邹诗鹏：《马克思思想与后现代性》，《现代哲学》2003 年第 2 期，第 26 ~ 30 页。

Alec Mchoul & Wendy Grace, *A Foucault Primer*: *Discours*, *Power and the Subject* (Landon and New York: Melboume University Press, 1993).

Ann Hartman, "In Search of Subjugated Knowledge," *Journal of Feminist Family Therapy* 11 (2000), 11: 19 – 24.

Arpad Szakoczai, "Reappraising Foucault," *The American Journal of Sociology* 103 (1998): 1402 – 1410.

Arthur W. Frank & Therese Jones, "Bioethics and the Later Foucault," *Journal of Medical Humanities* 24 (2003): 179 – 186.

Barry Smart, *Michel Foucault*: *Critical Assessments* (London, New York: Routledge, 1994).

Benjamin S. Pryor, "Foucault's Enlightened Reaction," *Human Studies* 25 (2002): 317 – 321.

Charles J. Stivale, "The Folds of Friendship: Derrida-Deleuze-Foucault," *Journal of the Theoretical Humanities* 5 (2000): 3 – 15.

Charles W. Bingham, "A Dangerous Benefit : Dialogue, Discourse, and Michel Foucault's Critique of Representation," *Interchange*

33 (2002): 351 – 369.

Clare O'Farrell, *Foucault: Historian or Philosopher?* (London: the Macmillan Press Ltd. , 1989).

David Couzens Hoy, *Foucault: a Critical Reader* (Oxford, New York: B. Blackwell, 1986).

Devereaux Kennedy, "Michel Foucault: the Archaeology and Sociology of Knowledge," *Theory and Society* 8 (1979): 269 – 290.

Edith Kurzweil, "Michel Foucault: Ending the Era of Man," *Theory and Society* 4 (1977): 395 – 420.

Elias Palti, "The 'Return of the Subject' as a Historico-Intellectual Problem," *History and Theory* 43 (2004): 57 – 82.

Francis Schrag, "Why Foucault now?" *Curriculum Studies* 31 (1999): 375 – 383.

Gary Gutting (ed.), *The Cambridge Companion to Foucault* (Cambridge, New York: Cambridge Uiversity Press, 1994).

Halord A. Durfee, "The Death of Man," *Philosophy Today* 47 (2003): 191 – 204.

James Bernauer & David Rasmussen (ed.), *The Final Foucault* (Cambridge, Mass. : MIT Press, 1988).

Jon Simons, *Foucault & the Political* (London, New York: Routledge, 1995).

Jonathan Joseph, "Foucault and Reality," *Capital & Class* 28 (2004): 143 – 165.

Joseph Pearson (ed.), *Fearless Speech/Michel Foucault* (Los Angeles: Emiotext, 2001).

Kai Nielsen, "Habermas and Foucault: how to Carry Out the Enlightenment Project," *The Journal of Value Inquiry* 31 (1997): 5 – 21.

Karen Vintges, " 'Must We Burn Foucault?' Ethics as Art of Living: Simone de Beauoir and Michel Foucault," *Continental Philosophy*

Review 34 （2001）：165 – 181.

Kory P. Schaff, "Foucault and the Critical Tradition 1," *Human Studies* 25 （2002）：147 – 164.

Laura Hengehold, "'In that Sleep of Death what Dreams'：Foucault, Existential Phenomenology, and the Kantisn," *Continental Philosophy Review* 35 （2002）：137 – 159.

Louis A. Knafla （ed.）, *Crime, Gender, and Sexuality in Criminal Prosecutions* （Westport, Conn., London：Greenwood, 2002）.

Luther H. Martin, Huck Gutman, and Patrick H. Hutton （ed.）, *Technologies of the Self：a Seminar with Michel Foucault* （London：Tavistock Publications, 1988）.

Mark Cousin and Athar Hussain, *Michel Foucault* （New York：St. Martin's Press, 1984）.

Martin Beck Matustik, "Existential Social Theory after the Poststructuralist and Communication Turns," *Human Studies* 25 （2002）：147 – 164.

Michel Foucault, *Aesthetics, Method, and Epistemolog*, Edited by James Faubio, Trans. by Robert Hurle （New York：New Press, 1997）.

Michel Foucault, *Bits écrits tome* II：1970 – 1975 （Paris：Gallimard, 1994）.

Michel Foucault, *Bits écrits tome* III：1976 – 1979 （Paris：Gallimard, 1994）.

Michel Foucault, *Bits écrits tome* IV：1980 – 1988 （Paris：Gallimard, 1994）.

Michel Foucault, *Ethics：Subjectivity and Truth*, Trans. by Robert Hurle （New York：Allen Lane, 1997）.

Michel Foucault, *Histoire de la folie à l'âge Classique-Folie et deraison* （Paris：Plon, 1961）.

Michel Foucault, *Histoire de la sexualite* (Paris: Gallimard, 1976).

Michel Foucault, *L'archéologie du savoir* (Paris: Gallimard, 1969).

Michel Foucault, *L'ordre du discours* (Paris: Gallimard, 1971).

Michel Foucault, *Maladie mentale et personnalité* (Paris: PUF, 1954).

Michel Foucault, *Maladie mentale et psycholugie* (Paris: PUF, 1962).

Michel Foucault, *Politics, Philosophy, Culture: Interviews and Other Writings of Michel Foucault* 1977 – 1984 (London, New York: Routledge, 1988).

Michel Foucault, *Surveiller et punir* (Paris: Gallimard, 1975).

Michel Foucault, *The Archaeology of Knowledge & the Discourse on Language* (New York: Pantheon Books, 1972).

Michel Foucault, *The Order of Things* (London: Routledge, 2002).

Michel Foucault, *The Use of Pleasure* (New York: Vintage Books, 1990).

Neil Brenner, "Foucault's New Functionalism," *Society and Society* 23 (1994): 679 – 709.

Paul Rabinow (ed.), *The Foucault Reader* (Harmondsworth: Penguin, 1984).

peter pál pelbart. "The Thought of the Outside, the Outside of Thought," *Journal of the Theoretical Humanities* 5 (2000): 201 – 209.

Stephen J. Ball, *Foucault and Education: Disciplines and Knowledge* (London, New York: Routledge, 1990).

Steven Russell, "Witchcraft, Genealogy, Foucault," *British Journal of Sociology* 52 (2001): 121 – 137.

Stuart Elden, *Mapping the Present: Heidegger, Foucault and the Project of a Spatial History* (London, New York: Continuum, 2001).

S. Best and D. Kellner, *Postmodern Theory: Critical Interrogation* (The Guilford, 1991).

Thomas Schwarz, "Ancient Frankness: Foucault's Aesthetics of Existence and the Question of Free Speech," *Pretexts: Literary and Cultural Studies* 9 (2000): 125 – 131.

Timothy Rayner, "Between Fiction and Feflection: Foucault and the Experience-book," *Continental Philosophy Review* 36 (2003): 27 – 43.

Ve'ronique Mottier, "Foucault Revisited: Recent Assessment of the Legacy," *Acta Sociologiga* 44 (2001): 329 – 336.

后　记

　　结束繁忙的写作已有一段时间。自停笔以来，一种难以言说的压抑、迷惘时常萦绕在心头，不知它从何而来也不知该如何排解。傍晚时经过一片草地，虽然已是秋末冬初，路旁的树木仍然舒展着翠绿的身姿。夕阳柔柔地散落在树梢间，安谧、平静。弯下腰触碰那片绿茵，抬眼望见层层绿意漫漫延伸出黄、绿色带，自然之美就这样铺满了整个眼帘。如同在康乐园漫步的无数个夜晚，抬头总能望见大片的、柔和的灯光洒在密密的树枝间，模糊了树叶的绿意，层层的枝蔓在幽幽的夜空中延伸出妖娆的轮廓，尽情地展示白天无法呈现的风情。只是望着，心中就充斥着莫明的欢喜，瞬间觉得生命无限美好。

　　如此奇特的感受，让我惊觉生命之神奇。一棵植物，在人们的眼中无关轻重。它也许因某一机缘在这里落地生根，如光照、微风等。每片树叶的生长和凋落、每株花草的闭合，虽然在人们看来仅仅是一种单纯的自然过程，但在宇宙面前它们却是自由和独立的。我们总感叹人类自身的伟大，但花开花落，时光飞逝，多少人年华老去，多少年历史变迁，它们还伫立在同一个地方，枝繁叶茂。如何理解生命？如何理解自身？对人类而言也许是一个无法回答的问题。

　　"何地"对一棵植物来说可能毫无意义，但对人而言，却是决定自己对自身及其所属世界的态度的关键问题。"从何处来，往何处去"一直是困扰人类的命题。我们对这个世界有太多的

"毫不知情"，我们存在的空间仅仅是视觉空间，其他的感觉世界（听觉、嗅觉、触觉）的参与作为光照事物的属性和效果被遗留下来。我们已深切地感受到自身感觉的贫乏，科技进步在一次次地延伸了我们的感知的同时，也一步步让我们更深刻地体会到世界的神秘和复杂。但恰是感觉的贫乏使我们的文明能够呈现今天的面貌。因为这种贫乏蕴含着一种无限深化的可能，对未知世界的好奇甚至恐惧是人类信仰的本质和标记，关于无形的"神"的观念是人类超越性的最高表现。对自由和真理的追求贯穿在整个人类社会的发展历程中。在这个过程中，我们曾执着地将自己视为生命整体的至高点，漠视其他确定事物的存在价值，以至于失去了把世界作为一个统一整体去感知的机会。我们也曾将自身的思想分裂成理解和感觉，把抽象的思维视为更加接近"终极事物"的途径，用一种想象的图景代替了现实的生活。却忘了，当真理成为绝对的、永恒的存在，那也就意味着它们与生命再无关系了。在人类社会的发展历程中，存在（生存）与觉醒存在（觉醒意识）之间的冲突始终无法避免，即便是在文明高度发达的现代社会，这种冲突也将延续下去。

对人的生命和自由的思考一直是人类发展的中心问题，现代性批判理论在一定意义上是现代人对这个问题的现时代的思考。马克思早在 19 世纪就已经做出了自己的解答，并且影响了整个20 世纪的西方哲学的发展。20 世纪的西方哲学出现重大转向标志着自启蒙运动以来的以德国古典哲学为顶峰的西方传统哲学的落幕，这不仅是传统哲学的终结，而且是一个时代所特有的哲学思维模式的结束。在 20 世纪的西方哲学中，我们看到的不再是对本体论和认识论的探讨，更多的是对生存的关切、对话语的分析、对阐释的热衷、对情感和意志等非理性的解读……福柯的理论就产生在这样的背景中，不可避免地烙上了时代的印记。这种视角上的差异为本书解读二者之间的内在联系造成了一定的困扰。但正如福柯本人所言，他是一个"不加引号"地"引用马克思的概念、句子和文章"的人，在其现代性批判理论的思维深处，我们总能找到他们的共通之处。

　　历经几年终成此书，笔者在写作过程中遇到了很多难以预料的困难，能够最终完成写作，离不开家人和博士生导师林滨老师的支持和鼓励。家人的陪伴和理解、老师的谆谆教导，让我在漫长而枯燥的写作过程中坚持下来，并且尝试去挑战自我，完成这个在写作开始前便深觉是自身难以完成的论题。那些我一度以为自己难以跨越的难关，在反复思考中逐渐被化解、被攻克。同时，在这个过程中，我也一步步重新认识了自己，有了对世界和自身的重新思考和审视。也许这就是福柯所说的"作品不是留在我们身后的遗产，而是我们的生活和我们自己本身"。写作要求我们置身于一种自我再现与复制的虚拟空间中，在不知不觉中超越原有的设想形成另一个自身，不断地蜕变，进入一个新的境界。因此，写作的过程就成为自我分裂的过程，在写作中所实现的、所感受到的也就是一种进行中的审美化生存活动。

陈帅

2020 年 9 月 25 日于

华中农业大学

图书在版编目（CIP）数据

马克思与福柯：现代性批判理论比较研究／陈帅著
. -- 北京：社会科学文献出版社，2021.4（2025.2 重印）
ISBN 978 - 7 - 5201 - 8203 - 4

Ⅰ.①马… Ⅱ.①陈… Ⅲ.①马克思主义 - 辩证批判
理论 - 研究②福柯（Foucault, Michel 1926 - 1984）- 哲学
思想 - 研究 Ⅳ.①A811.63②B565.59

中国版本图书馆 CIP 数据核字（2021）第 067576 号

马克思与福柯：现代性批判理论比较研究

著　　者／陈　帅

出　版　人／冀祥德
责任编辑／谢蕊芬
文稿编辑／孟宁宁
责任印制／王京美

出　　　版／社会科学文献出版社·群学分社（010）59367002
　　　　　　地址：北京市北三环中路甲 29 号院华龙大厦　邮编：100029
　　　　　　网址：www.ssap.com.cn
发　　　行／社会科学文献出版社（010）59367028
印　　　装／河北虎彩印刷有限公司

规　　　格／开　本：787mm × 1092mm　1/16
　　　　　　印　张：16.75　字　数：224 千字
版　　　次／2021 年 4 月第 1 版　2025 年 2 月第 3 次印刷
书　　　号／ISBN 978 - 7 - 5201 - 8203 - 4
定　　　价／108.00 元

读者服务电话：4008918866